utb 4846

Eine Arbeitsgemeinschaft der Verlage

Böhlau Verlag · Wien · Köln · Weimar
Verlag Barbara Budrich · Opladen · Toronto
facultas · Wien
Wilhelm Fink · Paderborn
A. Francke Verlag · Tübingen
Haupt Verlag · Bern
Verlag Julius Klinkhardt · Bad Heilbrunn
Mohr Siebeck · Tübingen
Ernst Reinhardt Verlag · München · Basel
Ferdinand Schöningh · Paderborn
Eugen Ulmer Verlag · Stuttgart
UVK Verlagsgesellschaft · Konstanz, mit UVK/Lucius · München
Vandenhoeck & Ruprecht · Göttingen · Bristol
Waxmann · Münster · New York

Soziale Arbeit studieren
Herausgegeben von Prof. Dr. Ulrike Urban-Stahl

Prof. Dr. *Uta Maria Walter* lehrt Theorie und Methoden der Sozialen Arbeit an der Alice Salomon Hochschule Berlin.

Uta M. Walter

Grundkurs methodisches Handeln in der Sozialen Arbeit

Mit 11 Abbildungen und 2 Tabellen

Mit Online-Zusatzmaterial

Ernst Reinhardt Verlag München Basel

Bibliografische Information der Deutschen Nationalbibliothek

Die Deutsche Nationalbibliothek verzeichnet diese Publikation in der Deutschen Nationalbibliografie; detaillierte bibliografische Daten sind im Internet über <http://dnb.d-nb.de> abrufbar.

UTB-Band-Nr.: 4846
ISBN 978-3-8252-4846-8

© 2017 by Ernst Reinhardt, GmbH & Co KG, Verlag, München

Dieses Werk einschließlich seiner Teile ist urheberrechtlich geschützt. Jede Verwertung außerhalb der engen Grenzen des Urheberrechtsgesetzes ist ohne schriftliche Zustimmung der Ernst Reinhardt, GmbH & Co KG, München, unzulässig und strafbar. Das gilt insbesondere für Vervielfältigungen, Übersetzungen in andere Sprachen, Mikroverfilmungen und die Einspeicherung und Verarbeitung in elektronischen Systemen.

Printed in Germany
Einbandgestaltung: Atelier Reichert, Stuttgart
Satz: FELSBERG Satz & Layout, Göttingen

Ernst Reinhardt Verlag, Kemnatenstr. 46, D-80639 München
Net: www.reinhardt-verlag.de E-Mail: info@reinhardt-verlag.de

Inhalt

1	**(K)eine Gebrauchsanleitung**	9
2	**Reflexive Praxis: (Nach-)Machen und (Nach-)Denken**	12
2.1	Soziale Arbeit als reflexive Wissenschaft und Profession	13
2.1.1	Das doppelte Mandat	14
2.1.2	Reflexive Professionalität	15
2.2	Reflexion als Tätigkeit	16
2.2.1	Mimetische und analytische Formen der Erkenntnis	17
2.2.2	Reflexive PraktikerInnen	19
2.3	„Kritisch" reflektieren	21
2.3.1	Traditionen „kritischen" Denkens	21
2.3.2	Kritische Reflexion in der Sozialen Arbeit	25
2.4	Reflexion kritisch reflektiert	34
2.5	Exemplarische Vertiefung: „Fördern und Fordern"	35
3	**Methoden und methodisches Handeln**	38
3.1	Definitionsversuche	39
3.2	Methoden und methodische Konzepte einordnen	45
3.2.1	Sozialformen mit Geschichte: Einzelfall-, Gruppen- und Gemeinwesenarbeit	46
3.2.2	Fokusebenen	51
3.2.3	Funktionsverhältnis zur Lebenswelt	52
3.3	Funktionen und Diskussionen der Methodenentwicklung	54
3.3.1	Diagnose und/oder Dialog	55
3.3.2	Individuell und/oder kollektiv	57
3.3.3	Wirtschafts-, Wirkungs- und/oder Lebensweltorientierung	59
3.4	Theorie und Ethik in methodischem Handeln	62

3.4.1	Die Rolle von Theorien	63
3.4.2	Die Rolle der Ethik	65
3.5	Situation und Struktur in methodischem Handeln	69
3.5.1	Merkmale situativen Handelns	69
3.5.2	Strukturelle Merkmale und Faktoren	70
3.6	Charakteristika und Prinzipien des Handelns in der Sozialen Arbeit	74
3.6.1	Charakteristika	74
3.6.2	Prinzipien	76
3.7	Komponenten und Kompetenzen methodischen Handelns	80
3.8	Exemplarische Vertiefung: Empowerment	81

4 Die Herstellung und Deutung sozialer Probleme 88

4.1	Wie wird ein Problem zum Problem?	89
4.2	Sozialkonstruktivistische Grundannahmen	90
4.2.1	Sprache ist Handeln	91
4.2.2	Kommunikation	92
4.2.3	Diskurse	94
4.3	Die Konstruktion von Sinn-Geschichte(n)	96
4.3.1	Lebensgeschichten	99
4.3.2	Fallgeschichten	107
4.3.3	Problem-/Lösungsgeschichten	111
4.4	Kritische Reflexion	118
4.5	Exemplarische Vertiefung: Perspektivenwechsel	119

5 Analyse und Planung 122

5.1	Kontext- und Situationsanalyse	124
5.1.1	Arbeitsfeld	124
5.1.2	Organisation	125
5.1.3	Gruppen	128
5.1.4	Situation	131
5.1.5	Zeit und Raum	135
5.2	Auftrags- und Zielklärung	138
5.2.1	Aufträge	138

5.2.2	Ziele	140
5.3	Schritte, Folgen und Hindernisse klären	147
5.3.1	Konkretisieren	147
5.3.2	Folgen und Hindernisse abschätzen	148
5.4	Kritische Reflexion	149
5.5	Exemplarische Vertiefung: Case Management	151
6	**Umsetzung – planvolles Handeln und Improvisation**	**158**
6.1	Planvolles Handeln und seine Grenzen	158
6.2	Improvisation als Komponente methodischen Handelns	160
6.2.1	Theoretische Dimensionen der Improvisation	161
6.2.2	Grundprinzipien und -techniken der Theaterimprovisation	164
6.2.3	Improvisieren in der Sozialen Arbeit	170
6.3	Kritische Reflexion	172
6.4	Exemplarische Vertiefung: Krisenintervention	173
7	**Dokumentieren und Evaluieren**	**179**
7.1	Dokumentation	179
7.1.1	Funktionen der Dokumentation	180
7.1.2	Varianten der Dokumentation	182
7.1.3	Grundelemente und Herausforderungen der Dokumentation	183
7.2	Evaluation	188
7.2.1	Gegenstände und Merkmale der Evaluation	188
7.2.2	Arten der Evaluation	190
7.2.3	Methodische Elemente und Prozesse in Evaluationen	192
7.2.4	Evaluativ-reflexive methodische Konzepte	194
7.3	Kritische Reflexion	199
7.4	Exemplarische Vertiefung: Kollegiale Beratung	201
8	**Aufgaben und Übungsvorschläge**	**209**
8.1	Eigenes methodisches Handeln üben	209
8.1.1	Ressourcengespräch und -analyse	209
8.1.2	Fallanalyse und -reflexion	211

8 Inhalt

8.1.3	Übungen aus dem Improvisationstheater	214
8.1.4	Zeitungstheater – Mediengeschichten analysieren und reflektieren	219
8.1.5	Stadtteil-/Sozialraumanalyse	222
8.2	Methodisches Handeln analysieren und reflektieren	223
8.2.1	Methoden literaturbasiert analysieren und reflektieren	223
8.2.2	Methodisches Handeln im Kontext einer Praxisstelle analysieren und reflektieren	224
8.2.3	Das Wissen von PraktikerInnen analysieren und reflektieren	228
8.3	Weblinks	229

Literatur ... 232

Sachregister ... 238

Hinweise zur Benutzung dieses Lehrbuches

Folgende Icons werden im Buch verwendet:

 Zusammenfassung

 Definition

 Übungsaufgabe

 Beispiel

 Literatur- und Websiteempfehlungen

In den einzelnen Kapiteln gibt es Übungsaufgaben und Reflexionsfragen. Beispiellösungen finden Sie auf der Homepage des Ernst Reinhardt Verlages und der UTB GmbH bei der Darstellung dieses Titels: www.reinhardt-verlag.de, www.utb.de

1 (K)eine Gebrauchsanleitung

Methodisches Handeln. „Endlich ein konkretes Wie-es-gemacht-wird", denken Sie vielleicht. Um es gleich zu sagen: Dieses Buch bietet nur bedingt „How-to" Anleitungen für die Praxis. Warum? Weil methodisches Handeln in Sozialer Arbeit kein rein technisch-rationales Unterfangen und keine manualisierbare Praxis ist. Soziale Arbeit lässt sich nicht auf instrumentelle Anwendung von Techniken reduzieren, so verlockend das auch sein mag. Natürlich sind rational begründbare, ggf. empirisch geprüfte und in schrittweises Vorgehen gegossene Methoden wichtige Elemente auch in der Sozialen Arbeit. Aufnahmebögen, Hilfepläne, Netzwerkkarten, aktives Zuhören und was sonst noch ins methodische Repertoire gezählt wird, weist eine instrumentelle Seite auf. Gelebte Praxis aber ist komplexer und dynamischer als es jede noch so gute Gebrauchsanleitung suggeriert.

Aber nicht nur aufgrund der Unberechenbarkeit gelebter Praxis kann methodisches Handeln in der Sozialen Arbeit nicht auf das brave, systematische Folgen vorgegebener Schritte reduziert werden, sondern vor allem weil Handeln in der Sozialen Arbeit stets auch ein politischer Akt ist. Eingebettet in staatlich-institutionelle Strukturen und beeinflusst von kulturell-gesellschaftlichen Zusammenhängen ist das, was Fachkräfte tun, tun sollen, tun müssen oder auch nicht tun, niemals neutral. Es gibt, wie Amy Rossiter (2001) schrieb, für Soziale Arbeit keinen Ort der Unschuld, von dem aus gehandelt werden könnte. Methodisches Handeln in der Sozialen Arbeit, ganz gleich ob es etablierten Konzepten folgt oder neue Wege geht, heißt, sich die Zusammenhänge des Tuns und Denkens deshalb immer neu erschließen und begründen zu können, warum es gerechtfertigt ist, so und nicht anders vorzugehen. Anders gesagt: Fachkräfte der Sozialen Arbeit müssen kritisch-reflexive PraktikerInnen sein. Das zumindest ist der idealtypische Anspruch. Um sich diesem Anspruch zu nähern braucht Kritische Reflexion daher im Studium und auch in der späteren Praxis Räume und Strukturen, innerhalb derer sich kritisch-reflexive Denk- und Handlungsweisen einüben bzw. ausüben lassen.

Für den Lernprozess will dieses Buch daher erstens eine Einführung in Grundbegriffe methodischen Handelns in der Sozialen Arbeit bieten und verbindet dies zweitens mit Anregungen zum Nachdenken über methodisches Handeln orientiert am Konzept „Kritischer Reflexion". Kritische Reflexion ist daher der rote Faden, der sich durch alle Kapitel dieses Buches zieht und nach den Zusammenhängen zwischen individuellen und gesellschaftlichen Annahmen fragt, die sich in Handlungsweisen verbergen. Unter dem Vorzeichen kritischer Reflexion werden daher sowohl allgemeine Komponenten methodischen Handelns als auch ausgewählte spezifische Konzepte erläutert.

Als besondere Anregung und für das Einüben kritisch-reflexiver Fragen sind jedem Kapitel, in Kästen abgesetzt, kritische Reflexionsfragen zugeordnet, die sich zu den jeweiligen Inhalten anbieten. Diese Fragen sind nicht die einzig denkbaren, sondern können und sollen von Studierenden und Lehrenden ergänzt und erweitert werden.

Das Buch beginnt zunächst mit Ausführungen zum Konzept kritisch-reflexiver Praxis (Kap. 2), bevor Kapitel 3 einen ersten Überblick zu Grundbegriffen des Methodenverständnisses bietet. Die dann folgenden Kapitel beschäftigen sich eingehender mit wiederkehrenden Komponenten methodischen Handelns, wie der Konstruktion und Deutung von Problemen (Kap. 4), Prozessen von Analyse und Planung (Kap. 5), der Umsetzung geplanter Ideen und der Rolle der Improvisation (Kap. 6) sowie Praxen von Dokumentation und Evaluation (Kap. 7). Innerhalb von Kapiteln sowie an deren Ende werden ausgewählte methodische Konzepte beispielhaft verarbeitet und durch Übungen vertieft. So finden sich Darstellungen und Erläuterungen zu Empowerment, Case Management, lösungsfokussierten und narrativen Ansätzen, biografischer Einzelfallarbeit, Kollegialer Beratung u. a. In Kapitel 8 finden Sie zusätzlich Anregungen und Anleitungen für längere Übungen, über die Sie allein oder auch in Gruppen methodisches Handeln ausprobieren, analysieren und reflektieren können. Die didaktischen Vorschläge in diesem Buch sind typischerweise auf begleitete Einzel- und Kleingruppenarbeit ausgelegt, d. h. sie entfalten erst im Prozess gemeinschaftlicher Bearbeitung und Diskussion ihre eigentliche Wirkung. Im Sinne eines solchen dialogischen Lernens sind alle Fragen, Fälle und Übungen als Vorschläge und Inspiration gedacht und – wie das methodische Handeln der Sozialen Arbeit – eben nicht wirklich eine Gebrauchsanleitung.

2 Reflexive Praxis: (Nach-)Machen und (Nach-)Denken

> Reflexive Qualitäten spielen im Selbstverständnis Sozialer Arbeit als Profession und Disziplin sowie im praktischen Alltag der Handelnden eine zentrale Rolle. Als Tätigkeit ist Reflexion ein rückbezügliches, vertiefendes Nachsinnen über Denken und Handeln in der Sozialen Arbeit. Reflexion nutzt sowohl analytisches Wissen, das auf kognitive Prozesse zurückgreift, wie auch mimetisches Wissen, das über körperliche Erfahrung und Nachahmung entsteht. Beide Wissensformen dienen dazu, unerwartete Situationen, aber auch gewöhnlich erscheinende Alltagssituationen kritisch in den Blick zu nehmen. Kritische Reflexion bezieht unterschiedliche Traditionen kritischen Denkens ein, um die Annahmen, die individuellen und kollektiven Praktiken zugrunde liegen, in Frage zu stellen. Dabei kommt der Kritischen Theorie als Grundlage kritischer Reflexion zu Fragen von Macht eine besondere Rolle zu.

„Reflexion" gehört zu den zentralen Begriffen in Wissenschaft und Praxis Sozialer Arbeit und ist darum auch für die Betrachtung methodischen Handelns unerlässlich. Abgeleitet vom lateinischen Wortstamm „reflectere" für „zurückbeugen" tauchen verschiedene Bedeutungsvarianten des Wortes in der Sozialen Arbeit auf. Zum einen wird die Identität Sozialer Arbeit als „reflexiv" charakterisiert, und zum anderen ist Reflexion etwas, das Studierende und Professionelle „tun" sollen. „Reflexion" dient also sowohl als Beschreibung für die Verortung der Sozialen Arbeit als Wissenschaft und für ihr Selbstverständnis als Profession, als auch für das konkrete situationsbezogene Denken und Handeln in der Praxis. Das Hauptaugenmerk dieses Kapitels liegt auf Reflexion als Tätigkeit, aber dennoch lohnt sich zunächst ein kurzer Blick auf die Identität Sozialer Arbeit als reflexive Wissenschaft und Profession, denn nur so erschließt sich die Wichtigkeit des Reflektierens auf der Handlungsebene.

2.1 Soziale Arbeit als reflexive Wissenschaft und Profession

Die derzeitige internationale Definition Sozialer Arbeit, verfasst im Juli 2014 von der International Federation of Social Workers (IFSW), definiert die Profession und Disziplin wie folgt (in deutscher Fassung):

> „Soziale Arbeit fördert als praxisorientierte Profession und wissenschaftliche Disziplin gesellschaftliche Veränderungen, soziale Entwicklungen und den sozialen Zusammenhalt sowie die Stärkung der Autonomie und Selbstbestimmung von Menschen. Die Prinzipien sozialer Gerechtigkeit, die Menschenrechte, die gemeinsame Verantwortung und die Achtung der Vielfalt bilden die Grundlage der Sozialen Arbeit. Dabei stützt sie sich auf Theorien der Sozialen Arbeit, der Human- und Sozialwissenschaften und auf indigenes Wissen. Soziale Arbeit befähigt und ermutigt Menschen so, dass sie die Herausforderungen des Lebens bewältigen und das Wohlergehen verbessern, dabei bindet sie Strukturen ein. Diese Definition kann auf nationaler und/oder regionaler Ebene weiter ausgeführt werden" (DBSH 2016, 2).

Wer die zentralen Begriffe dieser Definition auf sich wirken lässt, erahnt bereits, dass sich Soziale Arbeit einer Reduktion auf einige wenige Arbeitsformen oder Wissensfelder entzieht. Zu vielfältig und komplex sind die Aufgabenbereiche und Faktoren, die „das Soziale" als Gegenstand der Arbeit konstituieren, um sich in einfache Rezepturen oder Anleitungen zur Problemlösung – so verlockend sie auch sein mögen – retten zu wollen. Was Soziale Arbeit in dieser komplexen Gemengelage kennzeichnet, ist ihre dauerhafte, reflexive Bewegung im „Dazwischen". Als Wissenschaft und Profession fokussiert sie auf die wechselseitige Dynamik zwischen Menschen und ihrer Umwelt, zwischen gesellschaftlichen Strukturen und individuellen Bedürfnissen, zwischen Verhalten und Verhältnissen. Dieser doppelte Fokus erfordert eine bewegte und bewegliche Aufmerksamkeit, die typisch ist für die Soziale Arbeit. Zugespitzt formuliert könnte man sagen, dass es eben diese reflexive Bewegung im Dazwischen verschiedener Ebenen und Systeme ist, die den Raum Sozialer Arbeit herstellt und aufrechthält. Insofern sind reflexive Qualitäten wesentlicher Teil der Identität Sozialer Arbeit. Soziale Arbeit als wissenschaftliches Feld ist folgerichtig transdisziplinär verortet. Der Ausdruck

„trans-"disziplinär verweist darauf, dass Soziale Arbeit quer zu anderen Disziplinen liegt und aktive Transformationsarbeit leisten muss, um Wissensbestände aus verschiedenen Geistes-, Sozial- und Gesundheitswissenschaften in Beziehung zu eigenen Problemstellungen, Prinzipien und eigenem Wissen zu setzen. Nur durch aktive Bewertungs-, Übersetzungs- und Gestaltungsarbeit generiert Soziale Arbeit aus den Informationen anderer Disziplinen relevantes Wissen für eigene Theorien und Aufgaben. In dieser Rückbezüglichkeit ist Soziale Arbeit als Disziplin daher reflexiv.

Auch als Profession ist Soziale Arbeit durch die ständige Bewegung im Spannungsfeld und Freiraum zwischen Ebenen und Elementen bestimmt. Sie leistet kreative und kritische Übersetzungs- und Überbrückungsarbeit an den Bruchstellen der modernen Gesellschaft und zwischen Systemen, wie etwa Bildungs-, Justiz- oder Gesundheitswesen, die jeweils ihrer eigenen Logik folgen. Lang etablierte Denkfiguren wie „Person-in-Umwelt" und „bio-psycho-sozial" (Kap. 3) spiegeln diese dynamische Verortung der Profession, die sowohl Veränderungen auf individueller Ebene wie auch soziale Reform der umgebenden Strukturen zur Zielrichtung sozialarbeiterischen Handelns macht. Gleichzeitig ist die professionelle Identität Sozialer Arbeit in diesem Spannungs- und Freiraum im „Dazwischen" immer auch von Paradoxien und Ambivalenzen geprägt.

2.1.1 Das doppelte Mandat

Das sogenannte „doppelte Mandat" ist beispielhaft für die ambivalente und mitunter widersprüchliche Qualität Sozialer Arbeit.

> ⊕ Das **doppelte Mandat** ist ein Strukturmerkmal der Profession und beschreibt den Umstand, dass die Soziale Arbeit grundsätzlich von zwei Seiten „Mandate", d. h. Aufträge und dazugehörige Befugnisse, erhält, nämlich zum einen von staatlichen Institutionen der Gesellschaft und zum anderen von den AdressatInnen der Arbeit. Soziale Arbeit soll ebenso die Interessen des Staates oder der Gesellschaft vertreten, wie auch Bedürfnisse und Ansprüche der AdressatInnen. Diese Doppelung ist strukturell verankert, denn die Praxis der Sozialen Arbeit ist über gesetzliche Aufträge und Finanzierungsstrukturen eingebunden

> in staatliche Interessen. Daraus erklärt sich auch, dass Soziale Arbeit nicht einfach immer und überall dort sofort tätig wird, wo Menschen Bedürfnisse äußern, sondern am ehesten dort aktiv wird, wo es über gesetzliche Aufträge vorgegebene Strukturen und Finanzierungen gibt. Aus dem doppelten Mandat ergeben sich Spannungen, allen voran die zwischen Hilfeleistung einerseits und sozialer Kontrolle andererseits. Im Feld der Jugendhilfe zum Beispiel ist der doppelte Auftrag des Helfens und Kontrollierens besonders explizit, denn wenn es um die Sicherung des Kindeswohls geht, sind Jugendamt und freie Träger ausdrücklich beauftragt, als Helfer und Wächter zu fungieren. In anderen Arbeitsfeldern ist diese oft als „Grundwiderspruch" bezeichnete Paradoxie von Hilfe und Kontrolle weniger augenfällig, aber sie ist in allen Feldern präsent, denn auch die Praxis unterhalb offizieller Regularien beinhaltet immer normative Elemente.

Die Ambivalenz des Helfens: „Helfen" zu wollen bedeutet, Entscheidungen darüber zu treffen, was sein „soll", was besser oder wünschenswerter wäre, wem und warum deswegen zu „helfen" sei und oft auch wie das Ziel am besten zu erreichen ist. All diese Vorstellungen sind nicht nur geprägt vom persönlichen Hintergrund der HelferInnen sowie von größeren gesellschaftlichen und kulturellen Diskursen, sondern können der Selbstbestimmung jener, denen „geholfen" werden soll, auch zuwiderlaufen. „Helfen" ist darum ein in sich ambivalentes Unterfangen, da die Soziale Arbeit in beständiger Gefahr ist, Erfüllungsgehilfin normativer gesellschaftlich-staatlicher Interessen oder kulturell dominanter Vorstellungen zu sein, sodass sie unter Umständen am Ende mehr zum Erhalt des Status Quo als zum sozialen Wandel beiträgt. Es ist die Unauflösbarkeit dieser Ambivalenz, die die Reflexion zum notwendigen Bestandteil der Profession macht.

2.1.2 Reflexive Professionalität

SozialarbeiterInnen und SozialpädagogInnen benötigen das, was Dewe und Otto (2012) als „Reflexive Professionalität" bezeichnet haben, eine Form des Denkens und Handelns, die stets den (Rück-)Bezug zwischen den Elementen sieht und sucht, und dabei auch das eigene Verhältnis zu anderen nicht aus den Augen verliert. Es ist die Fähigkeit

„[…] Wissen fallspezifisch und in je besonderen Kontexten zu mobilisieren, zu generieren und differente Wissensinhalte und Wissensformen reflexiv aufeinander zu beziehen, [sowie] in Interaktionen mit den AdressatInnen eine Verständigung darüber herbeizuführen, was die je individuelle Problemkonstellation auszeichnet und was aus der Sicht der AdressatInnen Sozialer Arbeit eine angemessene Bearbeitung und Lösung der Problemkonstellation sein könnte" (Dewe/Otto 2012, 215).

Dafür bewegen sich Professionelle der Sozialen Arbeit hin und her zwischen den konkreten, unsicheren und immer auch einzigartigen Handlungssituationen und dem allgemeineren Wissen, das zum Beispiel in methodischen Konzepten, in Theorien und über empirische Forschung bereitgestellt wird. Sie bedürfen der Fähigkeit der „Multiperspektivität", d.h. sie müssen stets verschiedene Perspektiven einnehmen können, um die politischen Dimensionen in sozialen Problemen und die gesellschaftlichen Aspekte in individuell lokalisierten Schwierigkeiten zu erkennen und auf die Besonderheit der jeweiligen Situation beziehen zu können.

2.2 Reflexion als Tätigkeit

Angesichts der reflexiven Qualitäten der Profession und Disziplin Sozialer Arbeit ist es kaum verwunderlich, dass die Aufforderung zur Reflexion als Tätigkeit seit vielen Jahren in Studium und Praxis Sozialer Arbeit allgegenwärtig ist. Dennoch ist der Terminus trotz seiner Popularität oft unscharf.

> ⊕ Im allgemeinen Sprachgebrauch bedeutet **reflektieren** das vertiefende Nachsinnen über Erlebnisse, Empfindungen und Erkenntnisse. Es nimmt Vergangenes erneut in den Blick, spürt ihm nach, prüft es und imaginiert Künftiges vor diesem Hintergrund.

Was aber unterscheidet Reflexion von anderen Formen des Denkens, und welche Rolle spielt sie im Kontext von Bildung oder Praxis?

Meta-Kognition: Reflexion als Teil professioneller Tätigkeit und als Teil des Lernprozesses bedeutet, sich das eigene Denken, Sprechen und Tun im Zusammenhang mit situativen und biografischen Faktoren genauer anzusehen. Insofern ist Reflexion eine Form der Meta-Kognition, also eine Art des Denkens über das Denken. Dazu nimmt Reflexion sowohl die kleinen Momente der persönlichen Praxis wie etwa den Verlauf eines Gesprächs in den Blick, als auch die größeren Rahmenbedingungen des Handelns, wie zum Beispiel die Abläufe und Handlungslogik in Organisationen und Institutionen, sowie den gesellschaftlichen Kontext, in den Praxis eingebettet ist. Unerwartete oder neue Situationen bieten besondere Anlässe zum Reflektieren, aber auch Alltagssituationen, die erst einmal ganz gewöhnlich und „normal" erscheinen, sind wichtige Reflexionsgegenstände, denn gerade das Vertraute und vermeintlich Normale gilt es genauer zu betrachten.

2.2.1 Mimetische und analytische Formen der Erkenntnis

Als eine Form des „Nachsinnens" greift Reflexion auf das (Nach-)Denken zurück, das in den meisten Bildungsinstitutionen betont wird, aber auch auf das (Nach-)Machen, das in Lernprozessen allgegenwärtig, aber nicht immer bewusst ist. Reflexionsprozesse bieten so die Möglichkeit, sowohl analytische als auch mimetische Formen der Erkenntnis zu nutzen (Abb. 1).

Analytisches Wissen: Analyse bedeutet ursprünglich „Zergliederung". Orientiert am gedanklichen oder theorie-geleiteten konzeptionellen Rahmen bricht analytisches Denken ein Phänomen auf, zerlegt es in Bestandteile, ordnet die Teile Kategorien zu, identifiziert Abläufe und Faktoren. Analysen sind in der Anlage systematisch und in der Darstellung oft von einem eher distanzierten Ton (vermeintlicher) Objektivität geprägt.

Mimetisches Wissen: Während analytisches Denken vorrangig rational-kognitive Fähigkeiten betont, beziehen sogenannte mimetische Formen der Erkenntnis auch andere, körperlich-physische Dimensionen mit ein. Mimesis bedeutet so viel wie „Nachmachen" oder „Nachahmen". Anders als in analytischer Logik, in der ein Phänomen in Bestandteile zerlegt und aus einer gewissen Distanz betrachtet wird, um es besser zu verstehen, fokussiert mimetische Logik jenes Wissen, das sich in und aus dem Machen und Nachmachen ergibt. Als eine Form des Noch-Einmal-Machens beruht mimetisches Wissen nicht nur auf mentalen, sondern immer auch auf körperlichen Aktivitäten und Erfahrungen. Der physische Körper samt Gesten, Haltungen, Sinneswahrnehmungen etc. wird in einer konkreten räumlichen Umgebung aktiv. Die daraus resultierende Form physisch verorteten Wissens ist ein „Be-greifen", das dem analytischen (Nach-)Denken vorgelagert ist. Es ist praktisches Handlungswissen, das sich aus der zeitgleichen Verwobenheit von Tun und Wissen ergibt. Eine mimetische Orientierung in der Sozialen Arbeit ist „eine Art spontanes und gleichzeitiges Wissen und Tun, und das Begreifen der Welt-als-Ganzes statt Dichotomien von Subjekt und Objekt" (Saleebey 1989, 558, Übers. d.A.).

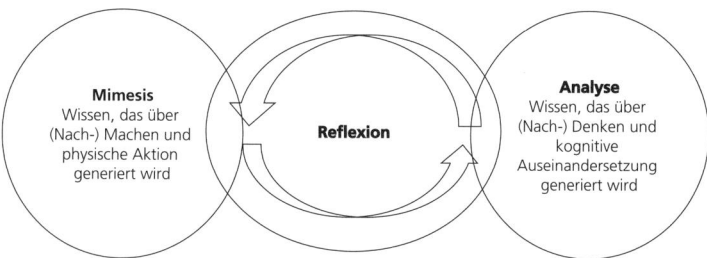

Abb. 1: Reflexion zwischen mimetischem und analytischem Wissen

> Denken Sie an die vielfältigen Alltagsfähigkeiten und -gewohnheiten, die Sie im Lauf des Lebens erworben haben, aber auch an besondere Kompetenzen. Überlegen Sie: Welche Rolle spielt „nachahmendes Lernen" in Ihrer Lerngeschichte?
> Inwiefern sind sowohl mimetische wie auch analytische Formen des Wissens und Lernens für Reflexionen in der Sozialen Arbeit wichtig? (Zur Erinnerung: „mimetisch" meint hier Wissen und Lernen, das aus Machen, Nachmachen, Erfahren etc. kommt, und „analytisch" meint Wissen und Lernen, das über Nachdenken generiert wird). Geben Sie Beispiele.

2.2.2 Reflexive PraktikerInnen

Welches Wissen kommt in professioneller Praxis zum Einsatz und wie wird dieses Wissen hergestellt? Diesen Fragen ging der US-amerikanische Praxisforscher Donald Schön nach und analysierte die Entscheidungs- und Handlungslogik von Professionellen aus ganz unterschiedlichen Bereichen wie Design, Psychotherapie, Architektur oder Ingenieurwesen. Schön kam zu der Erkenntnis, dass professionelle Praxis nicht einfach die unmittelbare Anwendung von wissenschaftlichen Erkenntnissen, wie sie etwa im Studium erworben werden, ist. Vielmehr kombinieren Professionelle im Alltag Wissen, das aus der Wissenschaft kommt, mit Wissen, das sie in und durch Praxis gewinnen. Sie werden so zu dem, was Schön (1983) „Reflexive PraktikerInnen" nannte. Mit seinem Modell der „Reflexiven PraktikerInnen" distanzierte sich Schön von rein technisch-rationalen Bildungsansätzen, die davon ausgehen, professionelle Praxis bestehe allein daraus, Probleme in vorgegebene Kategorien einzuordnen und dann durch die stringente Anwendung bestimmter Techniken zu lösen. Praxis, so Schön, ist sehr viel „sumpfiger" und unklarer, als es technisch-rationale Modelle vermuten lassen (Schön 1987, 3).

Wissen-in-Aktion: Über ihre Praxis entwickeln PraktikerInnen eine Form von „Wissen-in-Aktion" („knowledge-in-action"), das ihre Handlungen und Entscheidungen beeinflusst, aber kaum oder nur mühsam artikulierbar ist. Sie haben es „irgendwie gewusst", „im Gefühl gehabt" oder „intuitiv so gemacht". Erst wenn Professionelle mittels Reflexion eine forschend-lernende Haltung einnehmen, wird Wissen-in-Aktion zugänglich und beschreibbar und es entsteht formulierbares Praxiswissen.

Schön unterscheidet bei der forschend-lernenden Haltung ferner zwischen „Reflexion *während* der Aktion" („reflection-in-action") und „Reflexion *über* die Aktion" („reflection-on-action").

Reflexion während der Aktion: Hier geschieht das Reflektieren im Verlauf des Handelns. Ich unterbreche mein Handeln nicht oder nicht wesentlich, sondern bin und bleibe in derselben Situation. Diese Art der Reflexion während des Handlungsverlaufs wird vor allem dann angeregt, wenn Überraschendes meine üblichen Routinen oder Erwartungen „stört". Überraschendes verweist darauf, dass mein Verständnis- und Erwartungsrahmen vielleicht nicht auf die Situation passt. Anstatt einfach wie gewohnt oder geplant weiter zu machen, nehme ich die Überraschung zum Anlass, meinen nächsten Schritt anzupassen und anders zu gestalten. In diesen Momenten fungieren PraktikerInnen als „MikroforscherInnen", die über winzige Experimente das, was sie gerade wahrnehmen, mit schon bestehenden Ideen abgleichen. Sie probieren einen nächsten Schritt aus und achten dann darauf, was „die Situation antwortet" („talk-back of the situation"). Wenn die Antwort oder Reaktion zum gewählten Verständnisrahmen passend erscheint, dann verfolgen sie diesen Weg weiter, wenn nicht, dann probieren sie erneut etwas anderes aus. Ob und inwieweit diese sehr schnell ablaufenden Anpassungsprozesse einer „Reflexion während der Aktion" tatsächlich bewusst stattfinden oder doch eher außerhalb des Bewusstseins ablaufen, ist allerdings umstritten.

Reflexion über die Aktion: Diese Form der Reflexion findet bewusst und deutlich zeitversetzt von der Aktion statt. Die unmittelbare Situation ist vorbei und jetzt kann ich mir aus der Distanz den Prozess und das Erlebte genauer und mit mehr Ruhe ansehen. Dabei betrachte ich vor allem meine eigenen Entscheidungen und Handlungsweisen noch einmal: Welche Ideen habe ich verfolgt? Inwiefern habe ich diese Situation als vergleichbar mit anderen erlebten Situationen gesehen und entsprechend gehandelt? Gab es kleine Überraschungen, denen ich mit „Reflexion während der Aktion" begegnet bin? Was fällt mir erst jetzt im Nachhinein auf?

Nach heutigem Stand des Wissens kann diese Form der rückblickenden Reflexion die unbewussten Entscheidungsprozesse vermutlich nur begrenzt „freilegen". Studien aus der Neurobiologie bestätigen zwar, dass Entscheidungsprozesse vielfach unterhalb der Bewusstseinsebene ablaufen. Inwieweit eine nachträgliche gedankliche Rekonstruktion durch Reflexion diese unbewussten Motivationen aber wirklich zugänglich macht, ist unklar. Vielmehr tendieren Menschen dazu, ihren Handlungen nachträglich sozial und persönlich akzeptierbare Motive zuzuschreiben. Insofern verdeutlicht Reflexion vor allem, welche Interpretationen und Motive uns als sozial und persönlich akzeptierbar erscheinen. Genau diese Annahmen und Konventionen zu hinterfragen ist das Ziel „kritischer" Reflexion.

2.3 „Kritisch" reflektieren

Ähnlich wie der Ausdruck der Reflexion ist „kritisch" eine populäre, aber nicht immer klar umrissene Idee. Im alltäglichen Sprachgebrauch hat „Kritik" eine negative Konnotation. Da fällt jemand ein negatives Urteil oder geht gar auf die Suche nach etwas, woran er oder sie herumnörgeln kann. Zunächst aber meint Kritik eine dezidierte Auseinandersetzung mit einem Gegenstand anhand transparenter Kriterien. Es werden über bestimmte Maßstäbe Unterscheidungen hergestellt, die dann eine positive, negative, neutrale oder sonstige Bewertung ermöglichen.

In der Philosophie hat Kritik eine lange Geschichte, die eine Vielfalt theoretischer Bezugspunkte für kritisches Denken anbietet. Stephen Brookfield (2011) hat fünf Denktraditionen „Kritischen Denkens" umrissen, die trotz der Verkürzung in der Darstellung der jeweils komplexen theoretischen Felder für das Verständnis kritischer Reflexion wichtige Impulse geben.

2.3.1 Traditionen „kritischen" Denkens

Gemein ist den folgenden Traditionen kritischen Denkens, dass sie das Gegebene nicht einfach hinnehmen, sondern auf unterschiedliche Weise in Frage stellen und prüfen. Die Perspektiven unterscheiden sich im Verständnis davon, was „Kritik" ausmacht. Die Unterscheidungen und Maßstäbe, die angelegt werden, sind daher jeweils anders fokussiert und führen zu anderen kritischen Anfragen (Abb. 2).

Amerikanischer Pragmatismus: In der Tradition des Amerikanischen Pragmatismus, einer philosophischen und soziologischen Denkschule, bedeutet „kritisch", sich das alltägliche Handeln in der Praxis stets genau anzusehen und durch Experimentierfreude das Verständnis einer Sache beständig zu verbessern. Da Donald Schön in der Tradition des Pragmatismus stand, ist es nicht überraschend, dass sich sein Modell der Reflexiven PraktikerInnen als passend zu dieser Sichtweise zeigt. Auch Teil dieser Denktradition ist die Einsicht, dass soziale Kontexte wesentlich mitbestimmen, welche (Be-)Deutungsrahmen Handlungen erhalten.

22 Reflexive Praxis: (Nach-)Machen und (Nach-)Denken

Abb. 2: Theorietraditionen kritischen Denkens (nach Brookfield 2011)

Aus der Perspektive des Amerikanischen Pragmatismus ergeben sich kritische Reflexionsfragen wie z. B.:

- Welche meiner Handlungen führen zu erwarteten bzw. unerwarteten Ergebnissen?
- Inwiefern ist das, was ich gerade erlebe, ähnlich dem, was ich schon in anderen Situationen erlebt habe?
- Inwiefern ist es anders als schon Erlebtes?
- Was war überraschend und was sagt mir das über meinen Verständnis- und Erwartungsrahmen?
- In welchen Momenten habe ich mein geplantes oder übliches Handeln angepasst und warum?
- Welche Reaktionen hatte das zur Folge?
- Was war daraufhin meine nächste Handlung und was das Ergebnis?
- Inwieweit verändert sich mein Verständnis- und Erwartungsrahmen?
- Was leite ich aus dem Gesamtprozess für mein professionelles Verstehen und Handlungsrepertoire ab?

Psychoanalyse und -therapie: Die Tradition von Psychoanalyse und -therapie fokussiert darauf, wie Verhaltensweisen und Emotionen, die in der Kindheit entwickelt wurden, die Entwicklung von Potentialen im Erwachsenenleben hindern oder fördern. „Kritisch" meint hier primär die Auseinandersetzung mit psychologischen, inneren Prozessen und verinnerlichten Verständnis- und Beziehungsformen. Aus dieser Sicht betrachtet bedarf „Reflexion" einer systematischen und von den Konzepten der Psychoanalyse informierten Beschäftigung mit inneren emotionalen Dynamiken und Kindheitserfahrungen. Diese Perspektive betont insbesondere die Selbstreflexion der eigenen Biografie für die professionelle Entwicklung, sowie das Wissen um Konzepte wie „Übertragung" und „Gegenübertragung", „Widerstand" und „Abwehrmechanismen".

> **Aus der Perspektive der Psychoanalyse und -therapie** ergeben sich kritische Fragen für die Reflexion wie z. B.:
>
> - Inwiefern sind (meine) Verhaltensweisen (in einer gegebenen Situation) von emotionalen Faktoren geprägt?
> - Welche emotionale Reaktion habe ich?
> - Wie gehe ich mit meinen Emotionen um?
> - Wie reagiere ich auf die Emotionen anderer?
> - Welche Art Beziehung biete ich meinem Gegenüber an?
> - In welche Rolle (Retter, Mutter, Freund,...) begebe ich mich?
> - Woher (aus meinen früheren Beziehungen) kenne ich diese Rolle?

Analytische Philosophie: Die Tradition der Analytischen Philosophie widmet sich der Analyse von Sprache und Argumentationen. „Kritisch" bedeutet hier nach Aufbau und Logik von Argumentationsweisen, sowie nach deren sprachlichen Mitteln zu fragen. Kenntnisse aus Sprachwissenschaften wie z. B. der Semiotik helfen bei dieser Form der kritischen Analyse.

Aus der Perspektive der Analytischen Philosophie lassen sich kritisch reflektorische Fragen ableiten wie z. B.:

- Welches sind die zentralen Thesen und Argumentationen in den Aussagen des Gesprächspartners/der Gesprächspartnerin oder eines Textes?
- Wie logisch ist der Aufbau der Argumente?
- Welche Worte werden genutzt, und wie werden sie genutzt?
- Welche rhetorischen oder anderen sprachlichen Mittel (Vergleiche, Metaphern, etc.) kommen zum Einsatz?
- Inwieweit sind Beschreibung und Bewertung getrennt oder verschränkt?

Kritischer Rationalismus: In der Tradition des Kritischen Rationalismus, der das vorherrschende Paradigma der Naturwissenschaften ist, bedeutet „kritisch", nach der empirischen Beweislage zu fragen. Hier steht vor allem die quantitative Forschung, das systematische Testen von Hypothesen möglichst mittels kontrollierter Experimente, im Vordergrund. Dabei gilt das Prinzip der „Falsifikation", d. h. ein Experiment muss so angelegt sein, dass die Hypothese widerlegbar ist. Wissen gilt immer als vorläufig, wird aber in dem Maße robuster, wie es über die Anzahl vertrauenswürdiger empirischer Studien unterstützt wird. Diese Perspektive profitiert vom Wissen um Forschungsmethoden und wird vor allem in der sogenannten „Evidenzbasierten Praxis" (Kap. 3.3.3) vertreten.

Reflexionsfragen aus der Perspektive des Kritischen Rationalismus können z. B. sein:

- Wie viele Studien gibt es zu diesem Phänomen/dieser Behauptung?
- Inwieweit belegen bzw. widerlegen Studien die Behauptungen?
- Wie solide sind diese Studien aufgebaut und wie aktuell sind sie?
- Anhand welcher Stichproben und welcher Messungen kommen die Ergebnisse zustande?
- Wie glaubhaft sind ihre Ergebnisse?
- Wie robust ist die empirische Beweislage insgesamt?

Kritische Theorie. In der Denktradition der Kritischen Theorie stehen Aspekte der Macht im Mittelpunkt. „Kritisch" meint hier, Machtstrukturen und -prozesse in den Blick zu nehmen und dominante Ideologien in Frage zu stellen, um Hegemonien und Unterdrückung zu erkennen und zu begegnen. Theoretische Konzepte der „Frankfurter Schule" der Soziologie, sowie poststrukturalistische Theorien bieten dabei besondere Orientierung.

Reflexionsfragen, die sich aus der Perspektive der Kritischen Theorie ergeben, sind z. B.:

- Was wird als „normal" oder „ideal" angenommen?
- Wie sind Machtdynamiken darin involviert?
- Welche Personengruppen oder Institutionen profitieren von der dominanten Idee des „Normalen"?
- Wessen Perspektive wird repräsentiert und wessen Blickwinkel wird ausgeblendet oder abgewertet?
- Wie hat sich eine bestimmte Idee durchgesetzt, wie wird sie aufrechterhalten oder verändert?
- Welche Formen des Widerspruchs oder Widerstands gibt es? usw.

2.3.2 Kritische Reflexion in der Sozialen Arbeit

Kritische Reflexion in der Sozialen Arbeit kann alle fünf Traditionen kritischen Denkens nutzen. In besonderer Weise aber gilt es, die Kritische Theorie in der Reflexion zugrunde zu legen, weil sie die machtpolitischen Dimensionen des Handelns fokussiert, die in den Routinen des Alltags nicht wahrgenommen werden oder schnell wieder aus dem Blickfeld und dem Bewusstsein geraten. So eignet sich Kritische Theorie besonders, um zum Beispiel den gesellschaftlichen und kulturellen Vorstellungen von Normalität, an denen sich Fachkräfte orientieren und die auch in die institutionellen Aufträge Sozialer Arbeit eingeschrieben sind, zu hinterfragen. Interessiert daran, *warum* etwas so und nicht anders interpretiert oder getan wird, versucht Kritische Reflexion auf diese Weise, den verborgenen Zusammenhängen zwischen dem Individuellen und dem Sozialen, zwischen dem Persönlichen und dem Politischen auf die Spur zu kommen.

„Kritische Reflexion in der Sozialen Arbeit bedeutet das Erschüttern grundlegender, sozial dominanter und oft unbewusster Annahmen, die Individuen verinnerlicht haben, und zwar insbesondere Annahmen darüber, wie die Soziale Welt konstituiert ist und wie sie funktioniert, mit dem Ziel, diese Annahmen und die damit verbundenen Handlungsoptionen überarbeiten zu können und so zu einer veränderten professionellen Praxis zu gelangen" (Fook/Gardner 2007, 21, Übers. d. A.).

Die Suche nach unausgesprochenen Annahmen

Mit „Annahmen" sind hier jene Ideen gemeint, die unserem Denken oder Handeln zugrunde liegen und aus denen wir nächste Schritte und logische Schlussfolgerungen ableiten. Oft benennen wir diese Annahmen nicht klar, sondern sie bleiben unausgesprochen, weil wir davon ausgehen, dass sie logisch, selbstverständlich und richtig sind. Annahmen lassen sich in ihren Varianten unterscheiden in (Brookfield 2011):

Kausale Annahmen: Kausale Annahmen sind jene, in denen wir von ursächlichen Zusammenhängen zwischen Faktoren ausgehen. „A ist der Grund für B" ist eine klassische Kausalkonstruktion. Aber auch „Wenn-dann"–Verknüpfungen, die streng genommen nur Korrelationen beschreiben, werden oft als Ursachenkonstruktion präsentiert oder interpretiert.

Präskriptive Annahmen: Präskriptive Annahmen beruhen auf Wert- und Normvorstellungen, die vorschreibenden Charakter haben. Es sind jene Ideen, die sich in „soll" und „sollte", in „muss", „müsste" oder „darf nicht" Formulierungen wiederfinden lassen. Ethische, moralische sowie rechtliche Vorstellungen und Kodifizierungen gehören in diese Kategorie, aber auch viele sedimentierte Gewohnheiten und Konventionen des Denkens und Handelns. Aufgrund ihrer orientierenden Funktion bestimmen präskriptive Annahmen Denken und Handeln mit besonderem Nachdruck und sind oft emotional aufgeladen.

Paradigmatische Annahmen: Paradigmatische Annahmen bezeichnen grundlegende, als völlig selbstverständlich verinnerlichte Vorstellungen, die von einer Mehrheit der Gesellschaft oder

der relevanten sozialen Gruppe geteilt werden. Obwohl diese Annahmen im Verlauf der Geschichte sozial gewachsen sind, lassen sie sich oft nur mit Mühe als Konstrukte erkennen, sondern werden als „natürlich gegeben" wahrgenommen. Paradigmatische Annahmen zu erschüttern kann einem inneren Erdbeben gleich kommen, wenn damit unsere Sicht auf die Welt oder unsere Identität in Frage gestellt wird. Entsprechend groß sind Verwirrung und Widerstände gegen kritische Anfragen an paradigmatische Annahmen. Spätestens hier kann Kritische Reflexion auch zu einem als zutiefst unangenehm und schmerzhaft empfundenen Prozess werden.

Da individuell und kollektiv verinnerlichte Ideen miteinander verschränkt sind, ist der Kontext, in dem etwas gedacht, gesagt oder getan wird, stets von Bedeutung. Insofern lässt sich die Prüfung persönlicher Annahmen und Praxis erweitern um den Fokus auf Gruppen, Organisationen oder größere gesellschaftliche Diskurse, die in ihren kollektiven Denk- und Handlungsweisen auch bestimmte Annahmen verinnerlicht und oft strukturell verankert haben. Ein kritischer Blick auf diese Verflechtung zeigt mitunter, dass die Grundsätze, die offiziell handlungsleitend sind, nicht deckungsgleich mit der tatsächlichen Handlungslogik sind. Argyris und Schön (1999) nannten diese Inkongruenz den Unterschied zwischen „espoused theory" und „theory-in-use".

„Espoused theory": heißt so viel wie „die Theorie, der ich zu folgen glaube, bzw. der ich mich verschrieben habe" und beschreibt jene Logik des Handelns, die „vorgebracht wird, um bestimmte Aktivitätsmuster zu erklären oder zu rechtfertigen" (Argyris/Schön 1999, 29). Es sind also jene theoretischen Grundsätze und -regeln, nach denen ich meine zu arbeiten oder nach denen in Organisationen offiziell gearbeitet wird bzw. werden soll.

„Theory-in-use": ist dagegen die „Theorie-im-tatsächlichen-Gebrauch" und meint jene Handlungsrationalität, der im Arbeitsalltag de facto und meist stillschweigend gefolgt wird oder die innerhalb von Organisationen mehr oder weniger unausgesprochen die Abläufe bestimmt. Die „Theory-in-use" ist nicht immer bewusst und lässt sich oft erst aus der genaueren Beobachtung und Befragung des Handelns rekonstruieren.

Schritte Kritischer Reflexion

Für den Prozess der Kritischen Reflexion hat Brookfield (2011) vier Schritte skizziert:

1. Genaue Betrachtung und Beschreibung von Worten und Taten
2. Identifizieren und Prüfen von Annahmen
3. Aktiver Perspektivenwechsel
4. Von Reflexion zurück zu Praxis

Im Folgenden sind für jeden Schritt zur Anregung jeweils Fragen für die unterschiedlichen Ebenen der Praxis Sozialer Arbeit angeschlossen.

Genaue Betrachtung und Beschreibung von Worten und Taten: Die Suche nach Annahmen auf individueller Ebene geschieht z.B. auf der Grundlage von verschriftlichten Situations- oder Fallbeschreibungen, über Audio- oder Videoaufnahmen von Situationen oder Interviews, oder auch über Darstellungen, die auf direkter Beobachtung oder Teilnahme an einer Situation basieren.

> **Auf der individuellen Ebene** beginnt Kritische Reflexion mit Fragen nach Beschreibungen wie:
>
> - Was genau ist da abgelaufen?
> - Was habe ich (oder andere) getan, gesagt, gedacht oder gefühlt?
> - Worauf habe ich (oder andere) reagiert und worauf nicht?
> - Was wollte/will ich (oder andere) erreichen?

Auf der Organisationsebene können neben Beobachtungen, Interviews oder anderen Beschreibungen auch bestehende Texte und Regelungen, wie etwa die Konzeption der Organisation, ihre Selbstdarstellung auf der Webseite, Arbeitsablaufpläne, etc. Gegenstand der Reflexion sein.

"Kritisch" reflektieren 29

Auf der Ebene von Organisationen ergeben sich so erste Fragen wie:

- Wie wird die Arbeit in der Organisation beschrieben?
- Von wem wird sie so beschrieben?
- Welche Ziele und Prinzipien werden benannt?
- Wie sind Abläufe der Arbeit organisiert?
- Welche Worte oder Bilder werden genutzt?

Auf größerer gesellschaftlicher Ebene können auch andere Materialien, wie etwa Medienprodukte zu einer Thematik, genauer in den Blick genommen werden, um die Zusammenhänge kollektiver und individueller Praktiken zu beleuchten.

Auf gesellschaftlicher Ebene lassen sich Materialien zu einem Thema befragen z. B. über Fragen wie

- Von wem wird die Thematik aufgegriffen?
- Wie wird die Thematik dargestellt?
- Wann, wo, wie häufig wird sie dargestellt?
- Welche Worte oder Bilder werden genutzt?

Identifizieren und Prüfen von Annahmen: In diesem Schritt werden die Darstellungen kritisch auf die darin impliziten kausalen, präskriptiven und paradigmatischen Annahmen hin befragt.

Für die Annahmen der individuellen Ebene ergeben sich Fragen wie z. B.:

- Welche Bedeutungen habe ich dem Geschehen zugeschrieben?
- Wie rechtfertige ich das eigene Handeln?
- Welche Zielvorstellungen sind implizit?
- Warum wollte/will ich diese Ziele erreichen?
- Was habe ich als „normal" oder „erstrebenswert" gesetzt?
- Welches Menschenbild liegt meinem Handeln zugrunde?

- Welche Idee habe ich davon, warum sich Situationen oder Menschen verändern?
- Welche Rolle weise ich mir und anderen zu?
- Woher kommen meine Annahmen?
- Wie und wo habe ich gelernt, so zu denken?
- Welchen Einfluss hat meine Biografie?
- Welche empirische Grundlage haben meine Annahmen?
- Inwieweit sind meine „espoused theory" und „theory-in-use" deckungsgleich oder abweichend von einander?

Für die Ebene kollektiver professioneller Praxen in Organisationen oder Institutionen eröffnen sich ergänzend kritische Fragen wie z. B.:

- Welche Annahmen über menschliches Verhalten sind in den Darstellungen oder Abläufen in der Organisation enthalten?
- Was wird als „normal" oder „erstrebenswert" gesetzt?
- Wessen Wissen/welche Art Wissen wird besonders wertgeschätzt, wessen Wissen/welche Art Wissen wird weniger oder gar nicht beachtet?
- Welche Idee darüber, wie Situationen oder Menschen sich verändern, ist in den Darstellungen bzw. Abläufen verborgen?
- Welche Rolle(n) weist sich die Organisation selber zu?
- Welche Rollen werden anderen zugewiesen?
- Wer trifft am Ende die Entscheidungen?
- Inwieweit sind „espoused theory" und „theory-in-use" in der Organisation deckungsgleich oder abweichend von einander?
- Welche Rolle spielen Kontextfaktoren, wie z. B. Finanzierungsstrukturen, Hierarchien, politische Vorgaben, erlaubte Zeitfenster etc.?

Auf gesellschaftlicher Ebene lassen sich Fragen an mediale oder andere Darstellungen richten wie z. B.:

- Welche Bilder und Vorstellungen sind dominant?
- Wie werden Menschen(gruppen) oder gesellschaftliche Institutionen repräsentiert?

- Wie werden Worte oder visuelle Darstellungen genutzt, um diese Bilder von Menschen, Institutionen, Stadtteilen etc. herzustellen?
- Welche Annahmen über die „Natur" des Menschen und menschliches Verhalten sind in den Darstellungen enthalten?
- Wie werden diese Ideen gerechtfertigt?
- Was wird als „normal" oder „erstrebenswert" gesetzt?
- Welche Historie haben diese Normal- oder Idealvorstellungen?
- Wer wird in diesen Ideen privilegiert, benachteiligt oder ausgeschlossen?
- Worüber wird nicht gesprochen?
- Wer kommt nicht oder nicht hinreichend zu Wort?

Aktiver Perspektivenwechsel: Auf der Grundlage der kritischen Prüfung der Annahmen werden gezielt mehrere andere mögliche Sichtweisen eingenommen oder ausprobiert.

Für Perspektivwechsel auf der individuellen Ebene sind mögliche Reflexionsfragen z. B.:

- Wie kann das Geschehen anders gedeutet werden?
- Wie deuten andere involvierte Personen (KlientInnen, Angehörige, Freunde, weitere beteiligte professionelle VertreterInnen etc.) die Situation?
- Welche anderen Annahmen über Menschen und ihre Motivationen könnte ich zugrunde legen?
- Welche anderen Rollen kann ich einnehmen, und was bedeutet das für die Rolle meines Gegenübers?
- Welche anderen Zielvorstellungen sind möglich?
- Welche anderen Wege zum Ziel sind denkbar?
- Welche Perspektiven bietet die Fachliteratur zum Thema Ziele oder zum Thema Wege zum Ziel für diese Problemstellung?

Für Perspektivwechsel in kollektiver professioneller Praxis lässt sich z. B. fragen:

- Was ist aus Sicht der AdressatInnen „normal" oder „erstrebenswert"?
- Welche anderen als bislang formulierte Zielvorstellungen sind für die Organisation denkbar?
- Welche anderen Wege zum Ziel sind denkbar?
- Welche anderen Annahmen über menschliches Verhalten oder Veränderungsprozesse könnten zugrunde gelegt werden?
- Wie stellt sich die Situation aus dem Blickwinkel anderer Disziplinen oder Professionen dar?
- Was sagt die Fachliteratur über Ziele, Angebote, Abläufe etc.?

Perspektivenwechsel auf der Ebene gesellschaftlicher Ideen ergibt sich über Fragen wie:

- Welche Sichtweisen, die von dominanten Perspektiven abweichen, sind in Darstellungen bei genauerem Hinsehen bereits zu finden?
- Wenn andere Personen(gruppen) auf diese Thematik blicken (würden), wie verändern sich Darstellungen und Verständnis?
- Welche anderen Perspektiven ergeben sich aus einem Abgleich mit anderen kulturellen oder politischen Gemeinschaften (anderen Ländern, gesellschaftlichen Gruppen etc.)?

Von Reflexion zurück zur Praxis: Letztlich gilt es, Fragen zu beantworten, die den Gesamtprozess Kritischer Reflexion für die Praxis fruchtbar machen.

Für die individuelle Ebene ergeben sich Fragen wie z. B.:

- Welchen Unterschied machen meine kritischen Überlegungen für die spezifische vorliegende Situation?
- Wie verändert sich mein Verständnis der Situation (des Problems, der Aufgaben- oder Zielstellung, meiner Rolle) im Einzelfall bzw. darüber hinaus für künftige Praxis?

- Wie schlagen sich veränderte Annahmen oder Perspektiven in meinem Handeln nieder? Welche Worte und Taten wähle ich (eher)?
- Welche größeren Ableitungen ergeben sich über den Einzelfall hinaus für meine Praxis?

Auf Gruppen- oder Organisationsebene lässt sich z. B. fragen:

- Welche Perspektiven und veränderten Annahmen sind für die Praxis auch dauerhaft wertvoll?
- Wenn andere Perspektiven oder Annahmen über menschliches Verhalten oder Veränderungsprozesse zugrunde gelegt werden, wie müssten sich die Angebote der Organisation ändern?
- Wenn andere Annahmen über menschliches Verhalten zugrunde gelegt werden, wie müssten sich die Abläufe in der Organisation ändern?
- Wie lassen sich andere Perspektiven oder Annahmen in der Organisation strukturell verankern?
- Wie können Strukturen und Abläufe inklusiver und partizipativer gestaltet werden?

Auf gesellschaftlicher Ebene sind Fragen zur Anregung z. B.:

- Wie kann nicht-dominanten, aber wichtig erscheinenden Perspektiven mehr Gehör verschafft werden?
- Wie können alternative Perspektiven, Annahmen und Repräsentationsformen gestärkt werden?
- Wie können gesellschaftliche Strukturen und Normen (z. B. rechtliche Vorschriften oder Regelungen) für diese anderen Sichtweisen oder Annahmen geöffnet oder genutzt werden?
- Welche Organisationen, Netzwerke, Medien oder anderen politischen Kräfte können dafür identifiziert oder mobilisiert werden?

2.4 Reflexion kritisch reflektiert

Obwohl, oder gerade weil, dieses Kapitel so nachdrücklich für Reflexion plädiert und das Potential betont, das vor allem Kritische Reflexion für die Praxis bereithält, zum Abschluss noch ein paar Worte der Vorsicht.

Reflexion ist kein Allheilmittel: Reflexion löst nicht alle Unklarheiten, Ambivalenzen oder Widersprüche der Sozialen Arbeit auf. Richtig verstanden wird Reflexion im Gegenteil die Dinge oft verkomplizieren, indem sie bis dahin unerkannte Dilemmata, Ungereimtheiten und ungewollte Nebeneffekte deutlich macht. Diese Verunsicherungen und Uneindeutigkeiten gilt es auszuhalten – eine wichtige soziale Fähigkeit, die „Ambiguitätstoleranz" genannt wird.

Reflexion ist ein andauernder Prozess: Reflexion ist nie wirklich abgeschlossen. Wenn Sie sich dabei ertappen, sich für besonders reflektiert (im Sinne von „erleuchtet") zu halten, dann ist das vermutlich ein guter Moment, sich nicht ganz so sicher zu sein.

Reflexion ist nicht Therapie: Die in der Selbstreflexion betonte Beschäftigung mit eigenen psychischen Dynamiken wirft die Frage auf, wo die Grenze zwischen Therapie einerseits und Selbstreflexion andererseits verläuft. Selbstreflexion in Studium und Praxis zielt auf die professionelle Entwicklung, während Therapie, als ein intensiver, freiwilliger Prozess der Selbstexploration, dem privaten Entwicklungsprozess dient. Dennoch sind Überschneidungen in der persönlichen Auseinandersetzung mit biografischen Themen augenfällig und verweisen auf mögliche Risiken der Reflexion, da die Bedingungen in Studium und/oder Praxis nicht immer geeignet sind, um persönliche Erschütterungen hinreichend zu begleiten.

Reflexion ist keine „unschuldige" Praxis: Eingebunden in größere Machtstrukturen und -dynamiken ist Reflexion als Teil des Studiums Sozialer Arbeit eine Sozialisierung in die Profession, die über Selbst-Disziplinierung zu „besserer" Praxis führen soll. Nach dem Studium setzt sich diese Dynamik von Reflexionen in Teamsitzungen, Fallberatungen oder in supervisorischen Prozessen fort und wird als Instrument oder Indikator der „Qualitätsentwicklung" gesehen. Trotz der noblen Intention wirkt die Aufforderung, das eigene Denken und Handeln ständig zu beobachten, zu prüfen und obendrein den Prozess und die Ergebnisse für die Bewertung von KommilitonInnen oder KollegInnen, Lehrenden oder Vorgesetzten zu veröffentlichen, aber nicht immer nur befreiend, sondern auch kontrollierend. In einer Gesellschaft, die zunehmend mit Überwachung und Risikoabschätzung beschäftigt ist, kann Reflexion so auch zu einer Form der Machttechnologie der (Selbst-)Überwachung werden, die mit entsprechender Vorsicht zu genießen ist.

2.5 Exemplarische Vertiefung: „Fördern und Fordern"

Das Wortpaar „Fördern und Fordern" ist zu einem programmatischen Schlagwort mit großer Verbreitung geworden und wirkt sich auch auf das Denken und Handeln in der Sozialen Arbeit aus. Die folgenden Aufgabenvorschläge bieten Anregungen zu einer kritischen Reflexion des Schlagworts und greifen dabei auf analytisches und mimetisches Wissen zu.

 Teil 1: Reflexion des eigenen Alltagswissens (ca. 5 Minuten). Machen Sie sich, nur für sich, ein paar Notizen zu folgenden Fragen:

- Ist Ihnen der Ausdruck „Fördern und Fordern" vertraut? Wenn ja woher?
- Was ist Ihre eigene erste Reaktion auf den Ausdruck „Fördern und Fordern"?
- Welche Assoziationen und Emotionen verbinden Sie damit?

Teil 2: Wort-Skulpturen. Stille Übung in Gruppen von ca. 5–12 Personen (Diese Übung basiert u. a. auf Ideen und Techniken des Image-Theaters des Theaterpädagogen Augusto Boal).

Mehrere Freiwillige machen sich selbst jeweils zu einer Skulptur, die aus ihrer Sicht das Wort „Fördern" repräsentiert, d. h. sie nehmen eine Körperhaltung samt Gesichtsausdruck ein, die aus ihrer Sicht „Fördern" verkörpert. Probieren Sie ein bisschen aus, bis Sie etwas finden, das sich stimmig anfühlt. Halten Sie diese Position solange, bis alle TeilnehmerInnen der Gruppe Ihre Skulptur sehen konnten. Lösen Sie sich aus Ihrer Position, um die Skulpturen anderer zu betrachten, und nehmen Sie danach wieder Ihre Haltung für ca. eine Minute ein. In einer zweiten Runde nehmen Freiwillige (dieselben oder andere) die Position und Ausdrucksform einer Skulptur ein, die für sie „Fordern" repräsentiert. Gehen Sie genauso vor wie zuvor, und halten Sie diese Position, bis alle TeilnehmerInnen Ihre Skulptur und Sie die Skulpturen der anderen sehen konnten. Das Ganze geschieht wortlos.

Fragen zur Anregung der Reflexion und Gruppendiskussion im Anschluss:

- Welche Beobachtungen haben Sie an sich selbst als Skulptur gemacht?
- Welche Körperbereiche standen unter besonderer Anspannung?
- Welche Assoziationen und Emotionen hatten Sie im Verlauf der Übung?
- Was fiel Ihnen bei der Betrachtung anderer Skulpturen auf?
- Welche Aspekte des Begriffs „Fördern und Fordern" sind Ihnen dadurch klarer oder unklarer geworden?

Teil 3: Hintergrundrecherche. Forschen Sie nach Hintergrund und Bedeutung der Wort-Doppelpackung „Fördern und Fordern":

- Woher kommt dieser Ausdruck?
- Seit wann ist er in der Öffentlichkeit vertreten?
- In welche größeren gesellschaftlichen Zusammenhänge ist er eingebettet?
- In welchen Arbeitsfeldern und Institutionen der Sozialen Arbeit taucht er auf?
- Wie wird er in die Tat umgesetzt, d. h. in welche Maßnahmen, Regeln etc. wird „Fördern und Fordern" für das methodische Handeln übersetzt?

Anregung zur kritischen Analyse und Reflexion, nachdem Sie genauer nach der Herkunft und Nutzung des Ausdrucks recherchiert haben:

- Welche Annahmen über das „Verändern" von Menschen und ihren Situationen stecken in dem Begriff?
- Welches Menschenbild verbirgt sich darin?
- Welches Gesellschaftsbild verbirgt sich darin?

Teil 4: Gesamtauswertung aller Übungsteile. Betrachten Sie noch einmal Ihre ersten Notizen aus Teil 1 und alle nachfolgenden Ideen.

- Auf welche Annahmen (kausale, präskriptive oder paradigmatische, siehe Erklärungen in Kap. 2.3.2) sind Sie gestoßen?
- Welche anderen Perspektiven haben Sie entdeckt oder eingenommen?
- Was leiten Sie insgesamt aus Ihrer Kritischen Reflexion für künftiges Handeln ab?

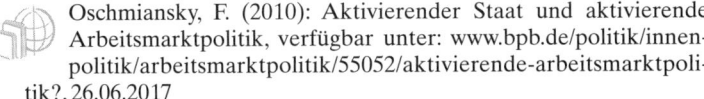

Oschmiansky, F. (2010): Aktivierender Staat und aktivierende Arbeitsmarktpolitik, verfügbar unter: www.bpb.de/politik/innenpolitik/arbeitsmarktpolitik/55052/aktivierende-arbeitsmarktpolitik?, 26.06.2017

Virchow, F. (2008): „Fordern und Fördern" – Zum Gratifikations-, Sanktions- und Gerechtigkeitsdiskurs in der BILD-Zeitung. In: Wischermann und Thomas (Hrsg.): Medien – Diversität – Ungleichheit. Zur medialen Konstruktion sozialer Differenz. VS Verlag für Sozialwissenschaften, Wiesbaden, 245–262

3 Methoden und methodisches Handeln

> Methodisches Handeln in der Sozialen Arbeit ist stets eingebunden in ethische und theoretische sowie situative und strukturelle Dimensionen, die in spezifischen Methoden konkretisiert werden. Methoden sind höchst vielgestaltig und unterscheiden sich in ihren Formen, Funktionen und Fokusbereichen. Allen Formen methodischen Handelns in der Sozialen Arbeit sind aber auch grundsätzliche Charakteristika und Prinzipien gemein, und es lassen sich generelle Komponenten und Kompetenzen formulieren. Insgesamt erfüllen Methoden eine doppelte Funktion. Sie dienen einerseits der Orientierung für die konkrete Praxis und andererseits der Entwicklung der Profession selbst.

„Wer nur einen Hammer hat, für den wird alles zum Nagel" (Maslow 1966, 15, Übers. d. A.).

 Überlegen und diskutieren Sie:

- Was bedeutet dieser Satz für Sie?
- Welche Zusammenhänge zwischen Denken und Tun werden darin angedeutet?
- Was leiten Sie daraus für methodisches Handeln in der Sozialen Arbeit ab?

Wenn es um Methoden in der Sozialen Arbeit geht, kommen schnell Metaphern aus dem Handwerksbereich zum Einsatz. Da ist von Werkzeugkästen, Handwerkszeug oder „tools" die Rede und lässt Bilder im Kopf entstehen, die nach konkreter, praktischer Anwendbarkeit klingen, nach Instrumenten und „how-to"-Tipps, über die Probleme gelöst werden können. Bilder dieser Art machen Hoffnung auf „Praktisches" und können überdies auch zum Nachdenken inspirieren. Gleichzeitig ist das Bild von Methoden als technischen „Werkzeugen", mit denen SozialarbeiterInnen und SozialpädagogInnen an Menschen oder ihrer Umgebung quasi herumschrauben, um etwas zu „reparieren", aber auch problematisch und führt tendenziell auf die falsche Fährte. Über ein mechanistisches Methodenbild hinaus geht es im Folgenden daher um eine vertiefende Auseinandersetzung mit Grundbegriffen methodischen Handelns, insbesondere um

- die Abgrenzung von Begriffen rund um Methoden und methodisches Handeln,
- die Funktionen und Diskussionen der Methodenentwicklung in der Sozialen Arbeit,
- verschiedene Arten, Methoden einzuordnen,
- die Rolle von Theorie und Ethik im methodischen Handeln,
- die Rolle von Struktur und Situation in methodischem Handeln,
- Charakteristika und Prinzipien des Handelns, die sich etabliert haben, und
- einen ersten Überblick über Kompetenzen und Komponenten methodischen Handelns.

3.1 Definitionsversuche

Im alltäglichen Sprachgebrauch bedeutet „Methode" so viel wie „Weg zu einem Ziel" und beschreibt, *wie* etwas getan wird bzw. getan werden soll. In der Sozialen Arbeit aber lässt sich das *Wie* nicht sinnvoll getrennt von größeren Zusammenhängen beantworten. Vielmehr ist das *Wie* nur erklärbar, wenn gleichzeitig auch Fragen wie „Was ist das Ziel?", „Warum soll hier überhaupt etwas getan werden?" und „Warum so und nicht anders?" beantwortet werden. In einem derartig erweiterten Verständnis von „Methode" wird das *Wie* also in den größeren Kontext gestellt, sodass es nötig ist, Begriffe genauer oder anders zu definieren. Für dieses Buch gelten folgende begriffliche Definitionen und Abgrenzungen, die zugegebenermaßen auch nicht immer trennscharf sind. Sie beginnen mit dem „größten" Begriff und enden mit dem „kleinsten" Element.

> **Methodisches Handeln: Methodisches Handeln** ist ein umfassender, übergeordneter Begriff, der ein begründetes, planvolles, zielgerichtetes und kritisch reflektierendes Vorgehen beschreibt, das die jeweiligen konkreten Kontexte von Personen und Situationen berücksichtigt. Methodisches Handeln ist in seinen Abläufen strukturiert und umfasst typische Komponenten wie Situationsbeschreibung und -analysen, Problem- und Zieldefinition, Interventionsplanung, Umsetzung der Pläne sowie die Reflexion und Evaluation von Prozessen und Ergebnissen. Trotz der Strukturiertheit ist methodisches Handeln in der praktischen Umsetzung nicht linear, sondern verläuft in zirkulären, spiralartigen Schlaufen und muss für Veränderungen offen bleiben. Methodisches Handeln kann ganz oder teilweise über spezifische methodische Konzepte und damit verbundene etablierte Methoden erfolgen, kann unterschiedliche Methoden gezielt kombinieren oder auch neuen Entwürfen folgen.

> Das **Führen von Gesprächen** ist eine in verschiedensten Arbeitsfeldern Sozialer Arbeit omnipräsente Form methodischen Handelns, die auf unterschiedlichen Ebenen (mit AdressatInnen, KollegInnen, Teams und Fachkräften anderer Institutionen) erfolgt. „Gesprächsführung" als methodisches Handeln kann unterschiedliche Ziele verfolgen und muss in der Umsetzung auf die gegebene Situation und die involvierten Institutionen und Personen angepasst werden. Dabei lässt sich für Gesprächsführung eine allgemeine Struktur definieren, wie etwa:
> - Kontakt und Gesprächseröffnung
> - Verständigung über Fokus und Anliegen des Gesprächs
> - Klärung von Sichtweisen und Ideen
> - Verständigung über weitere Schritte
> - Beenden des Gesprächs.

> **Methodisches Konzept:** Als **methodische Konzepte** werden spezifizierte Varianten methodischen Handelns bezeichnet. Dazu beschreiben methodische Konzepte, mehr oder weniger konkret, Elemente des Handelns und begründen bzw. rechtfertigen sie über theoretische, ethische oder empirische Grundlagen. Sie stellen so Zielvorstellungen und Schritte in einen übergeordneten Sinnzusammenhang und berücksichtigen dabei typische Situationen und Rahmenbedingungen der Arbeit. Methodische Konzepte tragen mitunter Namen,

die sie bereits näher beschreiben oder Hinweise auf die Arbeitsfelder oder Institutionen geben, denen sie entstammen (z. B. „Sozialpädagogische Familienhilfe" oder „Krisenintervention").

Personenzentrierte Gesprächsführung, mitunter auch „klientenzentrierte" Gesprächsführung genannt, ist ein spezifisches methodisches Konzept, das die allgemeinen Strukturen von Gesprächsführung konkreter ausfüllt. Basierend auf Theorien aus der humanistischen Psychologie und Therapie nach Carl Rogers betont das Konzept ein positives Menschenbild, das auf inhärentes Wachstum vertraut. Für Fachkräfte betont das Konzept daher eine begleitende, nicht-direktive Haltung und Rolle, die auf Maximen wie bedingungsloser Wertschätzung, Empathie und Kongruenz basiert.

Methoden: Methoden sind konkrete, planvolle und zielgerichtete Vorgehensabfolgen, die sich aus einem methodischen Konzept begründen bzw. in ein solches eingebettet sind. Sie dienen der nachvollziehbaren und passgerechten Gestaltung von Hilfeprozessen und stellen Hilfen zur Umsetzung der Komponenten methodischen Handelns bereit.

Als Methode hält das **personenzentrierte Konzept** Orientierungen für die Gestaltung des Gesprächsprozesses bereit. So vermeidet die Fachkraft es, Verhaltensanweisungen oder Interpretationen aus einer Expertenposition zu geben, sondern spiegelt stattdessen die emotionalen Anteile des Gesagten zurück. Dadurch sollen die Selbstexploration und Entwicklung des Gegenübers gefördert werden.

Techniken: Als **Techniken** werden kleinere Bündel konkreter Verfahrensweisen bezeichnet, die zur Erreichung spezifischer (Teil-)Ziele des Handelns eingesetzt werden. Sie sind verhältnismäßig leicht erlern- und wiederholbare Handlungsweisen, die deutlich weniger komplex sind als Methoden. Techniken sind Teile von Methoden bzw. können ihnen zugeordnet werden und sind als solche ebenfalls eingebettet in methodische Konzepte.

> **Techniken**, die zur personenzentrierten Methode gehören bzw. ihr entstammen, sind unter dem Titel „Aktives Zuhören" bekannt und beinhalten u. a. das sog. „Spiegeln" von Emotionen, also das Benennen und Paraphrasieren von affektiven Anteilen aus Gesprächsinhalten.

Seithe, M. (2008): Engaging. Möglichkeiten Klientenzentrierter Beratung in der Sozialen Arbeit. VS Verlag für Sozialwissenschaften, Wiesbaden
Weinberger, S. (2013): Klientenzentrierte Gesprächsführung. Lern- und Praxisanleitung für psychosoziale Berufe. 14. überarbeitete Aufl. Beltz Juventa, Weinheim
Widulle, W. (2012): Gesprächsführung in der Sozialen Arbeit. Grundlagen und Gestaltungshilfen. 2. Aufl. VS Verlag für Sozialwissenschaften, Wiesbaden

Von der Schwierigkeit der Unterscheidung – das Genogramm

Ob es sich um ein methodisches Konzept, eine Methode oder eine Technik handelt, ist nicht immer eindeutig zu klären, sondern kann sich auch jeweils aus dem Anwendungskontext ergeben. In der Praxis Sozialer Arbeit taucht z. B. das Genogramm in unterschiedlichen Einsatzformen auf, was die Schwierigkeit der Unterscheidung zwischen den Ebenen „methodisches Konzept", „Methode" und „Technik" illustriert.

> Das **Genogramm** ist eine Art grafischer Familienstammbaum, der in der therapeutischen, beraterischen oder (sozial-)pädagogischen Arbeit mit AdressatInnen oder der Ausbildung von Fachkräften eingesetzt wird.

In der Grafik eines Genogramms werden Lebensdaten, Konstellationen und Vorgeschichte einer Familie festgehalten. Wird das Genogramm vor allem zu Dokumentationszwecken eingesetzt, lässt es sich als Technik einordnen, über die Familienzusammenhänge kommuniziert werden. In dieser Funktion geht es beim Genogramm vorrangig darum, die Grafik entsprechend der etablierten Regeln zu gestalten (Quadrat = männliche Person, Kreis = weibliche Person, usw.), damit z.B. auch andere Fachkräfte die erhobenen Informationen nachvollziehen können (Abb. 3). Wird das Genogramm über die reine Dokumentation hinaus auch als Instrument für die direkte Arbeit mit AdressatInnen eingesetzt, dann handelt es sich um die Methode der „Genogrammarbeit". Genogrammarbeit dient dazu, die aus der familiengeschichtlichen Beziehungsdynamik gewachsenen Muster von Verhaltens- und Denkweisen zu reflektieren und ggf. zu verändern. Daher werden Informationen über mindestens drei Generationen schrittweise gemeinsam mit den AdressatInnen erhoben, aufgezeichnet und besprochen. Neben den Aufzeichnungstechniken für das Genogrammbild bedarf Genogrammarbeit daher weiterer Frage- und Gesprächstechniken. Der Fokus der Fragen, ihre Abfolge und konkrete Formulierungen leiten sich sowohl aus dem familien-systemischen Konzept und seinen Varianten ab, dem das Genogramm entstammt, als auch aus dem konkreten Ziel der Arbeit mit den beteiligten Personen. Genogrammarbeit lässt sich als eigenes methodisches Konzept einordnen, wenn die Methode samt ihrer systemtheoretischen Grundlagen in bestimmten (sozial-)pädagogischen oder therapeutischen Kontexten zielgerichtet genutzt wird und auch theoretisch klar begründbarer Teil der Gesamtlogik des Handelns ist.

Systemische Ansätze in der Sozialen Arbeit greifen auf verschiedene Systemtheorien aus Natur-, Geistes- und Sozialwissenschaften zurück. Kennzeichnend ist, dass systemische Ansätze das Verhalten und Denken von Menschen als stets kontextabhängig sehen. Darum nehmen diese Ansätze nicht nur einzelne Individuen für sich genommen in den Blick, sondern betrachten das Zusammenspiel verschiedener Elemente (Personen, Institutionen, Situationen etc.). Statt nach linearen Zusammenhängen von Ursache und Wirkung zu suchen, gehen systemische Ansätze außerdem von zirkulären, also kreisförmigen, Wirkungszusammenhängen aus. Systeme, wie etwa Familien, folgen zudem ihrer jeweils eigenen Logik und lassen sich zwar „irritieren", um bestehende Muster zu verändern, aber eine direkt gesteuerte und gezielte Veränderung lässt sich nach der Logik systemischer Ansätze nicht herbeiführen. So verstanden müssen sich Fachkräfte darauf einstellen, dass ihre Versuche des „Helfens" nicht immer positive, sondern auch negative, unerwartete oder gar keine Resultate nach sich ziehen.

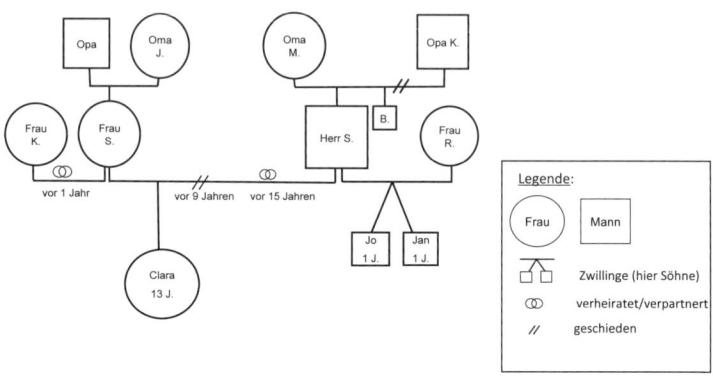

Abb. 3: Genogramm

Das Genogramm bietet auch gleich Gelegenheit für Kritische Reflexion, denn einige der etablierten Genogramm-Symbole erscheinen aus kritischer Perspektive stark normativ und sollten zugunsten anderer Kategorien und Darstellungen überdacht und angepasst werden. Die binäre Frau-/Mann-Symbolik etwa ist fragwürdig und sollte mindestens offen sein für die Selbstdefinition der Personen, die auch jenseits einer zweipoligen Genderidentität liegen kann. Ebenso kann die grafische Unterscheidung von Verheirateten und unverheiratet Zusammenlebenden unnötig stigmatisierend wirken.

 Kühling, L., Richter, K. (2009): Genogramme in der Sozialen Arbeit. In: Michel-Schwarze, B. (Hrsg.): Methodenbuch Soziale Arbeit. VS Verlag für Sozialwissenschaften, Wiesbaden, 227–256

Methoden bzw. methodische Konzepte konkretisieren die generell identifizierbaren Komponenten methodischen Handelns auf der Grundlage theoretischer und ethischer Überlegungen, sowie im Hinblick auf gegebene Strukturen und Situationen (Abb. 4).

Bevor aber die Rolle von Theorie, Ethik, Situation und Strukturen näher beleuchtet werden, lohnt sich ein Blick auf die methodengeschichtliche Entwicklung und die grundsätzlichen Unterscheidungen, die sich für die Analyse und Einordnung von Methoden und methodischen Konzepten finden lassen.

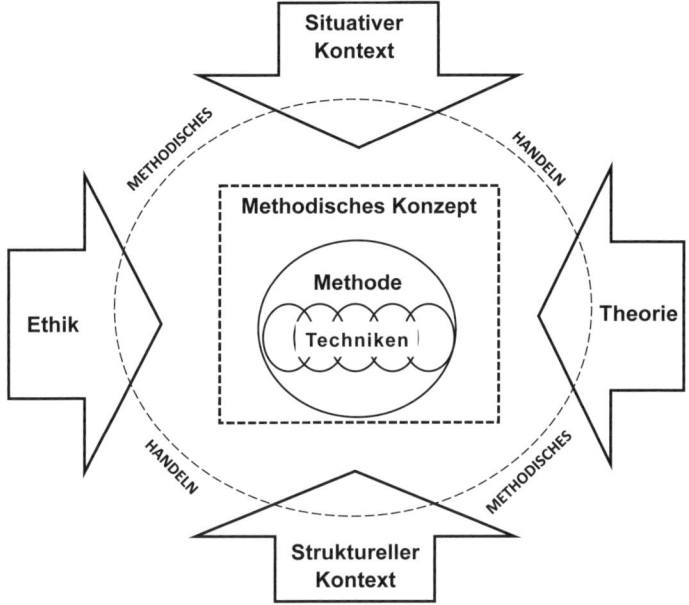

Abb. 4: Zusammenhänge methodischen Handelns

3.2 Methoden und methodische Konzepte einordnen

Die konkreten methodischen Konzepte bzw. Methoden, die in der Praxis Sozialer Arbeit genutzt werden, sind sehr vielfältig und es lässt sich keine abschließende Liste erstellen. Sich in der Vielfalt von Methoden bzw. methodischen Konzepten Überblick zu verschaffen, ist alles andere als einfach. Man könnte versuchen, Methoden zu sortieren nach

- theoretischer Herkunft (Systemtheorie, Verhaltenstheorie, humanistische Theorie, Kritische Theorie, usw.),
- historischen Entwicklungslinien (Einzelfallarbeit, Gruppenarbeit, Gemeinwesenarbeit),

- Problemfeldern (Armut, Drogenabhängigkeit, Rassismus, Wohnungslosigkeit, usw.),
- Zielgruppen oder Arbeitsfeldern (Kinder- und Jugendhilfe, Berufsberatung, Behindertenhilfe usw.),
- Qualität der Forschungslage (Evidenzbasierte Interventionen, „Beste Praktiken", etc.),
- ihrer präventiven Funktion (primär präventive Angebote, die schon im Vorfeld von Problemen gemacht werden, sekundär präventive Angebote für spezielle Zielgruppen, die bereits mit Problemsituationen konfrontiert sind, oder tertiär präventive, nachsorgende Angebote),
- oder danach, ob sie für die direkte unmittelbare Interaktion mit AdressatInnen (Primärmethoden) oder für den indirekten Einsatz auf strukturelle Ebenen wie Koordination, Reflexion oder Evaluation auf Seiten von Organisationen oder Fachkräften (Sekundärmethoden) dienen.

Alle diese Kategorien für die Einordnung verdeutlichen bereits wichtige Aspekte methodischer Konzepte und von Methoden und erlauben erste analytische Unterscheidungen. Um drei weitere Unterscheidungsmöglichkeiten, die für die Analyse und Reflexion konkreter Methoden Anhaltspunkte bieten, geht es im Folgenden etwas ausführlicher:

1. die Sozialform
2. die Fokusebene
3. das Funktionsverhältnis zur Lebenswelt

Diese Einteilung erlaubt es, Methoden genauer nach ihren handlungspraktischen Ausrichtungen einzuordnen und zu vergleichen.

3.2.1 Sozialformen mit Geschichte: Einzelfall-, Gruppen- und Gemeinwesenarbeit

Für lange Zeit wurde die klassische „Trias" von Einzelfallarbeit, Gruppenarbeit und Gemeinwesenarbeit mit „Methoden der Sozialen Arbeit" gleichgesetzt. Die Methodenentwicklung hat sich aber inzwischen weiter ausdifferenziert, sodass diese Dreiteilung allein nicht mehr hinreichend spezifisch ist. Galuske (2013) schlägt daher vor, Einzelfall-, Gruppen- und Gemeinwesenarbeit nicht per se als Methoden, sondern als „Sozialformen" zu verstehen. Als Sozialformen beschreiben „Einzelfall", „Gruppe" und „Gemeinwesen", mit wem interagiert wird, ohne dass Näheres über die genaueren Vorgehensweisen und konzeptionellen Zusammenhänge ausgesagt wird. Obwohl oft eine Sozialform dominiert, können in vielen methodischen Konzepten auch mehrere oder alle Sozialformen eingesetzt werden. So kann z.B. in der Schulsozialarbeit individuell mit einzelnen SchülerInnen gearbeitet werden, es können Gruppenangebote unterbreitet und auch aktive Gestaltungsarbeit im Stadtteil geleistet werden.

Einzelfallarbeit: Einzelfallarbeit umfasst als Sozialform ein breites Spektrum von methodischen Konzepten und Arbeitsfeldern. Einzelfallarbeit als Sozialform ist dadurch gekennzeichnet, dass sie sich an einer Person festmacht oder primär auf ein Individuum, ein Paar oder eine Familie richtet. „Persönliche Assistenz" für Menschen mit Behinderung ist in diesem Sinn genauso eine auf den Einzelfall gerichtete Tätigkeit wie Sozialpädagogische Familienhilfe oder die individuelle Beratung von Angehörigen im geriatrischen Krankenhaus. Gleichzeitig unterscheiden sich diese Tätigkeiten inhaltlich und durch die jeweils andere strukturelle Einbindung stark und nutzen entsprechend andere methodische Mittel. In ihrer historischen Entwicklung ist Einzelfallarbeit stark mit der sozial-diagnostischen Tradition und dem generellen Dreischritt „Anamnese – Diagnose – Behandlung" verbunden.

Diese Tradition orientiert sich in der Grundlogik und Sprache an der Medizin, übersetzt sie aber für soziale Problemlagen. Kennzeichnend sind eine systematisierte Einschätzung der Situation eines Individuums bzw. einer Gruppe von Personen inklusive ihrer Vorgeschichte (Anamnese), die Kategorisierung (Diagnose) vorliegender Probleme und Problemzusammenhänge, sowie die Planung und Umsetzung einer Intervention (Behandlung), die sich aus der Anamnese und Diagnose ergeben.

Die Kritik an Tendenzen der Einzelfallarbeit zu pathologisierender und individueller Verortung sozialer Probleme führt periodisch immer wieder zu einer Rückbesinnung auf ressourcenerschließende und ganzheitliche „Person-in-Umwelt"-Orientierungen, wie sie sich schon bei den frühen Vertreterinnen der Sozialen Arbeit wie Mary Richmond, Alice Salomon, Siddy Wronsky oder Bertha Capen Reynolds finden lassen. Dazu gehören u. a. methodische Konzepte wie das biografisch-rekonstruktive Fallverstehen (Kap. 4.3) sowie die Erweiterung des Arbeitsfokus „vom Fall zum Feld", bei dem über das Individuum hinaus auch dessen größerer Sozialraum und die Versorgungsstrukturen einbezogen werden. Über diese Entwicklungen entgrenzt sich die klassische Einzelfallarbeit hin zu den anderen Sozialformen.

Gruppenarbeit: Gruppenarbeit bezeichnet methodische Arbeitsformen, die mit und über Gruppen (sozial-)pädagogische und/oder psycho-soziale Ziele zu erreichen suchen. Historisch greift Gruppenarbeit auf Traditionen der Jugendbewegung und auf (reform-)pädagogische Ansätze des frühen 20. Jahrhunderts zurück, die u. a. auf Selbsterziehung von und durch Peers setzte. Nach den verheerenden Erfahrungen mit dem negativen Einfluss von Gruppen während des Nationalsozialismus betonte die nach 1945 aufkommende Gruppenarbeit vor allem demokratische und kritische Bildungsprozesse. Insgesamt nutzt Gruppenarbeit gezielt Wissen aus Feldern wie Sozialpsychologie, Kleingruppenforschung, Gruppendynamik oder auch Psychodrama (Kap. 5.1.3). Je nach methodischem Konzept unterscheidet sich der Stellenwert, den die Gruppe einnimmt. In einigen Gruppenarbeitskonzepten ist die Gruppe selbst das zentrale Instrument, wie z. B. in der einst von Konopka (1994) geprägten „Sozialen Gruppenarbeit", deren Ziel das Wachstum der Gruppenmitglieder in und durch die Prozesse in der Gruppe ist. Die Rolle der SozialpädagogInnen ist in dieser Variante wenig direktiv, sondern eher begleitend. In anderen methodischen Konzepten dient die Gruppe vorrangig als Forum, um gezielt spezielles Wissen oder spezielle Kompetenzen zu vermitteln (Anti-Aggressionstraining, Psychoedukation, Eltern-Training etc.). Hier sind Gruppenaktivitäten klar vorstrukturiert und die Rolle von Fachkräften kann dabei stark instruierend sein. Darüber hinaus finden sich Gruppenformate auch auf der Ebene der Professionellen selbst, wenn z. B. in Teams, Arbeitsgruppen, Kollegialer Beratung oder Supervision methodisches Handeln geplant, durchgeführt oder reflektiert wird.

Konopka, G. (1994): Soziale Gruppenarbeit. Ein helfender Prozess. Beltz, Weinheim/Basel
Nellesen, L. (2012): Von der Gruppenarbeit zur Familientherapie.

In: Thole, W. (Hrsg.): Grundriss Soziale Arbeit. VS Verlag für Sozialwissenschaften, Wiesbaden, 649–662

Gemeinwesenarbeit: Gemeinwesenarbeit (GWA) richtet ihre Hauptaufmerksamkeit auf die Förderung von Nachbarschaften, Wohnquartieren oder anderen sozialräumlichen Zusammenhängen. BewohnerInnen sollen unterstützt und aktiviert werden, die Probleme ihres Wohnquartiers gemeinsam zu bearbeiten. Anders als Gruppenarbeit und Einzelfallarbeit bezeichnet „Gemeinwesenarbeit" ganz bestimmte methodische Konzepte, die in den 1970er Jahren aus den U.S.A. ihren Weg nach Deutschland fanden. Dazu gehören Varianten der GWA, die eher auf Konsensfindung setzen und solche, die wie Saul Alinskys (1974) „aggressive" GWA einem Konfliktmodell folgen. Historische Vorläufer hat Gemeinwesenarbeit in der „Settlement"-Bewegung, für die vor allem Jane Addams und das von ihr 1889 begründete Hull-House in Chicago steht. Settlement Häuser in benachteiligten Stadtteilen dienten dabei sowohl als private Unterkunft der „settlement worker" wie auch als öffentlicher Raum für Gruppen und Aktivitäten, die von Abendschule über Kindergärten bis zu Theater und anderer Kulturarbeit reichten. Daneben gehörten die systematische Forschung zu Infrastruktur und Lebensbedingungen des Stadtteils und ein politischer Reformgedanke zum Konzept. Zusammen ergaben diese Ausrichtungen im Englischen die drei „R"s der Settlement Bewegung – „Residence, Research and Reform". Während die GWA zwar in Form von Nachbarschaftshäusern Einzug in die Methodenlandschaft in Deutschland hielt, konnte sie sich im Verhältnis zu anderen methodischen Konzepten insgesamt wenig durchsetzen, auch wenn sie seit den 2010er Jahren wieder mehr Interesse erfährt. Deutlich stärker verbreitet ist das Konzept der Sozialraumorientierung.

Sozialraumorientierung: Während GWA klar auf geografische Räume (Quartiere, Stadtteile) bezogen ist, gibt es bei der Sozialraumorientierung, die sich ab 1990 etablierte, unterschiedliche Akzentuierungen (Hinte 2012). In der ersten Variante macht sich „Sozialraum" an der Lebenswelt des einzelnen Subjekts fest. Der individuelle „Sozialraum" ist daher je nach Person unterschiedlich und erfasst die sozialen Vernetzungen und Kontakte, die materiellen Strukturen der Lebens- und Alltagswelt, und damit anteilig auch Strukturen von Wohnquartieren oder Kommunen, die die Lebensbedingungen einzelner Subjekte beeinflussen bzw. von ihnen genutzt werden. In der zweiten Variante, die vor allem auf verwaltungstechnischer Ebene genutzt wird, dient ein „Sozialraum" für Planung oder auch Budgetierung sozialer Dienste in bestimmten geografischen Räumen und wird in methodischen Konzepten wie z. B. dem „Quartiersmanagement" aufgegriffen. KritikerInnen sehen in der Verbindung des letztgenannten Verständnisses von „Sozialraum" mit verwaltungstechnischen Steuerungsprinzipien wie der sogenannten „Neuen Steuerung" die Gefahr, dass ökonomische Sparinteressen fachliche Interessen überlagern.

> ⊕ Der Begriff **Neue Steuerung** bezeichnet eine ab den 1990er Jahren verbreitete Form der Verwaltungsreform, in der auf kommunaler Ebene betriebswirtschaftliche Managementkonzepte mit dem Ziel eingeführt wurden, öffentliche Dienstleistungen dezentral und wirkungsorientiert auszurichten.

Fehren, O. (2006): Gemeinwesenarbeit als intermediäre Instanz. Neue Praxis 6/2006, 575–595

Hinte, W. (2012): Von der Gemeinwesenarbeit über die Sozialraumorientierung zur Initiierung von bürgerschaftlichem Engagement. In: Thole, W. (Hrsg.): Grundriss Soziale Arbeit. VS Verlag für Sozialwissenschaften, Wiesbaden, 663–676

Stövesand, S., Troxler, U., Stoik, C. (2013): Handbuch Gemeinwesenarbeit: Traditionen und Positionen, Konzepte und Methoden. Budrich Verlag, Leverkusen

Online Ressourcen: www.sozialraum.de, 09.06.2017; www.stadtteilarbeit.de, 09.06.2017

Reflexionsfragen zu Sozialformen. Die Unterscheidung methodischer Konzepte in die Sozialformen Einzelfall, Gruppe oder Gemeinwesen richtet die Aufmerksamkeit auf die Fragen:

- welche primären Formen der Interaktion nutzt eine Methode oder ein methodisches Konzept?
- in welcher größeren Tradition Sozialer Arbeit steht eine Methode/ein methodisches Konzept?

3.2.2 Fokusebenen

Eine andere analytische Unterscheidung von Methoden richtet sich auf die Ebene, auf der Veränderungen angeregt werden sollen.

Mikro-Ebene: Methoden mit Fokus auf die Mikro-Ebene zielen auf Veränderungen beim Individuum bzw. im Nahbereich von Familien und Kleingruppen. Die Vielfalt psycho-sozialer und (sozial-)pädagogischer Methoden (meist in den Sozialformen von Einzelfall- oder Gruppenarbeit) mit diesem Fokus reicht von einmaligen oder mehrfachen Beratungsangeboten über intensive therapeutische Wohneinrichtungen bis zu aufsuchenden Methoden wie Streetwork oder aktivitätsbetonten Methoden wie Erlebnispädagogik.

Meso-Ebene: Methoden, die die Meso-Ebene fokussieren, streben Veränderungen in oder zwischen Organisationen, größeren Gruppen oder im Gemeinwesen an. Koordinierende Planung und Vernetzung von Trägern im Sozialraum (z. B. im lokalen Jugendhilfeausschuss) gehören ebenso dazu wie schulweite Programme von Gewaltprävention oder Stadtteilinitiativen. Ferner können Netzwerkanalysen, Stadtteilerkundungen, Sozialraumanalysen oder ähnliche Methoden sowohl als direkte aktivierende Methoden mit AdressatInnengruppen zum Einsatz kommen als auch die Grundlage für weitere Interventionen bieten.

Makro-Ebene: Soziale Arbeit mit Fokus auf die Makro-Ebene zielt auf Veränderungen in größeren gesellschaftlichen Einheiten und bei politischen Vorgaben bzw. strebt Verbesserungen von Versorgungs- oder Bildungssystemen an. Dazu gehören z. B. Methoden der politischen Bildung oder advokatorische (anwaltschaftliche/ parteiliche) methodische Konzepte. Unabhängig von einzelnen Fällen mischt sich Soziale Arbeit auf der Makro-Ebene in die Gestaltung und Entwicklung von sozialpolitischen Strukturen, Finanzierungsweisen und inhaltlichen Ausrichtungen ein.

Reflexionsfragen zur Fokusebene. Die Unterscheidung von Mikro-, Meso- und Makro-Ebenen hilft bei der kritischen Analyse der Frage, auf welcher Ebene eine Methode oder ein methodischen Konzept primär Veränderungen zu erreichen sucht. Selten werden alle drei Ebenen gleichermaßen fokussiert. Da Soziale Arbeit aber insgesamt den Anspruch hat, die Interdependenz aller drei Ebenen zu berücksichtigen, sind SozialarbeiterInnen aufgefordert, über kritische Analyse und Reflexion die jeweiligen Auslassungen im methodischen Handeln zu erkennen.

- Welche Ebene wird bei dieser Methode/in diesem methodischen Konzept vorrangig fokussiert?
- Wie könnten auch die anderen Ebenen berücksichtigt werden?

3.2.3 Funktionsverhältnis zur Lebenswelt

Methoden bzw. methodische Konzepte können in unterschiedlicher Weise auf die Lebenswelten von AdressatInnen einwirken.

> Der Begriff **Lebenswelt** bezeichnet, verkürzt gesagt, die jedem Menschen eigene, subjektiv gelebte und erfahrene Welt. Sie entsteht im Zusammenspiel von inneren Sinnwelten und äußeren Lebensumständen und Strukturen, in denen sich ein jeder Mensch alltäglich bewegt. Sie umfasst die alltäglichen Routinen des Tuns und Denkens, die Art, wie Beziehungen und Umwelt verstanden werden, welcher Sinn ihnen verliehen wird und auch wie Menschen mit Widersprüchlichkeiten und besonderen Ereignissen umgehen.

Mit Blick auf ihre Funktion im Verhältnis zur Lebenswelt lassen sich Methoden bzw. methodische Konzepte als lebensweltersetzend, lebensweltergänzend oder lebensweltunterstützend einordnen. Durch das doppelte Mandat von Hilfe und Kontrolle sind mit der jeweiligen Funktion auch unterschiedlich stark die Gefahr des Eingriffs in die Autonomie von AdressatInnen verbunden.

Lebensweltersetzende Methoden/methodische Konzepte: Diese auch „stationär" genannten methodischen Ansätze verlagern zentrale Aspekte des Lebensalltags von AdressatInnen, allen voran das Wohnen, in soziale Institutionen. Lebensweltersetzende Methoden sind sehr „eng" an den AdressatInnen und besonders ressourcenaufwendig. Sie bieten ein hohes Maß an Unterstützung und Strukturierung des Alltags und schränken gleichzeitig oft auch die Selbstbestimmung stark ein. Zu den lebensweltersetzenden Methoden gehören pädagogische, psychiatrische oder rehabilitative Einrichtungen, die meist mit interprofessionellen Teams (ErzieherInnen, SonderpädagogInnen, medizinisch oder therapeutisch geschultem Personal usw.) ausgestattet sind, wie etwa Mutter-Kind-Heime, therapeutische Wohngruppen, Wohneinrichtungen für Menschen mit Behinderungen, Seniorenheime oder Pflegeeinrichtungen.

Lebensweltergänzende Methoden/methodische Konzepte: Diese auch als „teilstationär" bezeichneten methodischen Ansätze bestimmen einen erheblichen Teil des Alltags von AdressatInnen, sind aber zeitlich weniger intensiv als stationäre Einrichtungen. Sie strukturieren Aufenthalt und Aktivitäten von AdressatInnen bis hin zu täglichen mehrstündigen Angeboten, ersetzen aber nicht den gesamten Wohn- und Lebensalltag. Zu den lebensweltergänzenden Methoden gehören Tagesstätten, Tagesgruppen, Tageskliniken etc.

Lebensweltunterstützende Methoden/methodische Konzepte: Diese „ambulanten" methodischen Ansätze stellen Angebote für den Lebensalltag der AdressatInnen bereit, ohne stark in zeitliche oder örtliche Gewohnheiten einzugreifen. Mit ihrer deutlich geringeren Intensität und Dichte schränken sie die Autonomie von AdressatInnen typischerweise weniger stark ein als lebensweltersetzende oder -ergänzende Angebote. Zu den lebensweltunterstützenden Methoden gehören Beratungs- und Bildungsangebote, Streetwork, offene Jugendarbeit etc.

Reflexionsfragen zur Funktion einer Methode/eines methodischen Konzepts im Verhältnis zur Lebenswelt. Die Unterscheidung in lebensweltersetzende, -ergänzende oder -unterstützende Ansätze regt u. a. dazu an, Methoden entlang ethischer Fragen zu Selbstbestimmung und Autonomie von AdressatInnen zu reflektieren:

- In welchem Funktionsverhältnis steht eine Methode/ein methodisches Konzept zur Lebenswelt von AdressatInnen?
- Wie stark werden Selbstbestimmung und Autonomie von AdressatInnen durch die Methode/methodischen Konzepte gefördert oder eingeschränkt?

- Welche Möglichkeiten gibt es, methodisches Handeln so zu gestalten, dass AdressatInnen die größtmögliche Selbstbestimmung und Autonomie zuteilwird?

3.3 Funktionen und Diskussionen der Methodenentwicklung

Doppelte Grundfunktion: Methoden erfüllen eine doppelte Grundfunktion innerhalb der Sozialen Arbeit. Zum einen dienen sie dazu, das Handeln zu leiten und fachlich zu begründen. Methodisierung, also das Anordnen von Handlungen in ein logisch strukturiertes, begründetes und wiederholbares Vorgehen, erleichtert Entscheidungs- und Handlungsprozesse, weil sie die Komplexität reduziert und Fachkräfte nicht in jedem Fall erneut „bei null" anfangen, sondern auf Bewährtes und Erprobtes zurückgreifen können. Insofern ist Methodisierung auch eine Form professioneller Routinisierung, die aber neben den eben genannten Vorteilen auch die Gefahr birgt, unaufmerksam, unflexibel oder unkritisch in der Anwendung von Methoden zu werden.

In ihrer zweiten Grundfunktion dienen Methoden dazu, die Professionalisierung, also die Entwicklung und den Status der Profession selber, zu fördern und sind daher eng mit der Professionsgeschichte Sozialer Arbeit verbunden. „Eigene" Methoden vorweisen zu können, galt historisch als eine der zentralen Bedingungen dafür, zu einer Profession aufzusteigen.

Im Bemühen um ein eigenes Methodenrepertoire orientiert sich Soziale Arbeit damals wie heute an Erkenntnissen und Ideen, die in Gesellschaft und Wissenschaften vielversprechend erscheinen oder dominant sind. Darum spiegeln sich in der Diskussion um Methoden zum einen stets die größeren zeitgeschichtlichen und gesellschaftspolitischen Trends, in die Soziale Arbeit verwoben ist, und zum anderen sind die Diskussionen Ausdruck des Ringens um das Selbstverständnis Sozialer Arbeit.

Die Methodenentwicklung ist geprägt durch drei Diskussionsstränge, an denen auch die doppelte Funktion der Sozialen Arbeit deutlich wird:

- die Auseinandersetzung um den Begriff „Diagnose"
- die Frage, ob Soziale Arbeit sich primär dem Individuum oder größeren Gemeinschaften widmen sollte
- die Spannung zwischen Ansätzen, die das subjektive Erleben der AdressatInnen zum Ausgangspunkt machen, und solchen, die sich an Fragen der Wirksamkeit des Handelns festmachen

Diese drei Diskussionsstränge durchziehen die Fachdiskussion um methodisches Handeln in der Sozialen Arbeit und werden daher im Folgenden näher beleuchtet.

3.3.1 Diagnose und/oder Dialog

Soziale Diagnose: Der historisch erste Methodisierungsschub der Sozialen Arbeit Anfang des 20. Jahrhunderts verbindet sich mit dem Begriff der „Sozialen Diagnose". Zwei zentrale Schriften, die erste von Mary Richmond in den U.S.A. im Jahr 1917 und die zweite von Alice Salomon 1926 in Deutschland, trugen diesen Titel in der jeweiligen Sprache und signalisierten die Ambition, die Wohlfahrtspflege zu verwissenschaftlichen. Der in der Medizin anerkannte Begriff der „Diagnose" wurde aufgegriffen und gleichzeitig um das Wort „sozial" erweitert. Sich an der Wissenschaft der Medizin zu orientieren, versprach der aufstrebenden Profession Anerkennung und Abgrenzung von z.B. religiösen Begründungen für das Handeln. So fand der prominente medizinische Dreischritt „Anamnese" (Sammeln und Sortieren wichtiger Daten), „Diagnose" (Identifikation und Einordung der Krankheit/des Problems) und „Behandlung" Eingang in die methodische Logik Sozialer Arbeit. Neben dem Begriff Diagnose ist auch die Unterscheidung in „stationäre", „teilstationäre" und „ambulante" Angebote eine medizinisch entlehnte Begrifflichkeit.

Kritik und Diskussion: Ob und inwieweit der Begriff der Diagnose für die Soziale Arbeit aber wirklich passt, oder ob er auf Abwege führt und darum besser mit anderen Begrifflichkeiten wie z.B. Fallverstehen (Müller 2012) oder Handlungsorientierung (Heiner et al. 2003) zu ersetzen sei, wird und wurde immer wieder kritisch diskutiert. So haben einige AutorInnen die Sorge, dass das Wort „Diagnose" zu sehr dazu einlädt, Fachkräfte in eine quasi-medizinische Expertenposition zu versetzen. Mit einer solchen Position ist die Gefahr verbunden, dass Fachkräfte mehr damit beschäftigt sind, einseitig Urteile über das zu fällen, was geschehen ist, statt ihren AdressatInnen auf Augenhöhe zu begegnen und in einem echten Dialog das auszuhandeln, was geschehen soll. Andere dagegen verstehen „Diagnose" als Bezeichnung des unvermeidbaren Prozesses der Problem(er-)klärung und als Grundlage für die weitere Interventionsplanung, der nicht nur das situative Handeln absichert, sondern SozialarbeiterInnen und SozialpädagogInnen im interprofessionellen Austausch unterstützt und damit auch zur Anerkennung der Arbeit beiträgt (Thiersch et al. 2012).

Die Diskussion um den Begriff Diagnose und um die Gefahren diagnostischer Sprech- und Denkweisen (Heiner et al. 2003) entflammte zeitlich nicht zufällig um die Jahrtausendwende vor dem Hintergrund der Entwicklungen in Profession und Gesellschaft. Zum einen beförderte die „Klinische Sozialarbeit", die sich seit Ende der 1990er Jahre in Deutschland und später auch in Österreich und der Schweiz als Spezialgebiet formierte, erneuertes Interesse an psycho-sozialen diagnostischen Verfahren. In Anlehnung an „clinical social work" im englischen Sprachgebrauch bezeichnet Klinische Sozialarbeit eine direkte Einzelfallarbeit mit Schwerpunkt auf bio-psycho-sozialer Gesundheit und ist als solche den Arbeitsbereichen von Psychologie und Psychiatrie verwandt, in denen der Diagnosebegriff schon lange etabliert ist. Zum anderen hielten zeitgleich betriebswirtschaftliche Maxime und Technologien Einzug in die Soziale Arbeit und beförderten den Trend, über diagnostische Instrumentarien Daten systematisch zu erheben, um auf dieser Grundlage Entscheidungen zu treffen. So wurden z.B. das „Person-in-Environment-System" (PIE) (Karls/Wandrei 1994, Adler 2004) oder standardisierte Kinderschutzbögen für die Risikoeinschätzung (Kindler 2003) in dieser Zeit entwickelt.

Einig sind die AutorInnen sich darin, dass im Sinne eines sozialpädagogischen Herangehens „Diagnose" sowohl der Versuch ist, mit Hilfe rückblickender Analyse von Daten eine Situation zu erfassen, als auch Anregung zur vorwärts gerichteten gemeinsamen Überlegung, was am besten zu tun sei. In diesem Versuch sind Fachkräfte letztlich immer auf den Dialog mit AdressatInnen angewiesen. Wie sie diesen Dialog gestalten, welche Expertise und Deutungshoheit sie für sich in Anspruch nehmen und wieviel Gewicht sie den Perspektiven, Deutungen und daraus folgenden

Wünschen ihrer AdressatInnen einräumen, bleibt ein kritischer und kritisch zu reflektierender Punkt unabhängig davon, ob man den Begriff der „Diagnose" verwendet oder nicht.

Heiner, M., Kunstreich, T., Meinhold, M., Müller, B. (2003). Diagnose und/oder Dialog? Ein Briefwechsel. In: Widersprüche (88), online verfügbar unter www.widersprueche-zeitschrift.de/article 1044.html, 09.06.2017

Pauls, H. (2011): Klinische Sozialarbeit. Grundlagen und Methoden psycho-sozialer Behandlung. 2. überarb. Aufl. Juventa Verlag, Weinheim

3.3.2 Individuell und/oder kollektiv

Ein zweiter Strang der Methodendiskussion rankt sich um das Verhältnis zwischen individuellem und kollektivem Fokus für das methodische Handeln. Die Mehrheit der Tätigkeiten, die SozialarbeiterInnen heute ausüben, macht sich konzeptionell und finanziell an Individuen fest und versucht, Verhalten und/oder Verhältnisse individueller AdressatInnen zu beeinflussen. Das Methodenrepertoire, das für individuell-orientierte Soziale Arbeit entwickelt wurde, ist deutlich größer als das für Gruppen, Gemeinschaften oder Gemeinwesen, obwohl soziale Bewegungen des frühen 20. Jahrhunderts, wie etwa Frauenbewegungen, ArbeiterInnenbewegung und Jugendbewegung, die die Macht kollektiver Organisation zur Durchsetzung von Interessen demonstrierten, wesentlich zur Entstehung Sozialer Arbeit beigetragen haben. Die Entwicklung eigener Methoden kam während des Nationalsozialismus zum Erliegen und die Soziale Arbeit verstrickte sich in die rassistisch ideologisierte „Volkspflege", in der individuelle Bedürfnisse von AdressatInnen bedingungslos dem „Volkswohl" unterzuordnen waren. In den 1950er und 60er Jahren orientierte sich die methodische Entwicklung an Ideen aus den jeweiligen geo-politischen Einflusszonen. In der DDR hielten pädagogische Konzepte Einzug, die als passend zum sozialistischen Menschbild verstanden wurden, während in der Bundesrepublik Deutschland Methoden aus verschiedenen **Psychotherapien**, die sich im anglo-amerikanischen Bereich ausdifferenziert hatten, Einfluss gewannen.

„Psychoboom" und Gesellschaftskritik: Während des dann folgenden sogenannten „Psychobooms" (z.B. Bach/Molter 1979) in der Methodengeschichte fanden erst Ideen der **humanistischen** Gesprächstherapie (Rogers 1976) Eingang in das Denken und Handeln Sozialer Arbeit und später **systemische** Konzepte, wie etwa der „ökosystemische Ansatz" (Germain/Gitterman 1999) oder Methoden aus der systemischen Familientherapie. Diese weiterhin überwiegend auf den Einzelfall ausgerichteten und therapeutisch entlehnten Methoden gerieten zum Ende der 1960er Jahre aber auch in die Kritik. Vor dem Hintergrund der gesellschaftskritischen Studentenbewegung und der Bürgerrechtsbewegung in den U.S.A. wurde der Vorwurf laut, dass die Soziale Arbeit und ihre Methoden gesellschaftliche Probleme individualisiere und Menschen pathologisiere. KritikerInnen forderten eine Politisierung des Selbstverständnisses und der Methoden Sozialer Arbeit. Gemeinwesenarbeit und andere kollektive politische Ansätze wurden in dieser Phase aufgegriffen und bereicherten das Methodenrepertoire. „Empowerment" wurde zu einem Bezugskonzept der Sozialen Arbeit, das seitdem in vielfältigen Formen Eingang in methodisches Handeln gefunden hat (Kap. 3.8). Die Diskussion um das Verhältnis von individuellen zu kollektiven Ansätzen hält weiter an. Einerseits sind das Interesse und der Einfluss psychologischer, (quasi-)therapeutischer Ansätze und Programme, die sich nicht zuletzt auch über den Weiterbildungsmarkt verbreiten, ungebrochen. Andererseits sind auch Forderungen nach Re-Politisierung, z.B. über kritisch-pädagogische Methoden wie etwa anti-rassistische, anti-diskriminierende oder andere gesellschaftskritische Ansätze und nach stärkerer Vernetzung mit neuen sozialen Bewegungen und Gruppen, seit den 2000er Jahren wieder aufgeflammt.

Kessl, F., Plöger, M. (Hrsg.) (2012): Differenzierung, Normalisierung, Andersheit. Soziale Arbeit als Arbeit mit den Anderen. VS Verlag für Sozialwissenschaften, Wiesbaden

Wagner, L. (Hrsg.) (2009): Soziale Arbeit und Soziale Bewegungen. VS Verlag für Sozialwissenschaften, Wiesbaden

3.3.3 Wirtschafts-, Wirkungs- und/oder Lebensweltorientierung

Ein dritter anhaltender Diskussionsstrang betrifft das Spannungsfeld zwischen wirtschaftlichem, wirkungsorientiertem und lebensweltorientiertem Methodenverständnis.

Lebensweltorientierung: Das Konzept der Lebensweltorientierung wurde in den 1970er Jahren von Hans Thiersch (1978) entwickelt und stieg im Verlauf der folgenden Jahrzehnte zu einem der Leitkonzepte der Jugendhilfe auf. Ab 1990 ist die Lebensweltorientierung auch im Kinder- und Jugendhilfegesetz wiederzufinden. Aber auch in anderen Arbeitsfeldern sind „Lebenswelt" und „Alltag" inzwischen zu zentralen Begriffen methodischen Handelns geworden. Dabei ist aber wichtig, dass das Verständnis von dem, was „Alltag" oder „Lebenswelt" ist, in der Theorie der Lebensweltorientierung gerade kein alltägliches Verständnis ist. „Alltag" ist dadurch gekennzeichnet, dass Deutungs- und Handlungsmuster einfach ablaufen, ohne besonders ins Bewusstsein zu kommen oder gar hinterfragt zu werden. Gerade dies aber soll eine lebensweltorientierte Soziale Arbeit leisten. In der Lebensweltorientierung wird das Alltägliche zum Ausgangspunkt der Arbeit aber auch und zum Gegenstand der distanzierten Betrachtung. Dazu verbindet Lebensweltorientierung Kritische Theorie mit hermeneutischen (deutenden) Ansätzen. Die subjektiven Perspektiven von AdressatInnen, ihre Interpretationen des Alltags und ihre räumlichen und sozialen Verortungen sind Ausgangs- und Orientierungspunkt der Arbeit. Lebensweltorientiertes Arbeiten fordert Fachkräfte dazu auf, den Deutungen und Lebensweisen der AdressatInnen respektvoll zu begegnen und aktiv Anschluss an ihren Alltag zu suchen. Gleichzeitig aber gilt es, das Alltägliche immer wieder auch bewusst zu machen und zu bearbeiten, damit es seinen Automatismus verliert und darüber ein „gelingenderes Leben" ermöglicht werden kann.

> „[D]ie Lebensweltorientierung bearbeitet Schwierigkeiten und Probleme in der Komplexität des Alltags. Gleichzeitig agiert sie aber auch provozierend und verfremdend, um Menschen aus den Verstrickungen des Alltags herauszubegleiten. Lebensweltlich zu arbeiten heißt insofern, auf die in der Lebenswelt vorfindlichen Probleme von

Menschen einzugehen und gemeinsam mit ihnen eine ‚Vision' gelingenderen Lebens zu entwickeln und zu unterstützen" (Füssenhäuser 2006, 127).

Wirtschaft und Wirkung: Während die Lebensweltorientierung zu einem Leitkonzept der Jugendhilfe wurde, fanden ab den 1990er Jahren zeitgleich zunehmend auch betriebswirtschaftliche Ideen, allen voran „Wirkungsorientierung" (Effektivität), „Wirtschaftlichkeit" (Effizienz) und „Qualität" von Prozessen und Ergebnissen, Eingang in die Ausgestaltung sozialer Dienste und die Methodendiskussion. Diese Gesamtentwicklung wird von KritikerInnen auch als „Ökonomisierung Sozialer Arbeit" bezeichnet (Seithe 2012, 115) und spiegelt sich auch im Import sprachlicher und inhaltlicher Konzeptionen aus der Betriebswirtschaft, wie etwa dem Leitbegriff des „Management". Diese Orientierung impliziert sowohl eine auf Steuerung abzielende Strukturierung der Aufgaben als auch ein Selbstverständnis Sozialer Arbeit als „Dienstleistung". Um sich als eine Dienstleistung neben anderen auf dem Markt behaupten zu können, muss Soziale Arbeit, so das Argument, nachweisen können, dass sie die Ziele erreicht, die sie anstrebt, und dass sie die dafür zur Verfügungen stehenden Ressourcen optimal einsetzt. Dafür bedarf sie systematisch gewonnener Daten, die über den Einzelfall hinaus den Nutzen von Angeboten nachweisen. Evaluationen und Wirkungsforschung haben so einen erhöhten Stellenwert erhalten.

Evidenzbasierte Praxis: Vor dem Hintergrund der Ökonomisierung sozialer Dienstleistungen und eines „aktivierenden Sozialstaats" hat u. a. das methodische Konzept der „Evidenzbasierten Praxis" (EBP) in der Sozialen Arbeit Auftrieb erhalten. Obwohl sich EBP in Deutschland bislang wenig oder nur langsam verbreitet hat, ist Evidenzbasierte Praxis in der Sozialen Arbeit vieler europäischer und anglo-amerikanischer Länder seit der Jahrtausendwende stark vertreten. In der EBP kommt die Logik des kritischen Rationalismus (Kap. 2.3.1) zum Einsatz, denn das ursprünglich aus der Medizin kommende Modell betont die systematische Berücksichtigung von Ergebnissen der Wirkungsforschung, um zu entscheiden, welche Interventionen eingesetzt werden.

UnterstützerInnen von EBP führen neben der intendierten Verbesserung von „Outcomes" zum Wohle der AdressatInnen regelmäßig auch den Zugewinn an Legitimation für die Profession und die Modernisierung ihrer Wissensbasis als Argument ins Feld. KritikerInnen dagegen warnen davor die Aussagekraft von Wirkungsstudien überzubewerten. So ist zum Beispiel die Logik von Wirkungsstudien, die sich aus naturwissenschaftlichen Denk- und Forschungsweisen ableitet, nur sehr bedingt oder auch gar nicht auf die komplexen und höchst unterschiedlichen Zusammenhänge in der Sozialen Arbeit übertragbar.

Anders als in der Medizin sind Interventionen der Sozialen Arbeit kaum standardisierbar und vor allem immer abhängig von den Beziehungen und Interpretationen von Fachkräften und AdressatInnen. Besonders warnen KritikerInnen überdies vor der Vereinnahmung der EBP durch ökonomische Interessen.

Otto, H.-U., Polutta, A., Ziegler, H. (Hrsg.) (2010): What Works. Welches Wissen braucht die Soziale Arbeit? Budrich Verlag, Opladen Farmington Hills

Seithe, M. (2012): Schwarzbuch Soziale Arbeit. 2. Auflage VS Verlag für Sozialwissenschaften, Wiesbaden

Sommerfeld, P., Hüttemann, M. (Hrsg.) (2007): Evidenzbasierte Soziale Arbeit. Nutzung von Forschung in der Praxis. Schneider Verlag, Baltmannsweiler

Thiersch, H. (2014): Lebensweltorientierte Soziale Arbeit. Aufgaben der Praxis im sozialen Wandel. 9. Aufl. Beltz Juventa, Weinheim/Basel

Thiersch, H., Grunwald, K., Köngeter, S. (2012): Lebensweltorientierte Soziale Arbeit. In: Thole, W. (Hrsg.): Grundriss Soziale Arbeit. 4. Aufl. VS Verlag für Sozialwissenschaften, Wiesbaden, 175–196

Reflexionsfragen zur Diskussion um Methoden:

- In welchem zeitgeschichtlichen Kontext wurde eine Methode entwickelt oder wurde populär?
- Welche Bezüge zu anderen gesellschaftlichen Trends oder Systemen werden in den Leitbegriffen der Methode hergestellt?
- Wie positioniert sich die Methode im Spannungsfeld „Diagnose – Dialog"?
- Wie ist die Methode in Bezug auf individuelle oder kollektive Ansätze ausgerichtet?
- Inwiefern lassen sich die Diskussionen um Wirtschafts-, Wirkungs- oder Lebensweltorientierung in der Methode wieder finden?

3.4 Theorie und Ethik in methodischem Handeln

> Die 15-jährige **Katharina** lebt seit sechs Monaten in einer betreuten Wohngruppe für Jugendliche im Rahmen der stationären Jugendhilfe. Sie hat guten Kontakt zu den sieben anderen Mitbewohnerinnen, geht zur Schule und erbringt dort gute Leistungen. In der Gruppe gibt es Hausregeln, die Katharina, wie alle anderen Bewohnerinnen vor Beginn ihres Aufenthalts, mündlich und schriftlich mitgeteilt wurden und allen bekannt sind. Dazu gehört u. a., dass Bewohnerinnen während der Woche in Schulzeiten bis 21:30 Uhr in der Wohngruppe sein sollen, es sei denn, es ist anderes mit dem Betreuerteam abgesprochen. An einem Dienstagabend ist Katharina nicht rechtzeitig zurück. Versuche seitens der diensthabenden Sozialarbeiterin, sie telefonisch zu erreichen, gelingen nicht. Katharina meldet sich aber selber um 23:30 Uhr telefonisch bei einer Mitbewohnerin, die der Sozialarbeiterin dann mitteilt: „Katharina sagt, sie verspätet sich." Ein weiterer Rückrufversuch seitens der Sozialarbeiterin bleibt unbeantwortet. Katharina erscheint schließlich gegen 1:45 Uhr nachts, sagt im Vorbeigehen zur Sozialarbeiterin fröhlich „Sorry, war 'ne Party, hab das Telefon nicht gehört, und dann war kein Bus!" und verschwindet in ihrem Zimmer.

> Wenn Sie die diensthabende sozialpädagogische Fachkraft wären, wie würden Sie mit der Situation umgehen? Formulieren Sie erste Ideen so konkret wie möglich. Was würden Sie wie zu wem sagen? Was würden Sie wann und wie tun wollen?

Methodisches Handeln in der Sozialen Arbeit ist immer von theoretischen Annahmen darüber, wie Menschen und Gesellschaften konstituiert *sind*, und moralisch-ethischen Vorstellungen darüber, wie Menschen und Gesellschaften *sein sollen*, durchsetzt. In der Praxis vermischen sich zudem theoretische und ethische Ideen aus der Alltagserfahrung mit solchen aus wissenschaftlichen Diskursen. Theorien und Ethik spielen daher eine wesentliche Rolle für die genauere Betrachtung der Tätigkeiten von Fachkräften der Sozialen Arbeit, die regelmäßig auf Menschen in krisenhaften oder anderen vulnerablen Lebenslagen einzuwirken versuchen und dafür theoretischer Begründung und ethischer Rechtfertigungen bedürfen.

3.4.1 Die Rolle von Theorien

 Eine **Theorie** ist eine gedankliche Konstruktion, die zur Deutung, Erklärung oder zur Vorhersage von Phänomenen dient.

Diese sehr allgemeine Definition umfasst sowohl wissenschaftliche Theorien wie auch Alltagstheorien.

Alltags- und wissenschaftliche Theorien: Alltags- wie wissenschaftliche Theorien basieren auf Erfahrungsdaten, die allerdings unterschiedlich gewonnen und verarbeitet werden. Wissenschaftliche Theorien unterscheiden sich von Alltagstheorien in ihren Absichten und in ihren Entstehungsweisen. Alltagstheorien werden auf der Grundlage von Alltagserfahrungen gebildet und dienen primär der Bewältigung eben dieses Alltags. Alltagstheorien entstehen typischerweise unbeabsichtigt und werden selten einer systematischen Prüfung unterzogen. Wissenschaftliche Theorien dagegen haben das Ziel, möglichst schlüssige Ideengefüge über einen Gegenstandsbereich zu bilden und entstehen im gegenseitigen Austausch von WissenschaftlerInnen. Wissenschaftliche Theorien müssen sich stets der systematischen Prüfung, Diskussion und Weiterentwicklung oder Ablehnung stellen.

Unterschiedliche Ebenen und Reichweite: Wissenschaftliche Theorien, die in der Sozialen Arbeit genutzt werden, fallen in ihrer Reichweite und Komplexität unterschiedlich aus und nehmen verschiedene Ebenen in den Blick. So gibt es z. B. Theorien, die sich mit der Frage befassen, wie Wissen und Erkenntnis überhaupt hergestellt werden (Erkenntnistheorien), solche, die für das Verstehen der Gesellschaft Orientierung bieten (Gesellschaftstheorien), solche, die auf die Profession selber zielen (Professionstheorien) sowie solche, die sich mit dem menschlichen Handeln befassen (Handlungstheorien). Einige Theorien werden mit Hilfe empirischer Forschung konstruiert, während andere primär gedankliche Entwürfe zur Verfügung stellen, die sich nicht notwendigerweise messen und empirisch „testen" lassen, aber dennoch wichtige Orientierungen bieten.

Theorien sind nicht neutral: In der Diskussion um Alltagswissen einerseits und wissenschaftliches Wissen andererseits taucht schnell die rhetorische Unterscheidung von „objektivem" versus „subjektivem" Wissen auf. Im Gegensatz zu „objektiv" verweist dabei die Zuschreibung „subjektiv" zumeist darauf, dass ein solches Wissen nur einer vereinzelten Perspektive oder Erfahrung entstammt oder keine über Forschung hergestellte Allgemeingültigkeit beanspruchen kann.

Bei genauerem Hinsehen zeigt sich, dass die beiden Begriffe nicht gleichberechtigt nebeneinander stehen. Vielmehr positioniert der Begriff „objektiv" das so bezeichnete Wissen als „von Interessen frei" oder „neutral" und darum als „besseres Wissen". Aber trotz ihres (fach-)öffentlich transparenten und diskutierbaren Entstehungsprozesses sind auch wissenschaftliche Theorien, vor allem sozial- und geisteswissenschaftliche, denen in der Sozialen Arbeit eine besondere Rolle zukommt, nicht „neutral", sondern immer eingebunden in gesellschaftliche oder kulturelle Strukturen und ideologische Tendenzen. Darum wird in der Sozialarbeitswissenschaft inzwischen eher davon gesprochen, dass wissenschaftliches Wissen immer „intersubjektiv", also im Abgleich zwischen AkteurInnen, hergestellt wird, und nicht „objektiv", also neutral, ist.

Bilder von Mensch und Gesellschaft: Theorien beinhalten immer auch ideologische Positionierungen und Annahmen über Menschen und Gesellschaft. Dazu gehören

- Annahmen über die menschliche Natur („Der Mensch ist von Natur aus gut oder altruistisch", „Der Mensch ist von Natur aus böse oder selbstsüchtig", etc.),
- Annahmen über menschliches Verhalten („Der Mensch ist in seinem Verhalten genetisch-biologisch bestimmt", „Der Mensch erlernt Verhalten erst durch Erziehung und Sozialisation", etc.),
- Annahmen über Motivationen des Handelns („Der Mensch verhält sich rational in seinen Entscheidungen", „Menschliches Verhalten ist von vielfach unbewussten Emotionen bestimmt", etc.),
- Annahmen zum Gesellschaftsbild („Gesellschaft basiert primär auf Konsens", „Gesellschaft basiert primär auf Konflikt", etc.) sowie

- Annahmen über das Verhältnis von Gesellschaft zu Individuum („In der Gesellschaft hat das Individuum das Primat gegenüber allgemeinen Interessen", „In der Gesellschaft haben allgemeine Interessen Vorrang vor individuellen", etc.).

Durch ihre Tendenzen zu bestimmten Bildern von Mensch und Gesellschaft haben Theorien auch eine ethische Dimension.

3.4.2 Die Rolle der Ethik

Ethik beschäftigt sich mit Fragen nach „richtigem" Handeln und „gutem" Leben und beschäftigt sich also mit den Werten, an denen sich Menschen – als Individuen, Gruppen oder Gesellschaften – orientieren sollen.

Methodisches Handeln in der Sozialen Arbeit hat stets auch Bezüge zu ethischen Fragen. Seit ihrer Entstehung ist Soziale Arbeit eine oft an bürgerlichen Moralvorstellungen orientierte Praxis, die auch unterhalb gesetzlicher Normen gesellschaftlich dominante Ideen von „richtiger" Lebensführung, „ordentlicher" Erziehung, „guter" Mutterschaft usw. transportiert. Da die Praxis Sozialer Arbeit gleichzeitig erheblich in die Lebenswelt und Privatsphäre von Personen eingreifen kann, dient Ethik in der Sozialen Arbeit dazu, sowohl die persönlichen Moralvorstellungen von Fachkräften als auch die in gesellschaftliche Institutionen eingewobenen moralischen Normen zu hinterfragen. Dazu greift Soziale Arbeit sowohl auf Sozialethik als auch auf Berufsethik zurück.

Sozialethik: Sozialethik beschäftigt sich speziell mit der Frage, auf welchen Werten eine Gesellschaft und ihre Institutionen beruhen sollten und in welchem Verhältnis dabei Individuen zur Gesellschaft stehen. So ist zum Beispiel die Frage „Welche Verantwortung kommt dem Individuum bei der Versorgung von älteren Menschen zu und welche Verantwortung hat die Gesellschaft?" eine sozialethische Fragestellung. Menschen- und Gesellschaftsbilder sind also Gegenstand der Sozialethik, die dabei helfen kann, Vorstellungen von Normalität und Moralität, zu analysieren, zu begründen oder auch in Frage zu stellen.

Berufsethik: Berufsethik bündelt Leitlinien für das Professionsverständnis und Handeln von Angehörigen des Berufs unabhängig von Arbeitsfeldern oder institutionellen Trägern. Nationale und internationale Organisationen der Sozialen Arbeit haben Prinzipien und Ethik-Kodizes formuliert, die generelle Haltungen und Zielrichtung der Arbeit sowie „Soll"-Vorgaben für professionelles Verhalten und Handeln gegenüber AdressatInnen, KollegInnen und in Organisationen und Öffentlichkeit darlegen.

Ethische Grundlagen und Prinzipien der Sozialen Arbeit: Die International Federation of Social Work (IFSW) benennt als ethische Grundlagen der Sozialen Arbeit *Menschenrechte, Menschenwürde* sowie *Soziale Gerechtigkeit*. Daraus abgeleitet haben SozialarbeiterInnen die Aufgabe, „die körperliche, psychische, emotionale und spirituelle Integrität und das Wohlergehen einer jeden Person [zu] wahren und [zu] verteidigen" sowie „soziale Gerechtigkeit zu fördern, in Bezug auf die Gesellschaft im Allgemeinen und in Bezug auf die Person, mit der sie arbeiten". (DBSH 2014, 30)

Dazu werden folgende Prinzipien spezifiziert:

- Das Recht auf Selbstbestimmung achten
- Das Recht auf Beteiligung fördern
- Jede Person ganzheitlich behandeln
- Stärken erkennen und entwickeln
- Negativer Diskriminierung entgegentreten
- Verschiedenheit anerkennen
- Gerechte Verteilung der Mittel sicherstellen
- Ungerechte politische Entscheidungen und Praktiken zurückweisen
- Solidarisch mit Benachteiligten arbeiten

Staub-Bernasconi, S. (2007): Soziale Arbeit: Dienstleistung oder Menschenrechtsprofession. Zum Selbstverständnis sozialer Arbeit in Deutschland mit dem Seitenblick auf die internationale Diskussionslandschaft. In: Lob-Hüdepohl, A., Lesch, W. (Hrsg.): Ethik sozialer Arbeit. Ein Handbuch. Schöningh, Paderborn, 20–54

Klärungshilfe im kommunikativen Austausch: Neben der Rolle als Reflexionsfolie für Grundlagen und Prinzipien der Sozialen Arbeit dient Ethik auch als Bezugspunkt in der Alltagspraxis. So sind ethische Überlegungen bei Konflikten oder Dilemmata hilfreich für die Klärung von Haltung und Handlungsoptionen gegenüber AdressatInnen, KollegInnen, ArbeitgeberInnen und Trägerorganisationen, Angehörigen anderer Professionen sowie in der Öffentlichkeit. Konflikte treten in der Praxis regelmäßig auf, wenn z. B. die Zielvorstellungen von AdressatInnen und Professionellen bzw. Institutionen nicht übereinstimmen (Zielkonflikte), wenn die Wege oder Mittel zum Ziel zwischen den Handelnden umstritten sind (Handlungskonflikte) oder wenn persönliche Interessen von Fachkräften oder die Interessen Dritter im Spiel sind und Einfluss auf die fachlichen Interessen ausüben (Interessenkonflikte).

Ethische Dilemmata: Ethische Dilemmata sind Konflikte auf der Werteebene, „wenn zwei Zielstellungen miteinander konkurrieren, die beide aus ethischer Sicht nicht aufgegeben werden können" (DBSH 2014, 39). Ethik dient hier als Klärungshilfe im kommunikativen Austausch mit AdressatInnen sowie im kollegialen Austausch oder in der Supervision. Daraus leitet sich auch die Legitimation der Forderung ab, dass professionelle Soziale Arbeit zeitlicher, finanzieller und personeller Ressourcen für eben diesen Austausch in Formaten wie Kollegialer Beratung und Supervision (Kap. 7.2.4) bedarf, um eine ethische Praxis zu sichern.

DBSH (Deutscher Berufsverband für Soziale Arbeit e.V.) (2014): Berufsethik des DBSH. Ethik und Werte. In: Forum Sozial. Die berufliche Soziale Arbeit, (4), www.dbsh.de/fileadmin/downloads/DBSH-Berufsethik-2015-02-08.pdf, 03.07.2017
Ethik Journal. Online Journal. Zeitschrift für Ethik im Sozial- und Gesundheitswesen. www.ethikjournal.de, 09.06.2017

Weder aus Theorien noch aus (Berufs-)Ethik ergeben sich einfache Rezepturen oder unmittelbare Handlungsanweisungen für das konkrete situative Handeln. Theorien und Ethik dienen aber als Inspiration und Reflexionsfolien, aus denen sich unterschiedliche Perspektiven und Hypothesen für das methodische Handeln ergeben und die die kritische Prüfung von Alltagstheorien erlauben. Sie sind daher nützlich zur

- Orientierung und Strukturierung von Wahrnehmung, Beschreibung, Erklärung und/oder Vorhersage von Phänomenen,

- kritischen Reflexion von Denk- und Handlungsroutinen und den darin einbetteten Annahmen
  - über menschliches Verhalten,
  - die Funktion von Gesellschaft und
  - das Verhältnis von Individuum und Gesellschaft,
- Klärungshilfe bei Konflikten und Dilemmata in der Praxis Sozialer Arbeit,
- fachlichen Begründung und ethischen Rechtfertigung von Haltungen und Handlungen.

Betrachten Sie vor dem Hintergrund von Theorien und Ethik noch einmal Ihre ersten Ideen für den Umgang mit Katharinas Zuspätkommen:

- Was wollten Sie tun? Warum?
- Wie genau wollten Sie vorgehen? Warum so und nicht anders?
- Was ist das Ziel, das in Ihrer Handlungsidee steckt?
- Warum meinen Sie, das Ziel sei wichtig? Was sind die impliziten Normen und Werte?

Nutzen Sie die folgenden Reflexionsfragen zur weiteren Anregung.

Reflexionsfragen zur Rolle von Theorien und Ethik in methodischem Handeln:

- Auf welchen Theorien oder theoretischen Annahmen beruht das methodische Vorgehen?
- Um welche Art Theorien (Alltagstheorien oder wissenschaftliche Theorien) handelt es sich?
- Welche Annahmen über die Natur des Menschen (Menschenbild) liegen dem Handeln oder der Methode/dem methodischen Konzept zugrunde?
- Welche Annahmen über Motivationen und menschliches Verhaltens stecken im methodischen Vorgehen?
- Welche Normen und Werte werden in der Methode bzw. im Handeln vertreten?
- Welches Bild von Gesellschaft liegt dem methodischen Vorgehen zugrunde?
- Inwieweit entspricht das methodische Vorgehen berufsethischen Grundlagen und Prinzipien?

3.5 Situation und Struktur in methodischem Handeln

Neben theoretischen und ethischen Dimensionen ist methodisches Handeln auch beeinflusst von situativen und strukturellen Faktoren. Situative Faktoren sind die spezifisch vorgefundenen Bedingungen rund um eine konkrete Begegnung oder Aufgabe, inklusive des Zeitpunkts und Ortes, sowie der unterschiedlichen persönlichen Gegebenheiten (Emotionen, Bedürfnisse, Wünsche etc.), die die beteiligten Individuen einbringen oder die in der Interaktion entstehen. Zu den strukturellen Faktoren gehören u.a. solche, die das Handlungsfeld Sozialer Arbeit insgesamt kennzeichnen, sowie arbeitsfeldspezifische und institutionell-organisatorische Strukturen. Im Folgenden werden hier nur solche strukturellen Merkmale dargestellt, die über einzelne Arbeitsfelder und Institutionen hinaus wirksam sind. Eine kritische Analyse und Reflexion konkreter methodischer Praxis sollte aber auch die Strukturen des jeweiligen Arbeitsfelds und der Organisation (Kap. 5) berücksichtigen.

3.5.1 Merkmale situativen Handelns

Die Praxis Sozialer Arbeit, vor allem dort, wo sie in unmittelbarem Kontakt mit AdressatInnen stattfindet, erfordert immer situatives Handeln, in dem innerhalb sehr kurzer Zeit Entscheidungen über Aktionen oder Reaktionen zu treffen sind. In Situationen fallen Denken, Entscheiden und konkrete Handlung zeitgleich ineinander und sind erheblich von emotionalen Zuständen und sozialen Beziehungen beeinflusst. Der Begriff „Situation", abgeleitet aus dem Lateinischen *„in situ"* „in einer Stellung/Lage", impliziert bereits räumliche und/oder soziale Positionen, in die Menschen sich quasi hineingeworfen fühlen und sodann versuchen, das damit verbundene Ohnmachtsgefühl „aktiv […] durch Handlung zu überwinden" (Schönig 2016, 103). Gleichzeitig sind Situationen nicht statisch, sondern ständig im Fluss. Menschen reagieren nicht einfach nur auf und in Situationen, sondern sie stellen Situationen selber mit her und gestalten sie als Interpretierende und Agierende mit.

Unmittelbarkeit: In ihrer Unmittelbarkeit haben Situationen die Eigenart, die Beteiligten emotional und körperlich zu erfassen, noch bevor diese den Versuch unternehmen können, ihrerseits die Situation kognitiv zu begreifen. Situationen rufen auf diese Weise einerseits „mimetisches Wissen" (Kap. 2.2.1) ab, das „präkognitiv" und „intuitiv" ist, aber auch – mit etwas zeitlichem Abstand – rational reflektierbar ist. Situatives Handeln findet also in unmittelbarer Reaktion auf einen sozialen Kontext statt und bedarf einer Offenheit der Begegnung, die Überraschungen zulässt. Es greift zunächst auf verinnerlichte Muster von Fühlen, Denken und Verhalten zurück. Reflektierte und eingeübte innere Haltungen sowie methodisches Können helfen im Umgang mit den Unsicherheiten situativer Einflussfaktoren, ohne aber ultimative Sicherheit zu bieten. Situatives Handeln lässt sich auch als Notwendigkeit einer „Improvisationsfähigkeit" (Kap. 6.2) erfassen.

3.5.2 Strukturelle Merkmale und Faktoren

Ein Blick auf die strukturellen Merkmale des Handlungsfelds Sozialer Arbeit verdeutlicht, warum die Entwicklung von Methoden vor besondere Herausforderungen gestellt ist.

Große Themenbreite: Die große Breite von sozialen Themen und Problembereichen, die zum Gegenstand der Arbeit werden können (Armut, Bildungswesen, Rassismus, Demenz, Sucht, Demokratieerziehung, Wohnungslosigkeit, Gewalt etc.), erwecken den Eindruck, als könne Soziale Arbeit in fast alles involviert und quasi „allzuständig" sein.

Unterschiedliche Einbindung: Soziale Arbeit ist höchst unterschiedlich in die verschiedenen Arbeitsfelder und Institutionen eingebunden. Ihre Aufgaben und ihre strukturelle Verankerung variieren mit ihrer Verortung in öffentlichen oder freien Trägerschaften und in den so diversen Einrichtungsformen wie Jugendhäusern, Pflegestationen, Beratungsstellen, Sozialämtern, Krankenhäusern, Quartiersbüros, Asylvereinen, Schulen, Betrieben etc.

Abhängigkeit: Teil der Einbindung in größere Strukturen ist eine daran gekoppelte Abhängigkeit der Sozialen Arbeit. Oft kann sie nur in enger Kooperation mit anderen Professionen und in Abhängigkeit von anderen Entscheidungsträgern ihre Tätigkeiten erfüllen.

In dieser Gemengelage lassen sich eine Reihe struktureller Faktoren identifizieren, die das methodische Handeln in allen Arbeitsfeldern und Institutionen mitbestimmen und die für die genauere Analyse und Gestaltung der Tätigkeiten nützlich sind. Dazu gehören:

Zeitliche Intensität: Die zeitliche Intensität ergibt sich aus Umfang und Häufigkeit der gemeinsamen Arbeit. Von geringer zeitlicher Intensität sind z. b. Beratungsangebote, die darauf angelegt sind, nur wenige Male (Häufigkeit) aufgesucht zu werden und auch nur selten mehr als eine Stunde (Umfang) in Anspruch nehmen. Sozialpädagogische Familienhilfe dagegen ist auf mehrere Stunden gemeinsamer Arbeit pro Woche über einen Zeitraum von mehreren Monate angelegt und somit deutlich intensiver. Die höchste zeitliche Intensität ergibt sich in lebensweltersetzenden Methoden (Kap. 3.2.3).

Alltagsnähe/Eingriffscharakter: Angebote der Sozialen Arbeit lassen sich auch daraufhin prüfen, inwieweit sie dem Alltag von AdressatInnen näher oder ferner sind und inwieweit sie in deren Lebenswelten eingreifen wollen oder sollen. So beschreibt Alltagsnähe auf der strukturellen Ebene zum Beispiel die Zugänglichkeit der Angebote für die Zielgruppe. Dazu gehört die Frage, wo Angebote örtlich angesiedelt sind, wie aufwendig es für AdressatInnen ist, sie zu erreichen, wie viel sie kosten, usw.

Sogenannte „niedrigschwellige" Angebote versuchen möglichst leicht zugänglich zu sein und suchen daher hohe Nähe zum Alltag wie z. B. Streetwork oder offene Gruppen im Nachbarschaftsheim. Sie sind sowohl geografisch wie finanziell leicht zugänglich und haben zudem einen eher geringen Eingriffscharakter. Die aufsuchende Arbeit der Familienhilfe ist auch nah am Alltag und finanziell für die Familie nicht belastend, ist aber auftragsbedingt ein sehr viel stärkerer Eingriff.

Deutlich entfernter vom Lebensalltag sind stationäre (lebensweltersetzende) oder teilstationäre (lebensweltergänzende) Angebote, für die AdressatInnen ihren Alltag aufgeben oder stark verändern müssen (Kap. 3.2.3).

Formalisierungsgrad: Methodisches Handeln unterscheidet sich auch in dem Maß, wie es in seinen Abläufen vorstrukturiert ist. So sind z.b. Dauer, Ort, Phasen und Inhalte in Angeboten von Eltern-Trainings-Programmen bereits vorgegeben. Sie sind also hoch formalisiert. Dies gilt auch dann, wenn sie im ansonsten sehr viel weniger formalisierten Nachbarschaftstreff stattfinden, in dem parallel vielleicht ein offenes „Drop-In-Café" gering formalisierte Angebote macht.

Spektrum der bearbeitbaren Probleme: Während einige Institutionen sich mit ihren Methoden auf ein eng gefasstes Problemfeld spezialisiert haben, sind andere relativ weit offen für eine Vielzahl von Fragen. Der Sozialdienst im Wohnungslosentreff wird koordinierend für ein großes Spektrum von Problemlagen offen sein, während sich Anti-Diskriminierungsstelle oder Schuldnerberatung sehr viel klarer spezialisiert haben.

Ausmaß der Vernetzung mit anderen Diensten und Einrichtungen: Einige Methoden und Institutionen haben expliziten Koordinationscharakter und sind daher mit einer hohen Zahl anderer Dienste und Institutionen vernetzt (Breite des Netzwerks) und regelmäßig im Kontakt (Dichte des Netzwerks). Jugendämter, die regelmäßig mit Schulen, freien Trägern oder psychiatrischen Diensten in Kontakt stehen, können u.a. solche koordinierenden Aufgaben haben. Das methodische Konzept des Case Management (Kap. 5.5) macht diese Vernetzungsarbeit zu einem zentralen Element. Sehr viel weniger intensiv vernetzt sind dagegen z.B. spezialisierte Beratungsstellen.

Grad der Freiwilligkeit: Ein Faktor, der sowohl strukturelle wie situative Aspekte aufweist, ist der Grad der Freiwilligkeit, mit dem AdressatInnen Angebote wahrnehmen. So kann die erste Kontaktaufnahme durch AdressatInnen selbst, von Menschen aus ihrem Umfeld oder durch rechtliche Rahmenvorgaben initiiert werden. Es gibt Angebote, deren strukturelle Einbettung bereits nahelegt, dass sie von AdressatInnen eher als Zwang wahrgenommen werden, wie etwa Jugendgerichts- oder Bewährungshilfe, Schwangerschaftskonfliktberatung oder auch Ehe- und Familienberatung, sofern sie von gerichtlicher Seite angeordnet wurde. Aber auch andere Konstellationen können situativ zu „Zwangskontexten" werden, in denen AdressatInnen nicht gänzlich freiwillig teilnehmen, sondern vor allem, weil sie anderenfalls Nachteile fürchten. Gleichzeitig sind Zwang bzw. Freiwilligkeit keine absoluten Kategorien, sondern hängen auch von der Gestaltung der Arbeitsbeziehung ab und unterliegen so einem möglichen Wandel.

Reflexionsfragen zu Situation und Struktur in methodischem Handeln:

- Welchen Einfluss haben Situationen auf das methodische Handeln?
- Welche Beispiele lassen sich finden für Situationen in der Sozialen Arbeit, bei denen zunächst mimetisches Wissen abgerufen wird? Was kann z. B. zu diesem Wissen gehören?
- Welche Rolle spielen emotionale, körperliche und/oder räumliche Aspekte beim situativen Handeln?
- Wie lange und wie oft haben AdressatInnen und SozialarbeiterInnen miteinander zu tun?
- Wie breit ist das Spektrum der Probleme, die innerhalb des institutionellen Rahmens zum Gegenstand der Arbeit werden können (wie spezialisiert oder generalisiert sind die Angebote)?
- Wie dicht ist die Arbeit an Lebenswelt und Alltag der AdressatInnen angesiedelt?
- Wie gut zugänglich ist das Angebot für die AdressatInnen und wie stark greift es in ihren Alltag ein?
- Wie stark sind die Abläufe und Inhalte der Hilfe im Vorfeld definiert oder festgelegt?
- Mit wie vielen unterschiedlichen anderen Diensten oder Angeboten ist die Tätigkeit regelmäßig aktiv verbunden, und wie intensiv sind Austausch und Kooperation mit diesen Diensten?
- Inwiefern führt die strukturelle Einbettung der Hilfe eher zu freiwilliger oder unfreiwilliger Teilnahme?

Zobrist, P., Kähler, H. (2017): Soziale Arbeit in Zwangskontexten. Wie unerwünschte Hilfe erfolgreich sein kann. 3. vollst. überarb. Aufl. Ernst Reinhardt, München/Basel

3.6 Charakteristika und Prinzipien des Handelns in der Sozialen Arbeit

Neben den bis hierher genannten situativen und strukturellen Faktoren, ist methodisches Handeln in der Sozialen Arbeit auch von Charakteristika geprägt, also typischen Merkmalen und Bedingungen professionellen Handelns, die in allen Arbeitsfeldern vorzufinden sind. Zur Orientierung in der Komplexität des Handelns gelten überdies grundsätzliche Prinzipien, die als Soll- oder Idealvorstellungen richtungsweisend sind. Im Folgenden geht es zunächst um die Charakteristika und danach um die Prinzipien des Handelns.

3.6.1 Charakteristika

Paradoxien, Ambivalenzen und Ambiguität: Handeln in der Sozialen Arbeit ist geprägt von paradoxen, also in sich widersprüchlichen, sowie ambivalenten und oftmals nie ganz eindeutigen Elementen und Strukturen. Diese Uneindeutigkeiten nennt man auch „Ambiguität". So kann man z.B. nicht davon ausgehen, dass die als „Hilfe" gedachte Intervention Sozialer Arbeit von AdressatInnen eindeutig auch als hilfreich erlebt wird. Hilfsangebote können für AdressatInnen Entlastung und Belastung sein, und sind oft beides gleichzeitig. Es ist auch keineswegs eindeutig, wie Hilfsangebote am Ende wirken. Sie können Menschen zur Selbsthilfe befähigen, laufen aber auch Gefahr bei AdressatInnen eine passive Position zu erzeugen oder aufrecht zu erhalten. Ob und wann „geholfen" werden soll, ist daher ebenso abzuwägen, wie die Frage, wer es wie tun soll und an wessen Wünschen und Zielen eine Hilfe ausgerichtet sein soll. Paradox ist auch, dass Fachkräfte für ihre Prognosen und Entscheidungen auf verallgemeinertes (Fach-) Wissen zurückgreifen müssen und gleichzeitig im Kopf behalten sollen, dass sich der spezielle Einzelfall immer auch ganz anders darstellen und entwickeln kann. Auch müssen sie um der eigenen Arbeitserleichterung und Überprüfbarkeit willen Handlungsroutinen herausbilden und doch gleichzeitig möglichst flexibel für die Besonderheiten der gegebenen Situation bleiben. Sie müssen Daten und Abläufe ordnen, um Orientierung zu schaffen, auch wenn das gelebte Leben alles andere als geordnet verläuft. Für (zukünftige) PraktikerInnen gilt daher: Wer Eindeutigkeit, Klarheit und letzte Sicherheit will, wird sich in der Sozialen Arbeit vermutlich schwer tun.

Kontextabhängigkeit und Unmöglichkeit gezielter Steuerung: Handeln in der Sozialen Arbeit ist immer „kontingent".

> **Kontingenz** bezeichnet die vielen Möglichkeiten von Entwicklungen, die abhängig sind von auch zufälligen und unvorhersehbaren Faktoren, die jeweils eintreten könnten, aber nicht eintreten müssen.

Teil dieser Kontingenz Sozialer Arbeit ist die Tatsache, dass Arbeit mit Menschen, also mit lebenden Systemen, anders ist als die Arbeit mit mechanisch-technischen Systemen. Im Gegensatz zu technischen Systemen sind lebende Systeme letztlich nie gänzlich berechenbar und damit auch nicht direkt steuerbar. Diese Kontextabhängigkeit und die Unmöglichkeit gezielter Steuerung und Vorhersagbarkeit verweist auf die Grenzen der Methodisierbarkeit des Handelns und wird auch als „strukturelles Technologiedefizit" der Sozialen Arbeit bezeichnet (Luhmann/Schorr 1979, 348).

Strukturierte Offenheit: Da die Planbarkeit von Mitteln und Wegen zum Ziel immer begrenzt bleibt, braucht methodisches Handeln in der Sozialen Arbeit „strukturierte Offenheit". Mit anderen Worten, methodisches Handeln bedarf einer grundsätzlichen Flexibilität, die aber gleichzeitig auch Grundstrukturen braucht, wenn sie verlässlich und überprüfbar bleiben soll. Vor diesem Hintergrund schlägt Thiersch vor, Methoden als eine Art „Grundmuster" zu verstehen. Sie helfen dabei, eine Situation zu strukturieren, erlauben aber auch gleichzeitig, dass das Handeln „in unterschiedlichen Aufgaben unterschiedlich akzentuiert und konkretisiert wird" (Thiersch 1993, 24).

Ko-Produktion: Das „Produkt" methodischen Handelns in der Sozialen Arbeit wird nicht einseitig durch die Fachkräfte, sondern gemeinsam mit AdressatInnen der Sozialen Arbeit hergestellt. Somit sind AdressatInnen als Subjekte immer konstitutiv am Prozess und am Ergebnis der Arbeit beteiligt und daher „Ko-ProduzentInnen".

Die eigene Person als Instrument: Im methodischen Handeln der Sozialen Arbeit, vor allem in der direkten Arbeit mit AdressatInnen, ist die eigene Person der Fachkraft das zentrale Instrument der Tätigkeit. Keine noch so ausgefeilte Methode kann den Stellenwert der Fachkraft ersetzen, die diese Methode in Anwendung bringt. Soziale Arbeit wird daher vielfach als Beziehungsarbeit charakterisiert. Der Erfolg der Arbeit ist wesentlich abhängig von den Fähigkeiten der Fachkraft, Beziehungen gelingend zu gestalten. Hier zeigen sich Parallelen zum Bereich der Psychotherapie. In der Psychotherapieforschung (Lambert/Bergin 1994) wurden sogenannte „allgemeine Wirkfaktoren" („common factors") identifiziert. Es wurde deutlich, dass die Qualität der Arbeitsbeziehung größeren Einfluss auf die Ergebnisse der therapeutischen Arbeit hat als das methodische Modell. Neben der Qualität der Arbeitsbeziehung sind vor allem Faktoren aus dem persönlichen Umfeld der AdressatInnen einflussreich. Insofern erscheint das „Person-in-Umwelt"-Prinzip (Kap. 3.6.2) im Handeln der Sozialen Arbeit besonders geeignet, die Potentiale und Ressourcen im Umfeld der AdressatInnen gezielt zu nutzen.

Kleve, H. (2007): Ambivalenz, System und Erfolg. Provokationen postmoderner Sozialarbeit. Carl-Auer-Systeme, Heidelberg
Schütze, F. (2000): Schwierigkeiten bei der Arbeit und Paradoxien des professionellen Handelns. Zeitschrift für qualitative Bildungs-, Beratungs- und Sozialforschung (ZBBS), 1 (1), 49–96

3.6.2 Prinzipien

Angesichts der charakteristischen Komplexität und Vielfalt methodischen Handelns in der Sozialen Arbeit, bieten Grundprinzipien oder auch „Maximen" des Handelns einen wichtigen Orientierungsrahmen. Im Sinne der oben gerade genannten „strukturierten Offenheit" geben diese Prinzipien keine ganz konkreten Vorgehensweisen vor, sondern Denkrichtungen und Haltungen, die als wünschenswert und hilfreich gelten und das Handeln strukturieren helfen.

Mehrdimensionalität: Handeln in der Sozialen Arbeit bedarf einer mehrdimensionalen Ausrichtung, die nicht nur auf Individuen zielt, sondern deren Umfeld und die größeren gesellschaftlichen Zusammenhänge berücksichtigt (Mikro-, Meso- und Makro-Ebenen) (Kap. 3.2.2). Soziale Arbeit sollte nicht nur auf die Veränderung von Verhaltensweisen zielen, sondern auch auf die Veränderung von Verhältnissen (äußeren Bedingungen). Diese Mehrdimensionalität spiegelt sich auch in zwei etablierten Denkfiguren Sozialer Arbeit:

1. Die Denkfigur „Person-in-Umwelt" (Abb. 5) gehört zu den ältesten methodischen Grundorientierungen der Sozialen Arbeit und verweist auf die situative Verwobenheit von Menschen in ihre sozialen und materiellen Umstände.

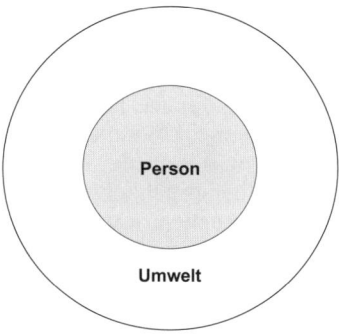

Abb. 5: Denkfigur „Person-in-Umwelt"

2. Die Denkfigur „bio-psycho-sozial" (Abb. 6) ist eine meist auf Individuen zielende Perspektive, die das Zusammenspiel von biologischen, sozialen und psychologischen Faktoren für Gesundheit und Wohlbefinden betont. Der Begriff wird überwiegend mit der Klinischen Sozialarbeit assoziiert, dient aber darüber hinaus auch für die Analyse von Situationen in Institutionen, Stadtteilen oder größeren Gemeinschaftszusammenhängen. So lassen sich z.B. der bauliche Zustand einer Schule, die Infrastruktur eines Stadtteils, die Barrieren öffentlicher Einrichtungen für Menschen mit Behinderungen auch auf biologisch-physische, soziale und psychologische Folgen für Bevölkerungsgruppen hin untersuchen.

78 Methoden und methodisches Handeln

Abb. 6: Denkfigur „bio-psycho-sozial"

Multiperspektivität: Methodisches Handeln in der Sozialen Arbeit erfordert ein multiperspektivisches Herangehen. Ein aktiver Wechsel von Perspektiven seitens der Fachkräfte bedeutet unterschiedliche und auch widersprüchliche Standpunkte, Blickwinkel und Interpretationen zu suchen, wahrzunehmen und zuzulassen und die eigene Positionierung kritisch zu reflektieren. Dazu gehören u. a. die Perspektiven

- der AdressatInnen selbst,
- von relevanten Personen aus dem Umfeld von AdressatInnen,
- der institutionellen Träger,
- gesellschaftlich dominanter bzw. marginalisierter Gruppen, sowie
- die unterschiedlichen Einsichten, die sich aus verschiedenen theoretischen Ansätzen ergeben.

Stärken- und Ressourcenorientierung: Dieses Prinzip dient dazu, der Tendenz zu einer defizitorientierten Perspektive, also einem nur auf Problemen, Schwächen und Schwierigkeiten gerichteten Blick auf AdressatInnen, aktiv entgegenzuwirken. AdressatInnen sind mehr als die Summe ihrer Mängel oder Leiden. Daher betont die Soziale Arbeit ein kritisches und ganzheitliches Herangehen, das neben Schwierigkeiten und Problemen auch Stärken und Ressourcen der AdressatInnen und ihrer Umwelt im Zusammenhang wahrnimmt, hervorhebt, nutzt und fördert. Eine Stärken- und

Ressourcenorientierung blendet Probleme nicht aus, sondern erweitert den Blick um jene Perspektiven, die auch das Können und Wollen, die Erfolge, Träume, Kreativität, Geschicklichkeit, sozialen Kontakte, usw. von AdressatInnen, Gruppen und Gemeinwesen würdigen und unterstützen.

Alltagsnähe: Methodisches Handeln berücksichtigt und sucht die Nähe zum und Anschlussfähigkeit an den Lebensalltag von AdressatInnen. Im Sinne einer lebensweltorientierten Arbeit sollen Fachkräfte versuchen, in den Angebotsstrukturen und Arbeitsweisen die subjektiven Lebenswelten und die Lebenssituationen von AdressatInnen zum Ausgangspunkt der Arbeit zu machen, um von dort aus gemeinsame Schritte in Richtung eines gelingenderen Lebens zu gehen.

Dialog und Partizipation: Methodisches Handeln versucht über dialogische und partizipative Arbeitsweisen und Strukturen, die Wahrnehmung und Anerkennung der Perspektiven von AdressatInnen zu maximieren. Es versucht, reale Möglichkeiten zur Teilnahme, Teilhabe und Teilgabe in der direkten Arbeit, aber auch strukturell zu verankern. Das etwas ungewohnte Wort „Teilgabe" soll betonen, dass Partizipation nicht nur „irgendwie dabei sein und mitmachen dürfen" meint, sondern dass AdressatInnen auch aktiv gestalterisch ihr Wissen und Können einbringen dürfen und sollen, von dem dann auch andere profitieren. Beim Stichwort Partizipation ist auch zu betonen, dass das individuelle Recht und die Möglichkeit zur Partizipation nicht dasselbe sind wie eine „Pflicht zur Mitarbeit". Ein Recht auf Partizipation beinhaltet auch das Recht, sich nicht oder nur begrenzt zu beteiligen.

Respekt: Gemäß dem ethischen Selbstverständnis der Profession gilt es, im Handeln den Eigenwillen, die Selbstbestimmung und Vielfalt von AdressatInnen zu respektieren und im Sinne eines Empowerment zu fördern, um zu mehr sozialer Gerechtigkeit beizutragen.

Saleebey, D. (2012): The Strengths Perspective in Social Work Practice. 6. Aufl. Pearson, Boston

Thiersch, H., Grunwald, K., Köngeter, S. (2012): Lebensweltorientierte Soziale Arbeit. In: Thole, W. (Hrsg.): Grundriss Soziale Arbeit. 4. Aufl. VS Verlag für Sozialwissenschaften, Wiesbaden, 175–196

3.7 Komponenten und Kompetenzen methodischen Handelns

Komponenten: Methodisches Handeln umfasst Komponenten, die in der Praxis miteinander kombiniert werden, und daher nicht linear, sondern zirkulär oder „rhizomatisch" (Haye/Kleve 2003, 168), also ähnlich einem Wurzelnetzwerk kreuz und quer, aufeinander bezogen sind. Dazu gehören:

- die räumliche und zeitliche Gestaltung von Settings,
- die Gestaltung von Kommunikation und Interaktion, um
  - Probleme zu rahmen und zu deuten,
  - Informationen zu gewinnen, zu analysieren und zu reflektieren,
  - Kontexte zu analysieren,
  - Aufträge und Ziele zu klären,
  - das weitere Vorgehen zu planen,
  - Pläne umzusetzen, zu begleiten und ggf. anzupassen sowie
- die Dokumentation und Evaluation von Prozessen und Ergebnissen des Handelns.

Handlungskompetenzen: Um die Anforderungen all dieser Komponenten zu bewältigen, brauchen Fachkräfte Handlungskompetenzen, d. h. das Potential, bestimmte Fähigkeiten zur Bewältigung komplexer Aufgaben zum Einsatz zu bringen und dabei fachliches und ethisches Wissen gezielt fruchtbar zu machen. Sie müssen analysieren und planen, interagieren, kommunizieren, improvisieren sowie reflektieren und evaluieren können.

Kompetenzbereiche: Handlungskompetenzen werden in verschiedenen Kompetenzbereichen benötigt und bündeln sich entsprechend unterschiedlich

- rund um die Situation von AdressatInnen/den „Fall" (Fallkompetenz)
- um die größeren Systeme wie relevante Institutionen und Organisation, inklusive der eigenen Organisation (Systemkompetenz) sowie

- um die Person der Fachkraft selbst, ihre Qualifikation, Haltung, Motivation, Beziehungs-, Konflikt- und Teamfähigkeit, ihr Professionsverständnis etc. (Selbstkompetenz).

Um diese Kompetenzen zu erwerben und sie umsetzen zu können, bedarf es äußerer wie innerer Ressourcen, die aus der persönlichen (Lern-)Biografie ebenso erwachsen wie aus den innerhalb einer Arbeitssituation verfügbaren Mitteln.

Heiner, M. (2012): Handlungskompetenz und Handlungstypen. In: Thole, W. (Hrsg.): Grundriss Soziale Arbeit. VS Verlag für Sozialwissenschaften, Wiesbaden, 611–624

Heiner, M. (2010): Soziale Arbeit als Beruf. Fälle – Felder – Fähigkeiten. 2. Aufl. Ernst Reinhardt, München/Basel

3.8 Exemplarische Vertiefung: Empowerment

Empowerment dient im Folgenden als exemplarisches Beispiel für die in diesem Kapitel beschriebenen Zusammenhänge methodischen Handelns. Das Schema der vertiefenden Darstellung kann auch für die kritische Analyse und Reflexion anderer methodischer Konzepte oder Methoden als Orientierung dienen. Das Schema wird in Kap. 8.2.1 detailliert dargestellt.

Um die wissenschaftliche Darstellungsweise, die im Studium erlernt werden soll, deutlich zu machen, werden im folgenden Kapitelteil bei der zusammenfassenden Vertiefung mehr Quellen angegeben, als an anderen Stellen dieses Buches.

Kurze Begriffsbestimmung/Definitionen: Empowerment („Selbstbemächtigung") meint generell die Stärkung von Selbstbestimmung und Einflussnahme durch AdressatInnen(gruppen), die gesellschaftlich marginalisiert, stigmatisiert oder exkludiert werden und sich in einer Situation von Ohnmacht und Demoralisierung befinden. Eine erste und kurze Definition beschreibt Empowerment als Entwicklungsprozesse, „in deren Verlauf Menschen die Kraft gewinnen, derer sie bedürfen um ein nach eigenen Maßstäben buchstabiertes ‚besseres Leben' zu leben" (Herriger 2010, 13). Herrigers erweiterte Arbeitsdefinition führt näher aus:

> „Empowerment beschreibt mutmachende Prozesse der Selbstbemächtigung, in denen Menschen in Situationen des Mangels, der Benachteiligung oder der gesellschaftlichen Ausgrenzung beginnen, ihre Angelegenheiten selber in die Hand zu nehmen, in denen sie sich ihrer Fähigkeiten bewußt werden, eigene Kräfte entwickeln und ihre individuellen und kollektiven Ressourcen zu einer selbstbestimmten Lebensführung nutzen lernen" (Herriger 2010, 20).

Andere Definitionen unterstreichen stärker die Ergebnisdimension von Empowerment als Zuwachs an personaler, interpersonaler, sozialer, politischer und/oder ökonomischer Macht. Über besseres „Coping", also individuelle Bewältigungsstrategien, hinaus sollen über Empowerment strukturelle Veränderungen anstrebt bzw. durchsetzt werden (Gutierrez et al. 1995a).

Historische Wurzeln und Entwicklung: Der Begriff „Empowerment" geht zurück auf die Bürgerrechtsbewegung in den U.S.A. und andere neue soziale Bewegungen der 1960er und 70er Jahre wie die zweite Welle des Feminismus oder die Disability Rights Bewegung. Angesichts struktureller Diskriminierungen und Unterdrückung bildeten sich Netzwerke von AktivistInnen und Gruppen, die gemäß der Maxime „the personal is political" („das Persönliche ist politisch") individuelle Erfahrungen in kollektive Forderungen umwandelten. So forderten Betroffene mehr Rechte bzw. die Umsetzung bestehender Rechte ein und wehrten sich ausdrücklich auch gegen die Bevormundung durch Hilfesysteme. Empowerment findet sich ab den 1970er Jahren in der Literatur Sozialer Arbeit. Sie stammte zunächst aus der Arbeit mit afro-amerikanischen Bevölkerungsgruppen und Frauen (Solomon 1976, Gutierrez et al. 1995a) und fand ferner Eingang in die Gemeindepsychologie. Selbsthilfebewegungen wurden in der Folge zum Ausdruck des Empowerment und halfen bei der Verbreitung des Konzepts in den Bereichen Gesundheit und Soziales. Seitdem ist Empowerment zu einem populären Leitbegriff der Profession avanciert, der neben eher formelhafter Erwähnung auch immer wieder spezielle Ausarbeitungen inspiriert. Das systemtheoretische Konzept von Staub-Bernasconi (1995) z.B. nutzt die Analyse verschiedener Machtdimensionen als Grundlage einer Sozialen Arbeit als Menschenrechtsprofession, und das Konzept der „Anti-Oppressive Social Work" versucht seit Mitte der 1990er

Jahre in Großbritannien Empowerment speziell über anti-diskriminierende Ansätze umzusetzen. Außerhalb der Sozialen Arbeit lässt sich der Begriff des Empowerment, mit verschiedenen Bedeutungsschwerpunkten, auch in anderen disziplinären Feldern wie Soziologie, Psychologie, Religion oder Management finden (Bartunek/Spreitzer 2006).

Zentrale Begriffe/Ideen: Der offensichtlich zentrale Begriff in Empowerment ist „power", das im Englischen sowohl „Kraft" wie „Macht" bedeutet. „Macht" ist ein in Philosophie und Sozialwissenschaften höchst umkämpfter Begriff. Definitionen von Macht reichen z. b. von „der Fähigkeit den eigenen Willen durchzusetzen" über „strukturelle Dominanz" bis hin zu einem sogenannten poststrukturalistischen Verständnis, nach dem Macht nicht irgendwo klar zu verorten ist, sondern in allen sozialen Beziehungsdynamiken fluide und instabil vorhanden. So sind es nicht zuletzt die unterschiedlichen theoretischen Einbettungen des Machtbegriffs, die zu verschiedenen Interpretationen von Empowerment beitragen.

Theoretische Dimensionen: Empowerment ist ein gedanklicher, theoretischer Entwurf für die kritische Auseinandersetzung mit Fragen von Macht und Ohnmacht von Bevölkerungsgruppen und geht grundsätzlich von gegenseitiger Einflussmöglichkeit zwischen Akteuren und gesellschaftlichen Strukturen aus. Rationale Akteure können Einfluss nehmen auf ihre soziale und gesellschaftliche Umwelt und dazu beitragen, sich aus restriktiven und ungerechten Verhältnissen zu befreien. Inwieweit dabei eher subjektiv-individuelle oder kollektive politische Prozesse, materielle oder immaterielle Ressourcen im Vordergrund stehen, fällt in der Literatur unterschiedlich aus. Je nach Ausrichtung werden Theorien aufgegriffen, die Empowerment über die innere, psychologische Stärkung definieren (wie Selbstwirksamkeit, Selbstbewusstsein, interne Kontrollüberzeugung), solche, die vorrangig strukturelle Ressourcenverhältnisse der Gesellschaft betonen, oder solche, die die gegenseitigen Einflüsse von Akteuren und Strukturen konzeptionalisieren (Sadan 2004). Gemein ist den Ansätzen die Annahme, dass Menschen – mit hinreichend Ressourcen ausgestattet bzw. sich derer bewusst – eigene Kräfte mobilisieren können und wollen, um zu Veränderungen beizutragen, wobei kollektiven Erfahrungen eine besondere Rolle zukommt.

Ethische Dimensionen: Empowerment ist stark an ethische Dimensionen und an das Ziel der Profession, zu mehr sozialer Gerechtigkeit beizutragen, geknüpft. Auch sind fast alle normativ-ethischen Grundsätze, die der IFSW für die Soziale Arbeit definiert (Kap. 3.3.2), wie etwa Förderung von Selbstbestimmung, Beteiligung, Stärkenorientierung etc., konsistent mit Empowerment und werden regelmäßig damit in Verbindung gebracht.

Konkretisierungsgrad für Handlungsebene: Für das konkrete Handeln bedarf Empowerment einer Spezifizierung über methodische Konzepte, die jeweils genauer definieren, worin Ergebnisse und Prozesse von Empowerment im Rahmen der gegebenen Problemstellungen, Ziele, AdressatInnen und Institutionen bestehen und welche Rolle Fachkräften dabei zukommt. Teil dieser Konzepte ist typischerweise die Bewusstseinsbildung darüber, Teil einer Gruppe zu sein, die Reduktion verinnerlichter Schuldgefühle, Akzeptanz persönlicher Mitverantwortung für Veränderung und die Steigerung des Selbstwirksamkeitsgefühls hin zum Empowerment (Gutierrez et al. 1995a).

> Empowermentstrategien gehen vielfach einher mit Formen der Ressourcenanalyse und -aktivierung (Herriger 2010) (Kap. 8.1.1), ganz gleich ob sie auf individuelle oder sozialräumliche Ebenen zielt. Darüber hinaus werden Beziehungsarbeit wie Kooperation und Vertrauen, das Akzeptieren der Problemdefinition von AdressatInnen, deren aktives Einbeziehen, konkretes Skills-Training und parteilich-anwaltschaftliches Eintreten (Advocacy) für AdressatInnen als Teile methodischen Handelns im Empowerment beschrieben (Gutierrez et al. 1995a, 1995b).

Sozialformen: Je nach methodischer Umsetzung kann Empowerment in allen drei Sozialformen vorkommen, wobei aber Gruppen und Gemeinwesen deutlich passender zu seinen historischen Wurzeln sind. Auf Gruppen, Gemeinwesen oder Gesellschaft fokussierte Empowermentansätze, wie etwa Selbsthilfegruppen, Stadtteil- oder Bürgerinitiativen, betonen vor allem die Kraft von Kollektivität und Bewusstseinsbildung im gesellschaftlichen Konflikt um Deutungen und Dominanz und beziehen sich stärker auf Bürger- und Menschenrechte als einzelfallorientierte Varianten.

Fokusebene: Methodische Konzepte, die Empowermentintentionen oder -effekte für sich beanspruchen, aber primär auf die Mikro-Ebene zielen, finden sich z.b. in Beratungsansätzen wie etwa Lösungsfokussierter Arbeit (Kap. 4.3.3) oder Motivierender Gesprächsführung (Miller/Rollnick 2015). „Stärkenorientiertes Case Management" (Rapp 1998, Ehlers/Schuster 2016) bewegt sich sowohl auf Mikro- wie Meso-Ebenen, da es neben individueller Unterstützung auch die formellen und informellen Netzwerke über den Einzelfall hinaus zu verbessern sucht. Auf Organisationsebene ist eine strukturell verankerte Beteiligung von AdressatInnen an Belangen der Organisation, wie etwa durch Bürger- oder Konsumentenbeiräte, ein Beispiel für Empowermentstrategien der Meso-Ebene.

Das ursprünglich in Neuseeland konzipierte methodische Konzept des „Familienrats" (Hansbauer et al. 2009) versucht zum Empowerment von Familiengruppen in Kinderschutzfällen beizutragen. Damit zielt das Konzept zwar primär auf die Mikro- und Meso-Ebene, entfaltet aber zumindest in seiner ursprünglichen Form vor dem Hintergrund der Kolonialgeschichte Neuseelands auch Botschaften auf der Makro-Ebene.

Auf der Makro-Ebene sind ferner längerfristig angelegte gemeinwesenorientierte Konzepte wie z.B. „Bürgerplattformen" (Penta 2007) oder andere Interessenvertretungen zu finden, aber auch kurzfristigere, themenorientierte Communities der „neuen sozialen Bewegungen", die, über soziale Medien vernetzt, von Gentrifizierung bis Flüchtlingspolitik Proteste und Forderungen formulieren und dies vielfach mit kreativen, performance-basierten Ausdrucksformen verbinden (Shepard 2011).

Empirische Studienlage und Erkenntnisse: Als Schlagwort taucht Empowerment in einer Vielzahl von Studien auf, ist aber insgesamt eher selten Hauptgegenstand der empirischen Untersuchung. Einige qualitative Studien (Boehm/Staples 2002, Gutierrez et al. 1995a) haben das Verständnis von Empowerment aus der Perspektive von AdressatInnen und Fachkräften in verschiedenen Arbeitsfeldern untersucht. Ergebnisse zeigen, dass Fachkräfte vorrangig psychologische Ebenen von Empowerment und die Prozesse der Zusammenarbeit betonen, während AdressatInnen neben Partizipation, Stärkenorientierung und Bildungsansätzen deutlich häufiger positive, konkrete Ergebnisse der Zusammenarbeit als Indikator von Empowerment verstehen. Studien der Organisationsebene betonen, dass im Sinne eines parallelen Prozesses auch auf administrativer Ebene Ressourcen und Haltungen vorhanden sein müssen, um Empowerment in der direkten Arbeit zu unterstützen (Gutierrez et al. 1995b, Hardina 2005).

Für die Zwecke empirischer Wirkungsforschung bedarf Empowerment stets genauerer Operationalisierung. Einige „Empowerment-Skalen" wurden etwa für Arbeit mit Frauen, Familien oder psychiatrische Dienste entworfen, haben sich aber nicht weitreichend durchgesetzt. Insofern qualifiziert sich Empowerment bislang nur wenig für Evidenzbasierte Praxis.

Passung zu Charakteristika und Prinzipien methodischen Handelns: Empowerment erweist sich mit seinen Schwerpunkten als sehr passend zu Prinzipien von Selbstbestimmung und dialogisch-partizipativer Arbeit. Stärken- und Ressourcenorientierung sind elementare Bestandteile und der Ansatz betont die Verwobenheit persönlich-individueller Erfahrungen und sozialer Verhältnisse. Entsprechend sollte Empowerment immer ein mehrdimensionaler Ansatz sein, der auf mehr als nur eine Fokusebene zielt, was aber in der eher mikrozentrierten Praxis Sozialer Arbeit nicht immer gegeben scheint. Hier deutet sich eine Differenz zwischen „espoused theory" und „theory-in-use" (Kap. 2.3.2) an.

Kritische Wertschätzung und Reflexion insgesamt: Empowerment wird in der Literatur Sozialer Arbeit verwirrend verschieden als Prozess, Ergebnis, Theorie, Praxisform, Prinzip oder Methode beschrieben. Aufgrund der fehlenden Klarheit und Konkretisierung lässt sich Empowerment daher weder als klar umrissenes methodisches Konzept noch als Methode einordnen, sondern mit Herriger (2010, 13) am ehesten als „normativer Leitbegriff", der in die Definition der Profession (Kap. 2.1) Eingang gefunden hat und in methodischen Konzepten unterschiedlich konkretisiert wird.

Empowerment hat seit den 1960er Jahren eine beachtliche Karriere gemacht und erinnert Soziale Arbeit daran, Machtimbalancen, die zentraler Teil struktureller und internalisierter Unterdrückung sind, zu fokussieren und zu analysieren, sowie materielle wie immaterielle Stärken und Ressourcen für die Arbeit nutzbar zu machen. Die historischen Wurzeln der Selbstbemächtigung verweisen gleichzeitig darauf, dass es die betroffenen Personen selber sind, die *sich* ermächtigen, während Fachkräfte bestenfalls eine anregende und unterstützende Rolle einnehmen können. Aufgrund seiner Offenheit und Unschärfe läuft der Begriff aber auch Gefahr, durch inflationäre und unspezifische Nutzung zu einer Worthülse zu werden, die ihre kritisch-analytische Kraft einbüßt oder für andere Zwecke vereinnahmt wird. So sagt etwa die lautstarke kollektive Einmischung von Menschen, die sich benachteiligt oder bedroht fühlen, noch nichts über deren politische Schlagrichtung aus und führt dazu, dass sich populistische Bewegungen oder Gruppen des rechten politischen Spektrums sehr wohl auch als „empowered" begreifen (Rucht/Teune 2015).

Auch die „neoliberale Umarmung" (Herriger 2010, 84), mit der Empowerment in den sogenannten „aktivierenden Sozialstaat" eingebunden wird, verweist auf die Vulnerabilität des Begriffs, wenn über Formeln wie „Fördern und Fordern" die restriktive Verteilung von Ressourcen und der autoritäre Zwang, sich für einen Markt fit zu machen, als Empowermentstrategie dargestellt werden (Herriger 2010). Insofern gilt es, die jeweilige Nutzung und tatsächliche Füllung des Begriffs kritisch zu prüfen und sich nicht mit der Erwähnung allein zufrieden zu geben.

 Herriger, N. (2010): Empowerment in der Sozialen Arbeit. Eine Einführung. 4. Aufl. Kohlhammer, Stuttgart
Online: www.empowerment.de, 09.06.2017

4 Die Herstellung und Deutung sozialer Probleme

> In der Herstellung und Deutung sozialer Probleme und anderer Wirklichkeiten spielen soziale Konstruktionsprozesse eine zentrale Rolle. In diesen Prozessen hat Sprache einen besonderen Stellenwert, denn Sprache ist „performativ", also eine Form des Handelns. Sie entfaltet Wirkungen auf individueller und gesellschaftlicher Ebene und ist in alle Aspekte methodischen Handelns eingebunden. Über sprachliche Wege konstruieren Menschen innerhalb sozialer Gemeinschaften Sinn-Geschichten, über die sie die Welt, das eigene Handeln und das Handeln anderer verstehen. Narrative Prozesse und Konstrukte, wie etwa „Identitäten", „Fälle" oder „Probleme", sind daher gleichzeitig Gegenstand wie Mittel methodischen Handelns in der Sozialen Arbeit.

„Es sind nicht die Dinge, die uns beunruhigen, sondern die Meinungen, die wir von den Dingen haben" (Epiktet).

Anlass für die Existenz Sozialer Arbeit und Ausgangspunkt für ihre konkrete Einmischung in die Leben oder Lebensumstände anderer sind „soziale Problemlagen" (Armut, Wohnungslosigkeit, Rassismus, etc.). Nun sind aber Probleme keine „natürlich" auffindbaren Phänomene, sondern werden erst über sprachlich-soziale Prozesse hergestellt und mit Bedeutung versehen. Darum ist für die Soziale Arbeit nicht nur das Kontext- und Erklärungswissen *über* Probleme, wie etwa Inzidenzraten (also die Häufigkeit eines Problems in einem gegebenen Zeitraum), Zusammenhänge zwischen Faktoren, Theorien und Modelle zu Entstehung und Verlauf etc., von Interesse. Mindestens genauso wichtig sind die Fragen,

- *wie und warum* bestimmte Phänomene überhaupt zu „Problemen" erklärt werden, und
- inwiefern Machtverhältnisse in Konstruktionen des Wissens eingeschrieben sind.

4.1 Wie wird ein Problem zum Problem?

Problemkonstruktion: Ein „Problem" ist eine gedankliche Konstruktion, in dem eine Differenz zwischen „Ist"- und „Soll"-Zustand konstatiert wird. Es muss also erstens Personen geben, die ein Phänomen beobachten, beschreiben und bewerten, und zweitens müssen diese Personen eine mindestens grundsätzliche Vorstellung davon haben, wie eine Situation anders oder besser sein sollte, als sie gerade erscheint. Diese Grundoperationen gelten sowohl für die Konstruktion persönlicher Probleme auf individueller Ebene wie auch für „Soziale Probleme" auf gesellschaftlicher Ebene.

Soziale Probleme: Wenn hier von „Herstellung" Sozialer Probleme die Rede ist, dann ist damit nicht die Verursachung von Problemen im vertrauten Ursache-Wirkung-Denken gemeint, sondern es bezeichnet die kognitiven und kollektiven Operationen, die nötig sind, um etwas als soziales Problem zu betrachten. Neben der kognitiven Unterscheidung von „Ist/Soll" zeichnet sich die gesellschaftliche Konstruktion und Legitimation eines *Sozialen* Problems dadurch aus, dass

- es von größeren Teilgruppen der Gesellschaft als belastend und unerwünscht empfunden wird,
- es als etwas eingeschätzt wird, das sich über menschliche Aktion verändern lässt,
- es sozialen Akteuren gelingt, für das Thema (mindestens teil- oder fach-) öffentliche Beachtung zu finden, und
- gesellschaftliche Institutionen schließlich die Deutung als „Problem" aufgreifen und es über eines ihrer Funktionssysteme (Soziale Arbeit, Bildungswesen, Justiz, etc.) zu bearbeiten versuchen.

Aus diesem Verständnis ergibt sich, dass die Bewertung, ob und inwiefern etwas als soziales Problem gilt, dem historischen und gesellschaftlichen Wandel unterworfen ist. Bestimmte Phänomene werden zu bestimmten Zeiten und an bestimmten Orten als „soziales Problem" markiert, während andere nicht, oder noch nicht, oder auch nicht mehr als problematisch eingeordnet werden.

90 Die Herstellung und Deutung sozialer Probleme

> Recherchieren und diskutieren Sie Beispiele für Phänomene, deren Einordnung bzw. Verständnis als „soziales Problem" sich in den letzten Jahrzehnten deutlich verändert hat. (z. B. Homosexualität, Burnout, Internetsucht, Alleinerziehende Eltern, Altersarmut, Cybermobbing, Behinderung).
>
> - Wie hat sich die Einordnung bzw. das Verständnis verändert?
> - Mit welchen gesellschaftlichen Faktoren und Entwicklungen hat dies zu tun?
> - Welche gesellschaftlichen Institutionen widmen sich diesem Sozialen Problem?

Der US-amerikanische Soziologe Herbert Blumer formuliert es so:

„Soziale Probleme […] sind Produkte eines Prozesses kollektiver Definition. […][D]er Prozess kollektiver Definition determiniert Karriere und Schicksal sozialer Probleme vom Ursprungsmoment ihres Erscheinens bis zu dem, was auch immer der Endpunkt ihres Verlaufs sein mag. Ihr Dasein besteht fundamental in diesem Prozess kollektiver Definition und nicht in einem vermeintlich objektiven Bereich sozialer Bösartigkeit" (Blumer 1971, 301, Übers. d. A.).

Diese Sichtweise auf die Prozesse der Herstellung und Deutung sozialer Probleme entstammt dem größeren Feld der sozialkonstruktivistischen Erkenntnistheorien, die davon ausgehen, dass alle sozialen Wirklichkeiten über kommunikative, sprachliche und soziale Prozesse hergestellt werden.

4.2 Sozialkonstruktivistische Grundannahmen

> **Sozialkonstruktivismus** ist eine Erkenntnistheorie, die davon ausgeht, dass die Realitäten, die Menschen wahrnehmen, nicht einfach „da draußen" auffindbar sind, sondern letztlich immer nur in Abhängigkeit von menschlicher Beschreibung und Bewertung existieren.

Das Wort „Konstruktivismus" verweist darauf, dass es kognitiver und sprachlicher Konstruktionsprozesse bedarf, um das herzustellen, was uns als „Wirklichkeit", als „Wissen" oder „Wahrheit", als „sinnvoll", „normal" oder „problematisch" usw. erscheint. Der Begriff „sozial" unterstreicht darüber hinaus, dass diese Konstruktionsprozesse keine rein individuellen und beliebigen Kreationen sind, sondern in kommunikativen und sozialen Zusammenhängen stattfinden, in der Sprache eine besondere Rolle einnimmt.

4.2.1 Sprache ist Handeln

Sprache ist das zentrale Mittel der Herstellung und Deutung sozialer Realitäten und Handlungen. Sie ist entsprechend in alle Aspekte methodischen Handelns eingewoben.

Sprache ist mehr als Worte: Im Sinne der Linguistik umfasst „Sprache" neben Schrift und verbalen Formen auch andere Zeichen und Symbole inklusive Körpersprache oder visuelle Arrangements. So verstanden lassen sich auch Gestik oder Mimik, Räume oder bildliche Darstellungen sowie andere kulturelle Praktiken als „Sprache" oder auch als „Texte" verstehen, die von Menschen im übertragenen Sinn „gelesen", d.h. kontextgebunden entziffert und gedeutet werden.

Sprache ist performativ: Die Idee, dass Sprechen „performativ" und somit eine Art des Handelns ist, geht unter anderem auf die sogenannte „Sprechakttheorie" von John Austin (1972) und später John Searle (1982) zurück. Sprechakte sind Aussagen, die eine verändernde Wirkung im sozialen Beziehungsgefüge entfalten. Dazu gehören z.B. Versprechen, Aufforderungen usw. Die elterliche Drohung „Wenn Du jetzt nicht aufräumst, dann kannst Du die Computerzeit vergessen!" ist mehr als eine Beschreibung, sondern der Satz „tut" etwas. Auch andere Signale entfalten über den reinen Sachinhalt hinaus Wirkungen bei den EmpfängerInnen der Botschaft. Diese Vielschichtigkeit von Kommunikation ist Gegenstand kommunikationstheoretischer Modelle.

4.2.2 Kommunikation

> 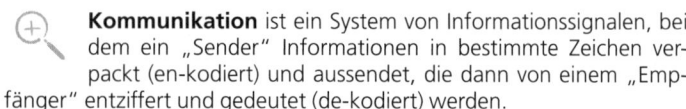 **Kommunikation** ist ein System von Informationssignalen, bei dem ein „Sender" Informationen in bestimmte Zeichen verpackt (en-kodiert) und aussendet, die dann von einem „Empfänger" entziffert und gedeutet (de-kodiert) werden.

Menschliche Kommunikation kann in direkter Anwesenheit von „Sender" und „Empfänger" oder über Medien zeitlich versetzt (asynchron) z.B. via Email oder Brief oder zeitgleich (synchron) wie bei Chat, Telefon etc. stattfinden.

Merkmale zwischenmenschlicher Kommunikation: Für die zwischenmenschliche Kommunikation haben System- und KommunikationstheoretikerInnen wie Watzlawick et al. (2011) oder Schulz von Thun (2010) Modelle entworfen, die die Charakteristika von Kommunikationsprozessen auf der Mikro-Ebene beschreiben. Dazu gehören u.a.:

- Die Bedeutung einer Botschaft wird immer wesentlich von den EmpfängerInnen bestimmt. Daher kann die empfangene von der intendierten Bedeutung abweichen.
- Bedeutungen werden kontextabhängig hergestellt.
- Menschliche Kommunikation hat verbale und non-verbale Anteile. Die Bedeutung der Botschaft wird nicht nur auf Grundlage der Worte entziffert, sondern auch aus der Art, wie etwas gesagt wird, welcher Ton, welcher Gesichtsausdruck oder welche Körperhaltungen eingenommen werden.
- Man kann nicht *nicht* kommunizieren. Weil Kommunikation nicht nur über Worte, sondern über jede Form von Verhalten geschieht, ist ein Schweigen ebenso als Kommunikation interpretierbar wie der Satz „Ich will dazu nichts sagen."
- Kommunikationsverläufe sind als Gesamtsystem zirkulär (d.h. kreisförmig ohne Anfangs- oder Endpunkt), werden aber von Teilnehmenden unterschiedlich „interpunktiert". Anders gesagt: Obwohl jede Botschaft gleichermaßen als „Ursache" wie „Wirkung" gesehen werden kann, wird aus der Perspektive der Akteure oft eine bestimmte lineare Abfolge gesehen. Vor allem in Konfliktkommunikationen gibt es deshalb stark unterschied-

liche, aber gleichermaßen überzeugte, Wahrnehmungen dazu, wer „angefangen" hat. Eine Einigung in dieser Frage ist meist weniger wichtig als die Frage, welches Muster der Kommunikation sich herausgebildet hat und wie dieses Muster unterbrochen und verändert werden kann.
- Kommunikationen können in der Struktur komplementär oder symmetrisch angelegt sein, d.h. sie können sich ergänzen, oder sie sind sich sehr ähnlich. „Ähnlichkeit" ist dabei aber nicht notwendigerweise „besser", sondern kann z.b. auch zu sogenannten symmetrischen Eskalationen führen, wenn zwei Parteien auf kommunikativ ähnliche Weise versuchen, den anderen zu überzeugen.
- Kommunikation enthält neben reinen Inhaltsaspekten immer auch Beziehungsaspekte, Selbstaussagen des/der SenderIn und ggf. Appelle.

Mediale Botschaften und ihre Lesarten: Für Kommunikationsprozesse in der größeren Öffentlichkeit, wie etwa Botschaften, die in der Populärkultur und von Massenmedien ausgesendet werden, stellen die Cultural Studies Modelle zur Verfügung, die betonen, dass

- EmpfängerInnen (hier auch RezipientInnen genannt) keineswegs nur passive KonsumentInnen medialer Produkte sind und
- mediale Botschaften oft eine vorherrschende (dominante) Deutung nahelegen, aber dennoch nicht notwendigerweise diese Interpretation erfahren, sondern je nach Kontext unterschiedlich verstanden werden können.

Analog den verschiedenen Möglichkeiten des Dekodierens von Signalen im interpersonellen Bereich erfordern auch die von Werbeplakaten, Rap-Songs, Internet-Posts, Zeitungen, Fernsehsendungen u.ä. kommunizierten Botschaften die aktive Mitarbeit der EmpfängerInnen, um Sinn herzustellen. Dabei kommen die RezipientInnen medialer Botschaften zu durchaus unterschiedlichen sogenannten „Lesarten". Neben einer „dominanten" Lesart, die gesellschaftlich verbreitet und oft auch von den ProduzentInnen der Botschaft intendiert ist, gibt es auch „ausgehandelte" (teilweise abweichende) und „oppositionelle" (widerständige) Lesarten. So kann z.B. eine Fernsehserie von RezipientInnengruppen ironisch verstanden werden, obwohl sie so nicht gedacht ist. Weit verbreitete und kulturell dominante Interpretationsschemata sind also einflussreich, aber determinieren die möglichen Deutungen nicht automatisch.

4.2.3 Diskurse

Wie es zu dominanten Interpretationsweisen kommt, ergibt sich aus der Idee, dass sogenannte „Diskurse" das soziale Leben beeinflussen, indem sie Denk- und Handlungsweisen herstellen. Dem Verständnis des französischen Philosophen Michel Foucault (1991) folgend lassen sich „Diskurse" begreifen als machtvolle gesellschaftliche Aussagen, die soziale Wirklichkeiten wie „Normalität" und „Wahrheit" herstellen.

> Ein **Diskurs** ist ein „Fluss von ‚Wissen' bzw. sozialen Wissensvorräten durch die Zeit" (Jäger/Jäger 2007, 23). Er besteht aus Bündeln oder Verkettungen von Aussagen zu Themen, die zu einem gegebenen Zeitpunkt und an einen gegebenen Ort Aufmerksamkeit erfahren. Diese Aussagenbündel verdichten sich zu einer ordnenden Logik und üben dadurch Macht auf kollektives und individuelles Handeln aus.

Ohne dass es einer konspirativen Absprache zwischen Akteuren bedarf, regeln Diskurse, wer wie sprechen sollte und wem Aufmerksamkeit gebührt, über wen oder was gesprochen wird und was ungesagt bleibt. Wenn z. B. von „Kinderschutz" die Rede ist, so lässt sich über eine kritische Analyse von Aussagen in Medien, Wissenschaft, Politik etc. herausarbeiten, welche primären Assoziationen hervorgerufen und welche Begründungszusammenhänge für das Handeln konstruiert werden, wer dabei zu Wort kommt und wer nicht, wie die Beteiligten genannt werden, wer „zuständig" oder „schuld" ist, etc. Einzelne Aussagen von einzelnen Akteuren sind nicht „der Diskurs", sondern lediglich Teilelemente. Gleichzeitig besteht ein Diskurs aber aus den Beiträgen verschiedenster Akteure und bedarf der Wiederholungen. Je öfter etwas, vor allem von einflussreichen Personen(gruppen) oder Institutionen wiederholt wird, desto mehr stabilisieren sich Bedeutungsgebungen.

Diskurse produzieren so das, was innerhalb von (Teil-)Gesellschaften als „Wissen", „Wahrheit", als „selbstverständlich", „normal", „gesunder Menschenverstand" oder „Problemfall" angenommen wird, samt der dazugehörigen Subjekte und Institutionen. So gesehen sind z.B. Organisationen der Sozialen Arbeit nichts anderes als in Strukturen „geronnene Problemdiskurse" (Groenemeyer 2010, 38).

Diskurse haben viel mit den individuell und gesellschaftlich verinnerlichten Annahmen (Kap. 2.3.2) zu tun, die es über Kritische Reflexion zu prüfen gilt. Bei einem kritischen Blick auf Diskurse geht es also um die Frage, wie das hergestellt wird, was sich als wissenschaftliches oder auch als ganz alltägliches „Wissen" darstellt, und um die Machtdynamiken, die in der Herstellung und in den Wirkungen dieses Prozesses deutlich werden.

Insgesamt lässt sich festhalten: Sprache, inklusive aller Zeichen und Symbole, die von Menschen interpretiert werden, ist konstitutiv für soziale Wirklichkeiten in Alltags- wie in Fachwelten. Sie ist nötig, um dem eigenen Tun und dem von anderen Sinn zu verleihen, und wirkt gleichzeitig zurück auf das, was wir wahrnehmen (auch im Sinne von „für wahr nehmen") und denken. Insofern bildet Sprache nicht einfach die Wirklichkeit ab, sondern ist eine Form des Handelns. Sie stellt Wirklichkeiten über soziale und kommunikative Prozesse her, wobei die Deutungen kommunikativer Angebote nie singulär oder unveränderbar sind, sondern kontextabhängig und daher prinzipiell instabil und unvollständig bleiben. All diese Faktoren begegnen uns wieder in der Art, wie Menschen in der Praxis Sozialer Arbeit versuchen, ihrer Situation, dem eigenen Leben und Handeln bzw. dem Leben und Handeln anderer, Sinn zu verleihen.

Reflexionsfragen aus sozialkonstruktivistischer und diskurskritischer Perspektive:

- In welchen Kontexten wird ein Phänomen zum „Problem" erklärt? Von wem?
- Welche „Soll"-Vorstellungen bilden den Hintergrund, vor dem sich das „Ist" Problem abzeichnet?
- Mit welchen Worten wird ein Phänomen beschrieben?

- Welche anderen Signale (non-verbale, visuelle Zeichen und Symbole etc.) sind Teil der Kommunikation zum Thema, und welche Bedeutungen werden darin nahegelegt?
- Welche dominanten Kommunikations- und Deutungsmuster haben sich entwickelt?
- Wer kommt in Beiträgen zum Thema zu Wort und wer nicht oder weniger?
- Welche anderen Perspektiven oder Deutungen gibt es?

Hepp, A., Krotz, F., Thomas, T. (Hrsg.) (2009): Schlüsselwerke der Cultural Studies. VS Verlag für Sozialwissenschaften, Wiesbaden
Kleve, H. (2010): Konstruktivismus und Soziale Arbeit. 4. Aufl. VS Verlag für Sozialwissenschaften, Wiesbaden
Schulz von Thun, F. (2010): Miteinander reden. Bd. 1–3. 48. Aufl. Rowohlt, Hamburg
Watzlawick, P., Beavin, J., Jackson, D. (2011): Menschliche Kommunikation. 12. Aufl. Hogrefe, Bern

4.3 Die Konstruktion von Sinn-Geschichte(n)

Menschen sind beständig bemüht, aus den Informationen, die sie wahrnehmen, Sinn zu herzustellen und tun dies wesentlich über die Konstruktion von Geschichten (Narrativen). Sie formen Geschichten, die Vergangenes, Gegenwärtiges und Zukünftiges miteinander verknüpfen und so ein Gefühl von Kontinuität, Kohärenz und Sinn herstellen. Diese Idee vom Menschen als „homo narrans", als erzählendes, „narratives" Wesen, das seine inneren und äußeren Welten über die Konstruktion von Geschichten versteht, erklärt und gestaltet, hat in den Sozialwissenschaften verstärkt ab den 1980er Jahren als „narrative Wende" (Brockmeier/Harré 2005) Einzug gehalten. Als eine Form sprachlichen Handelns werden Geschichten nicht nur verbal gestaltet, sondern in vielfacher Weise gelebt und verkörpert.

Die Konstruktion von Geschichten: Der Kulturpsychologe Jerome Bruner (1991) hat den Prozess der Konstruktion von Geschichten grob umrissen. Aus einzelnen Datenpunkten, die wir – auch bereits selektiv – wahrnehmen, wählen wir je nach Kontext bestimmte Elemente als signifikant aus und ignorieren andere. Dann werden die ausgewählten Elemente zu Sequenzen zusammengesetzt, indem wir sie in eine bestimmte zeitliche Reihenfolge arrangieren und so einen Verlauf abbilden. Zusätzlich werden dann logische Verbindungen („deshalb", „trotzdem", „gleichzeitig", „überraschenderweise" usw.) zwischen den Elementen eingefügt. Schließlich ergeben sich über diese Sequenzen mögliche Sinn- und Bedeutungsspektren, welche wiederum Konsequenzen für unser weiteres Wahrnehmen, Deuten und Handeln haben.

> „Letztlich gewinnen die kulturell geformten kognitiven und linguistischen Prozesse, die unsere Selbst-Erzählungen der Lebensnarrative anleiten, die Macht, unsere Wahrnehmungen zu strukturieren, unsere Erinnerungen zu organisieren, und die „Ereignisse" des Lebens selbst zielgerichtet zu segmentieren und zusammenzusetzen. Am Ende *werden wir zu den autobiografischen Erzählungen, die wir ‚über' unsere Leben verfassen.* Und weil [...] kulturelle Formierungen dabei eine Rolle spielen, werden wir auch zu Varianten der kanonischen kulturellen Formen" (Bruner 2004, 692, Übers. d. A.).

Für den Konstruktionsprozess von Sinngeschichten ist grundsätzlich festzuhalten:

- Erzählungen sind nie vollständig identisch mit der gelebten Erfahrung, die stets sehr viel reicher ist als ihre Darstellung. Es gibt stets Aspekte, die in der dominanten Darstellung nicht erfasst werden.
- Wir sind nie alleinige AutorInnen unserer Narrative, sondern eingebunden in soziale und kommunikative Kontexte, die unsere Geschichte quasi mitschreiben. Der Moment und das Motiv der Darstellung nehmen Einfluss darauf, welche Elemente ausgewählt und wie sie arrangiert und verbunden werden, und die reale oder imaginierte Zuhörerschaft samt der vermuteten Erwartungen und gesellschaftlich-kulturellen Erzähl- und Deutungsgewohnheiten steuern die Narration.
- Bedeutungsgeschichten verdichten sich durch das Wiederholen, das erneute Aufgreifen und Wiedereinbauen (Re-Inkorporation) von bereits bekannten oder benannten Elementen.
- Diskursive Kontexte geben bestimmten Sinngeschichten Auftrieb und machen es anderen schwierig bis unmöglich, sich durchzusetzen. Ebenso wie nicht alle Schwierigkeiten automa-

tisch zu „sozialen Problemen" erklärt werden, die gesellschaftliche Aufmerksamkeit erhalten, erstarken auch andere Narrative nur in dem Maß, wie sie von einer Vielzahl von Personen, Institutionen und Gruppen geteilt, unterstützt und wiederholt werden. So wirkt ein hohes Maß an Öffentlichkeit für eine Erzählung unterstützend, oder wenn besonders einflussreiche Menschen und Institutionen eine Deutungs- und Erzählweise wiederholen. Diskurse bestimmen, wessen Erzählungen und welche Art Geschichten als „klug", „korrekt", „anständig", „professionell" etc. eingeordnet werden und eher Gehör finden und welche nicht.

> Wenn Sie im Rahmen eines Seminars an der Hochschule erläutern sollen, warum Sie Soziale Arbeit als Studienfach gewählt haben, und was das mit ihrem Leben bis hierher zu tun hat, dann werden Sie vermutlich ganz bestimmten Informationen Ihrer **Biografie** Aufmerksamkeit schenken, während andere nur eine Nebenrolle spielen oder ganz wegfallen (kontextbezogene Auswahl). Sie werden in Teilen auf bereits etablierte „Selbst-Erzählungen" zurückgreifen, die Sie bis hierher geprägt haben („Ich war schon immer gut im Umgang mit Menschen" o. ä.), und möglicherweise kommen auch neue Details und Verbindungen zwischen Elementen in den Sinn („Meine Rolle innerhalb der Familie hatte irgendwie auch was Sozialarbeiterisches", o. ä.). Im Prozess des Arrangierens und Verbindens der ausgewählten Daten werden Sie den Zweck der Erzählung, Ihr tatsächliches oder imaginiertes Publikum, und auch kulturelle Konventionen der Repräsentation im Blick haben (kontextbezogene Sequenzierung und Verbindung von Elementen). Und je öfter Sie diese Erzählung oder Teile dieser Erzählung wiederholen, und je mehr Unterstützung Sie in Ihrer Auswahl und Ihrer Deutung durch das soziale Umfeld erhalten, desto mehr verfestigt sich potentiell Ihre Identitätserzählung der Geschichte „Darum werde ich SozialarbeiterIn".

In der Praxis Sozialer Arbeit haben Fachkräfte vor allem an drei sich überschneidenden Arten von Geschichten Anteil:

- Lebensgeschichten
- Fallgeschichten
- Problem-/Lösungsgeschichten

Diese Geschichten sind Ausgangspunkt bzw. Gegenstand methodischer Bearbeitung. Für alle drei werden daher im Folgenden methodische Ansätze vorgestellt, die jeweils auf eigene Weise den Prozess der Herstellung sinnstiftender Geschichten methodisch nutzen.

 Bruner, J. (1997): Sinn, Kultur und Ich-Identität. Zur Kulturpsychologie des Sinns. Carl-Auer-Verlag, Heidelberg

4.3.1 Lebensgeschichten

Soziale Arbeit nimmt an lebensgeschichtlichen (Teil-)Erzählungen und Identitätskonstruktion teil – auch dann, wenn nicht in jeder Praxis ausführlich biografische Daten erhoben werden. Die Prozesse, die oben am Beispiel Ihrer autobiografischen Erzählung verdeutlicht wurden, lassen sich auf die lebensgeschichtlichen Konstrukte von und über AdressatInnen übertragen und nutzen. Methodische Ansätze dafür entstammen sowohl sozialpädagogischen wie auch systemisch-therapeutischen Traditionen und setzen unterschiedliche Akzente. Zwei dieser methodischen Konzepte, die Biografische Einzelfallarbeit und die Narrative Therapie, werden hier auszugsweise vorgestellt und verdeutlichen die Verknüpfung von theoretischer Kernidee und methodischer Umsetzung.

Biografische Einzelfallarbeit

> **Biografische Einzelfallarbeit** nutzt die Anregung und systematische Auswertung biografischer Erzählungen mit dem Ziel, die subjektive Eigenlogik der Erzählenden zu re-konstruieren und so zur Förderung von Selbstverstehen und Selbststeuerung beizutragen.

Basierend auf der Idee von Biografie als „lebensgeschichtliche Selbstrepräsentation" (Völter 2012, 24) geht es bei der biografischen Arbeit darum, jene Deutungsmuster sichtbar und bewusst zu machen, die für die gegenwärtige Sicht auf das Selbst und für die Zukunft handlungsleitend sind. Dazu führt der Ansatz biografietheoretische sowie aus der Forschung stammende ethnografische und qualitativ-rekonstruktive Zugänge zusammen.

> „Ein qualitativ-rekonstruktiver Ansatz entdeckt und interpretiert Phänomene sozialer Wirklichkeit konsequent vom Phänomen ausgehend, Hypothesen bildend und sequenziell. Derartige Ansätze stellen eine Alternative dar zu subsumtionslogischen Verfahren, die Phänomene sozialer Wirklichkeit unter vorgegebenen Kategorien und Theorien ordnen" (Völter 2012, 22).

Zwei zentrale methodische Grundelemente biografischer Einzelfallarbeit sind das narrative Interview bzw. eine daran orientierte narrative Gesprächsführung und eine genaue Analyse der biografischen Erzählpassagen.

Narrative Gesprächsführung: Narrative Gesprächsführung beginnt nach der Kontaktaufnahme mit einer offenen Aufforderung zu einer längeren Stehgreiferzählung („Erzählen Sie mir doch bitte Ihre Lebensgeschichte", „Könnten Sie mir die Geschichte Ihrer Kindheit erzählen?" o. ä.). Die Fachkraft macht sich Notizen zur Erzählung, unterbricht die Darstellung aber nicht, sondern ermuntert durch non-verbale Mimik und Gestik zum Weitererzählen. Ist die spontane erste Erzählung beendet, können anhand der Notizen Nachfragen gestellt werden, um die Geschichte noch weiter zu vertiefen oder zu ergänzen. Weil diese Nachfragen erzählgenerierend sein sollen, wird auf verengende W-Fragen (wer, was, warum, wo ...) verzichtet. Stattdessen werden offen anregende Fragen gestellt wie etwa

> „Sie haben vorhin von dem Umzug der Familie berichtet, können Sie dazu noch mehr erzählen?"
> „Könnten Sie nochmal genauer erzählen, wie sich der Umzug ausgewirkt hat?"

Wie-Fragen werden hier im Gegensatz zu anderen W-Fragen als erzählgenerierend eingestuft. Bilanzierende Nachfragen, gemeinsame Auswertung und Absprachen für die weitere Arbeit schließen das narrative Gespräch ab.

Biografische Analyse: Neben den Grundkompetenzen zur Gesprächsführung bedarf biografische Einzelfallarbeit der Grundkenntnisse für die Analyse biografischer Erzählungen, mit deren Hilfe Textsorten, Erzählstrukturen, kognitive Figuren, Erwartungsmuster u.ä. herausgearbeitet werden können. Dazu werden aus der qualitativen Forschung Analyseverfahren entliehen (z.B. Rosenthal 2005; Schütze 1983), die im Rahmen von Studium oder Weiterbildung eingeübt werden können.

Merkmale der Biografiearbeit: Griesehop et al. (2012) charakterisieren Biografische Einzelfallarbeit als originär sozialpädagogische Methode, die eine Prozess- statt einer reinen Ergebnisorientierung fördert und in der direkten Arbeit mit AdressatInnen, aber auch für die Selbstreflexion von Fachkräften eingesetzt werden kann.

Biografische Einzelfallarbeit betont einen ganzheitlichen und transdimensionalen Blick, mit dem z.b. biologische, psychologische und soziale Dimensionen nicht getrennt, sondern im Zusammenhang betrachtet werden. Sie ist insofern stärken- und ressourcenorientiert, als dass sie die aktiven Lebensleistungen von AdressatInnen in der Gestaltung ihrer Biografien unterstreicht und auch gerade die Abweichung vom vermeintlich „Normalen" oder „Erwarteten" als Ausdruck einer solchen aktiven Bewältigung und Gestaltung des Lebens versteht. Die subjektive Perspektive der AdressatInnen steht explizit im Mittelpunkt und wird dennoch als „transperspektivisch" (Völter 2012, 37) verstanden, weil in der individuellen Erzählperspektive auch die Sichtweisen anderer Bezugspersonen oder Institutionen mit verarbeitet sind. So spiegelt sich z.B. in der Lebenserzählung einer 24-jährigen Frau, die selber als Jugendliche in der stationären Jugendhilfe untergebracht war und nun zur Unterstützung der Erziehung der eigenen Kinder eine sozialpädagogische Familienhelferin erhält, zum einen ihr Erleben von und Umgang mit „SozialarbeiterInnen", „Jugendamt" oder „Heim", und zum anderen auch die wahrgenommenen Ansprüche und Blickweisen eben dieser Institutionen und Personen.

Biografische Einzelfallarbeit ist insgesamt eine prozesshafte und dialogische Arbeitsform, die

- über offene Erzählanregungen zu längeren Erzählungen auffordert und einlädt,
- dem subjektiven Verständnis von AdressatInnen durch intensives Zuhören Raum gibt,
- das Verstehen der Zusammenhänge von vergangenem und gegenwärtigem Erleben fördert,
- auf Muster von Deutungen hört und sie dialogisch herausarbeitet, und
- mittels der Selbstaussagen sowie anderer relevanter Quellen (Bezugspersonen, andere Professionelle, Akten, etc.) gemeinsam mit AdressatInnen zu möglichen Neu-Deutungen kommt, die als hilfreich und stärkend empfunden werden.

Kreative Varianten: Neben rein verbalen Einladungen zum Erzählen der Lebensgeschichte, können auch Objekte, visuelle Darstellungen oder andere non-verbale Ausdrucksformen erzählanregend wirken. Hier ergeben sich methodische Anschlüsse zu kreativen und künstlerischen Ansätzen in der Sozialen Arbeit, wenn etwa Bilder, Skulpturen oder auch Musik als symbolische Repräsentation von Lebensgeschichten erstellt oder genutzt werden. Die kreative Aktivität von AdressatInnen erlaubt mimetische Prozesse und Ausdrucksformen, über die im Verlauf bzw. im Nachgang dann zu weiteren Erzählungen Anlass geben.

1. Ich-Collage-Würfel. Um den verschiedenen Seiten oder Aspekten des „Ich" Ausdruck zu verleihen, werden die verschiedenen Seiten eines Kartons (oder Pappwürfels) über eine Collage von Darstellungen aus Zeitschriften, Fotos, eigenen Bildern, ggf. auch Worten unterschiedlich gestaltet. Z. B. „Ich" in Vergangenheit, Gegenwart und Zukunft, oder verschiedene Bilder, die ich bzw. andere von mir haben.
2. Lebensflusslauf. Der Verlauf des eigenen Lebens wird in Form eines Flusslaufs in einem Bild erfasst. Wesentliche Einflüsse können z.B. als Zuflüsse widergegeben werden. Hindernisse, Ereignisse, Umzüge etc. können ebenfalls metaphorisch oder anderweitig repräsentiert werden.

Griesehop, H., Rätz, R., Völter, B. (2012): Biografische Einzelfallhilfe. Methoden und Arbeitstechniken. Beltz, Weinheim/Basel

Narrative Therapie

Ein anderer Ansatz, der sich narrativen Konstruktionsprozessen von Lebens- und Identitätsgeschichten widmet, ist die „Narrative Therapie". Nun gehört „Therapie" im engeren Sinn als heilende Tätigkeit für komplexe psychologische Leiden nicht in das typische Aufgabenfeld Sozialer Arbeit in Deutschland. Viel häufiger haben Fachkräfte der Sozialen Arbeit dagegen die Aufgabe, beratend tätig zu werden und Menschen mittels Zuhörens und gezielter Fragen in Entscheidungsprozessen zu unterstützen. Dass sich aus der Narrativen Therapie auch methodische Ideen für niedrigschwellige, beraterische Praxis ableiten lassen, hat zwei Gründe.

Zum einen ist die Unterscheidung von Therapie und Beratung vor allem in den systemtheoretischen Ansätzen auf der methodischen Ebene eher unscharf, denn beides greift auf das gleiche grundlegende Methodenrepertoire zurück, auch wenn die Aufgaben von Therapie und Beratung sich unterscheiden. Zum anderen sind in den U.S.A und auch in Australien viele SozialarbeiterInnen mit entsprechender Weiterbildung direkt therapeutisch tätig und haben umgekehrt auch Einfluss auf die Entwicklung therapeutischer Modelle genommen. So wurde auch die Narrative Therapie, die Ende der 1980er Jahre in Australien und Neuseeland entstand, maßgeblich durch den Sozialarbeiter Michael White (2013, 2010) geprägt. Sein Modell der Narrativen Therapie verdeutlicht, wie Lebensgeschichten im sozialen Austausch geformt werden und bietet insofern auch für nicht-therapeutisch angelegte Fallarbeit und beratende Tätigkeiten der Sozialen Arbeit wichtige methodische Anregungen.

> **Narrative Therapie** ist ein auf Systemtheorie und kritischer Theorie basierender Ansatz der Beratung und Therapie, der den Einfluss von gesellschaftlichen und anderen Erzählungen auf persönlicher Ebene fokussiert und bearbeitet.

Vergleichbar mit biografischer Fallarbeit macht sich auch Narrative Therapie primär am Einzelfall fest und wird typischerweise mit Individuen oder in Kleingruppen umgesetzt.

Theoretische Orientierung: Inspiriert von Michel Foucaults (1991)

Verständnis von Diskursen wird in der Narrativen Therapie ein systemisches Grundverständnis um eine machtkritische Dimension erweitert. In der Narrativen Therapie steht darum nicht so sehr der Verlauf des Lebens, sondern die Verquickung persönlicher und gesellschaftlich-sozialer Narrative im Selbstbild im Mittelpunkt des Interesses. Die biografischen Beschreibungen von AdressatInnen sind oft zutiefst „problem-saturiert" (problemgesättigt). Mit anderen Worten, die Lebensgeschichten „triefen" so sehr von negativen Beschreibungen und Bewertungen, dass so gut wie kein Platz für die Abbildung anderer Aspekte bleibt. Das „Problem" ist Teil der Identitätserzählung geworden, die von außen über jemanden konstruiert bzw. auch als Selbstbild verinnerlicht wurde („Sie war schon immer ein schwieriges Kind"; „Ich bin ja ADS" etc.). Dagegen werden jene Anteile der Lebenserfahrungen, die auf nicht-problematische Anteile, auf Stärken oder Ressourcen verweisen, nur dünn oder gar nicht beschrieben. Um diesen anderen Anteilen Raum zu verschaffen und mittels neuer Geschichten zu neuen Möglichkeiten zu gelangen, unternimmt Narrative Therapie drei wesentliche Schritte:

Externalisieren des Problems: In einer ersten methodischen Bewegung wird das „Problem" sprachlich von der „Person" getrennt und ver-äußerlicht (externalisiert). Dazu werden Fragen oder Aussagen im Gespräch so formuliert, dass das Problem als Ding oder Wesen außerhalb der Person positioniert wird, wie etwa:

„Welche Tageszeiten liebt denn Ihre Depression besonders, um sich so richtig breit zu machen?"
„Was will Dir die Angst denn alles einreden?"

Dabei werden die Problembezeichnungen genutzt, die von AdressatInnen selbst angeboten wurden und nicht notwendigerweise klinisch-diagnostische Nomenklatur. Mitunter gilt es, gerade die allzu verinnerlichten und sehr dünnen Beschreibungen diagnostischer oder anderer fachterminologischer Sprache zugunsten subjektiver Bezeichnungen aufzulösen. Z. B.:

> *„Was die Ärztin als Depression bezeichnet, wie würden Sie denn das nennen?"*
> *„Ich kenne viele Kinder mit ADS und habe von denen gelernt, dass ADS ganz schön unterschiedlich sein kann. Wie ist denn Dein ADS so drauf?"*

Neubeschreibung der Beziehung zwischen „Person" und „Problem": Wenn es gelungen ist, ein wenig Distanz zwischen der Person und dem Problem herzustellen, erlaubt dies den AdressatInnen einen anderen Blick auf das Problem und die eigene Position. Diese Phase wurde von White und Epston (2013) als „Mapping" (etwas mühsam ins Deutsche als „Kartieren" übersetzt) bezeichnet, das den jeweiligen Einfluss von Problem und Person aufeinander verdeutlicht. Dazu bleiben Fachkräfte konsequent bei der veräußerlichenden Problemsprache und fragen danach,

1. wie das Problem das Leben der Person beeinflusst, z. B.:

> *„Sie haben ja beschrieben, dass Sie immer von dieser ‚Schuldwolke' namens ‚Ich bin keine gute Mutter' verfolgt werden. In welche Ihrer Beziehungen mischt sich die Schuldwolke ein?"*
> *„Wie macht die Schuldwolke das?"*
> *„Wann macht sie sich besonders dicke?"*

2. wie die Person diese Einflussnahme des Problems findet, z. B.:

> *„Was halten Sie davon, dass die Schuldwolke sich einmischt?"*
> *„Warum denken Sie das?"*
> *„Gibt es auch Dinge, die Sie an der Schuldwolke gut finden? Warum?"*

3. wie die Person ihrerseits Einfluss auf das Problem nimmt, z. B.:

> *„Wie und wann ist es Ihnen gelungen, die Schuldwolke zu ignorieren?"*
> *„Wie haben Sie es geschafft, der Schuldwolke ein bisschen die Luft rauszulassen?"*

Verdichtung und Stärkung neuer Erzählungen und Handlungsoptionen: In einem dritten Schritt versucht Narrative Therapie, die neuen Geschichten über das Selbst und die eigene Handlungsfähigkeit zu festigen, indem sie sogenannte „Gegendokumente" aller Art einsetzt, die als Gegenstücke zu den vielfach vorhandenen Dokumenten der alten Erzählung (Akten, Berichte, Zeugnisse etc.) verstanden werden. So schreiben TherapeutInnen z.B. nach Sitzungen Briefe an AdressatInnen, in denen die neuen Einsichten und Erzählungen noch einmal widergegeben werden, oder es werden auf AdressatInnen individualisiert zugeschnittene Urkunden („Siegerurkunde über schlechte Gewohnheiten"; „Unabhängigkeitserklärung von Asthma") verliehen, um die neuen Selbstbilder symbolisch zu markieren. Wissend, dass Narrative in dem Maße erstarken, wie sie von anderen unterstützt und geteilt werden, wird gezielt auch ein unterstützendes Publikum für die neue Erzählung gesucht. Mitunter werden AdressatInnen auch eingeladen, ihre Expertise mit anderen zu teilen (siehe z.B. die „Anti-Anorexia League" in David Epstons (2017) „Archives of Resistance").

Kreative Varianten: Trotz des starken Fokus auf verbale Mittel lädt auch die Methode der Narrativen Therapie zu kreativen Umsetzungen jenseits von Worten ein. Neben Dokumenten und Ritualen, die von White und Epston (2013) genutzt werden, um die neuen Geschichten symbolisch zu verstärken, lassen sich auch das Externalisieren und Mapping des Problems gut über visuelle oder andere Wege unterstützen, um auf non-verbalem Weg eine befreiende Distanz zum bis dahin verinnerlichten Problem zu schaffen.

> **Problem-Portrait.** AdressatInnen werden aufgefordert, ein Portraitbild des Problem-Wesens zu malen: Welche Form hat es? Welche Farbe? Hat es einen Gesichtsausdruck und wenn ja welchen? Welchen Namen hat es? etc. Mitunter hilft es auf dem Blatt Papier zur Anregung zuerst ein Augenpaar zu malen, das automatisch zu einer Personifizierung des Problems führt, und den Rest der Figur von AdressatInnen vervollständigen zu lassen.

White, M. (2010): Landkarten der narrativen Therapie. Carl-Auer Verlag, Heidelberg

White, M., Epston, D. (2013): Die Zähmung der Monster. 7. Aufl. Carl-Auer-Verlag, Heidelberg

Kritisch vergleichender Blick: Der Vergleich biografischer Arbeit und Narrativer Therapie zeigt, dass beide methodischen Konzepte die narrative Konstruktion von Lebens- und Identitätsgeschichten als Prozess verstehen, in dem sich subjektive Sinngebungen wie auch gesellschaftliche Einflüsse vermischen. Ihre jeweils unterschiedlichen theoretischen Verortungen spiegeln sich aber in der methodischen Umsetzung für die konkrete Praxis. Die Biografische Arbeit fokussiert auf längere, möglichst wenig über Fragen gesteuerte Selbst-Erzählungen, die dadurch angeregte Selbstreflexion und beziehungsbildende Verständigung zwischen Fachkraft und AdressatIn. Narrative Therapie bearbeitet die Lebens- und Identitätsgeschichten sprachlich deutlich stärker co-konstruierend, um aktiv den Einfluss von diskursiven Kräften (Kap. 4.2.3) aufzudecken, die an Erzählungen Anteil haben. In beiden Ansätzen ergeben sich über die Neuerzählungen neue Sinn- und damit auch neue Handlungsperspektiven.

4.3.2 Fallgeschichten

Neben Lebensgeschichten gehören Fallgeschichten zur Alltagspraxis der Sozialen Arbeit. Fallerzählungen reduzieren die Komplexität gelebter Erfahrung, indem sie ein Phänomen anschaulich aufbereiten. Sie setzen dabei immer einen bestimmten Standpunkt voraus, von dem aus ein/e AutorIn erzählt, d. h. auch Fälle sind soziale Konstruktionen. In den Worten von Burkhard Müller:

> „Ereignisse oder Menschen werden erst von dafür zuständig gehaltenen Personen, Instanzen oder Berufsgruppen zu Fällen *gemacht*" (Müller 2012, 36).

Zum Verständnis von Fallgeschichten sind daher wichtig:

- die Identifikation des Standpunkts, von dem aus der Fall erzählt wird, denn die Position des Autors/der Autorin kann in der Praxis Sozialer Arbeit zu unterschiedlichen Schlüssen führen

- die Fähigkeit, über einen Wechsel des Standpunkts oder des Bezugsrahmens einen Wechsel der Perspektive vornehmen zu können
- die Kritische Reflexion zur Deutungsmacht der involvierten Personen, Instanzen oder Berufsgruppen, inklusive der eigenen

Multiperspektivische Fallarbeit

Burkhard Müller (2012) hat in der kasuistischen (abgeleitet vom Lateinischen „casus" für „Fall") Tradition des Lehrens und Lernens anhand von Fallgeschichten ein multiperspektivisches Modell der Fallarbeit entwickelt, aus dem deutlich wird, wie unterschiedliche Rahmungen unterschiedliche Aspekte von Fällen hervorbringen.

> „Unter multiperspektivischem Vorgehen verstehe ich [...], dass sozialpädagogisches Handeln bewusste Perspektivenwechsel zwischen unterschiedlichen Bezugsrahmen erfordert. Multiperspektivisches Vorgehen heißt zum Beispiel, die leistungs- und verfahrensrechtlichen, die pädagogischen, die therapeutischen oder gegebenenfalls auch medizinischen sowie die fiskalischen Bezugsrahmen eines Jugendhilfe-Falles nicht miteinander zu vermengen, aber sie dennoch als wechselseitig füreinander relevante Größen zu behandeln und in gekonnter Kooperation mit anderen Fachleuten zu bearbeiten" (Müller 2012, 21).

Um diesen bewussten Perspektivenwechsel anzuleiten unterscheidet Müller in seinem methodischen Ansatz drei Falldimensionen:

Ein Fall von ...: Die Dimension „ein Fall *von* ..." verweist auf soziale Probleme, Theorien oder andere Ideen, die gesellschaftliche Anerkennung erlangt haben und sich in Kategorien des „anerkannten Allgemeinen" abgelagert haben. Der „Fall von ..." ordnet eine beobachtete oder geschilderte Situation zumindest grob einer dieser anerkannten Kategorien zu („Wohnungslosigkeit", „Behinderung", „Diskriminierung", „jugendlicher Leichtsinn" etc.). Um zu einer solchen Einschätzung zu kommen, bedarf es eines grundsätzlichen Orientierungs- und Sachwissens, das sowohl auf sozialpädagogische wie auch auf andere Wissensbestände zurückgreift. Dabei vermischt sich professionelles Wissen auch mit solchem, das im Alltag erworben wurde. So wird etwa nur jemand, der schon mal etwas von „Burnout" gehört hat, auf die Idee kommen, einen Fall so einzuordnen. Ob diese Einschätzung den offiziell gültigen medizinisch-diagnostischen Kriterien entspricht, ist dabei noch nicht sicher und müsste Gegenstand einer fachlichen Prüfung werden.

Fragen zur Klärung der Dimension „ein Fall von …" können z. B. sein:

- Worum handelt es sich bei diesem Fall?
- Was wird von wem als Problem eingeschätzt?
- In welche bekannten Kategorien lässt sich das Problem (vielleicht) fassen?
- Inwiefern passen diese Kategorien tatsächlich auf die Sachlage?

Ein Fall für …: Die Dimension „Fall *für* …" verweist auf die gesellschaftlichen Institutionen oder Personengruppen, die mit der Bearbeitung eines „Falls *von* …" betraut sind, weil sie spezielles Sachwissen oder Befugnisse haben („Schuldnerberatung", „Anti-Diskriminierungsstelle", „AnwältIn", „ÄrztIn" etc.). Insofern ergibt sich die Fall-für-Dimension oft aus der Einordnung als „Fall *von* …". Die Einschätzung als „*Fall für* …" setzt somit Systemwissen um jene Instanzen voraus, die für die Klärung und Lösung des Problems zuständig sein oder relevante Ressourcen zur Verfügung stellen könnten. Dabei kann dieselbe „Fall *von* …" Definition auch zu unterschiedlichen „Fall *für* …" Einschätzungen führen.

Fragen zur Klärung der Dimension „ein Fall *für* …" können z. B. sein:

- Welche Personen oder Institutionen halten für diesen Fall besonderes Wissen oder andere Ressourcen bereit?
- Welche Personen oder Institutionen haben für diesen Fall besondere Zuständigkeiten oder Aufträge, inklusive staatlicher Aufträge?
- Welcher Zugang besteht zu diesen Personen und Institutionen?

Ein Fall mit …: Die Dimension „ein Fall *mit* …" nimmt die konkreten Personen, um die es geht, d. h. die AdressatInnen sowie die anderen „MitspielerInnen" im konkreten Fall in den Blick. Die zentrale Herausforderung ist dabei die Entwicklung einer gelingenden Zusammenarbeit, die mit dem Charakteristikum der

Ko-Produktion Sozialer Arbeit verbunden ist. Fallarbeit als Beziehungsarbeit bedeutet, dass gemeinsam Ideen darüber entwickelt werden müssen, was für welche Beteiligten in einer Fallsituation das Problem ist, und wer was mit wem tun soll.

Fragen zur Klärung der Dimension „ein Fall mit ..." können z. B. sein:

> - Um wen geht es? Wer steht im Mittelpunkt des Falls?
> - Welche anderen Personen sind sonst noch involviert?
> - Welche Personen werden explizit in der Fallbeschreibung benannt, welche nicht?
> - Welche dieser Personen spielen im Fall eine professionelle/formale Rolle, welche Personen gehören zum privaten Umfeld?
> - Welche Beziehungen haben die Personen untereinander?

Andere Ebenen: Obwohl der Begriff des „Falls" in der Sozialen Arbeit oft mit Ansätzen auf der Mikro-Ebene und der Sozialform der Einzelfallarbeit verbunden wird, können und sollten Fälle auch auf Meso- und Makro-Ebenen konstruiert werden. So lassen sich Situationen in Gruppen, in Teams und Organisationen, in Nachbarschaften, Städten und größeren Regionen je nach Bezugsrahmen auch als „Fälle" erfassen und entsprechend analysieren. Fälle von „Unterfinanzierung des Sozialdienstes", „Rollenkonfusion im Team", „Umweltzerstörung" oder „Verbrechen gegen die Menschlichkeit" verweisen dann zum einen auf ganz bestimmte Institutionen (z. B. Lokalregierung, Organisationsleitung, Umweltamt, Internationaler Gerichtshof), die als dafür zuständig erachtet werden, und zum anderen ergeben sich entsprechend andere Rollen und Aufgaben für die Soziale Arbeit (Lobbying, Advocacy, Öffentlichkeitsarbeit etc.).

Kritischer Blick auf Fallkonstruktionen: Fallkonstruktionen sind durchzogen von Annahmen eines „Normalzustands". Sowohl in Erzählungen des „typischen" Falls als auch in Erzählungen des „Sonderfalls" und in allen dazwischen zu findenden oder gemischten Varianten sind Annahmen und Kategorien des Allgemeinen immer enthalten. Genau darin begründet sich auch die warnende Kritik am Begriff „Fall", der ähnlich wie „Diagnose" (Kap. 3.3.1) in der Fachdiskussion umstritten ist, und die nicht lösbare Paradoxie

Sozialer Arbeit verdeutlicht, dass ohne Bezugnahme auf allgemeine Kategorien eine Arbeit zwar nicht möglich, der individuelle Fall in seiner Besonderheit aber nie gänzlich von Kategorien erfassbar ist.

Es geht von Kategorien stets die Gefahr aus, die individuelle Komplexität eines Menschen und seiner Situation so stark zu verkürzen, dass der Mensch selbst nur noch, um in Müllers (2012) Dimensionen zu sprechen, als „Fall von ..." und „Fall für ..." gesehen wird und dabei die subjektive und individuelle Erzählung überlagert wird. Anders gesagt, Fallkonstruktionen laufen Gefahr, Geschichten „für andere Menschen zusammenzubrauen, ohne sie zum Teil der Konversation zu machen" (Czarniawska 2004, 5, Übers. d.A.). Es gilt daher, die Dominanz der verallgemeinerten Wissenskonstruktionen, vor allem auch solcher, die über Fachkräfte, Institutionen und Berufsgruppen als „ganz selbstverständlich" in Deutungsperspektiven Anwendung finden, in Frage zu stellen. Dabei geht es nicht darum, einen „wahren Kern" frei zu legen, sondern die Verschiedenheit der Perspektiven und ihre jeweiligen Folgen zu erfassen.

Müller, B. (2012): Sozialpädagogisches Können. Ein Lehrbuch zur multiperspektivischen Fallarbeit. 7. Aufl. Lambertus Verlag, Freiburg

4.3.3 Problem-/Lösungsgeschichten

Die dritte Form von Erzählungen, mit der Soziale Arbeit unweigerlich zu tun hat, sind Problem-/Lösungsgeschichten. Die Verknüpfung der beiden Begriffe „Problem/Lösung" über den Schrägstrich soll unterstreichen, dass die Konstruktionen von Problem- und Lösungsgeschichten untrennbar miteinander verwoben sind. Ein Ansatz, der dieses Verhältnis von Problem- und Lösungskonstruktionen zum Dreh- und Angelpunkt des Herangehens macht, ist der Lösungsfokussierte Ansatz.

Lösungsfokussierter Ansatz

Der **lösungsfokussierte Ansatz** ist eine Form der beratenden Gesprächsführung, die auf systemisch-konstruktivistischen Annahmen beruht und im Gegensatz zu problemfokussierten Arbeitsformen nicht die Problembeschreibungen, sondern die Beschreibungen von Lösungsvorstellungen und -anteilen in den Mittelpunkt rückt.

Umkehrung des Fokus: Der lösungsfokussierte, mitunter auch „lösungsorientiert" genannte Ansatz in der Sozialen Arbeit ist eine Methode der Beratung und Gesprächsführung, die auf die sogenannte „Lösungsfokussierte Kurzzeittherapie" zurückgeht, die sich in den U.S.A. ab den 1970er Jahren aus der systemischen Familientherapie heraus entwickelte. Die BegründerInnen Steve de Shazer (1995) und Insoo Kim Berg (2002), beides SozialarbeiterInnen, stellten mit ihrem Ansatz das sonst übliche Verhältnis von Problem und Lösung quasi auf den Kopf, denn nicht die Exploration und Analyse der Problemgeschichte ist Hauptgegenstand des Interesses, sondern die Exploration und Co-Konstruktion der Lösungsgeschichte. Zentral dabei ist die Idee, die uns schon eingangs dieses Kapitels begegnet ist: Ein Problem ist ein Konstrukt, das sich nur vor der Hintergrundfolie eines imaginierten Soll-Zustands, also einer wie auch immer gearteten, schon vorhandenen Lösungsvorstellung abbildet. Mit anderen Worten

- Das „Problem" ist eine Gestalt, die nur vor dem Hintergrund einer „Lösung" überhaupt sichtbar wird, und
- „Probleme" existieren stets nur im Kontext von bewertenden Unterscheidungen im System (z.B. die Unterscheidungen *„so soll es sein, und so nicht, weil ..."*)

Der Lösungsfokussierte Ansatz nutzt diese Vordergrund-Hintergrund-Konfiguration von Problem/Lösung und rückt – im Gegensatz zum sonst vertrauten problemfokussierten Ansatz – die Lösungsvorstellungen in den Vordergrund der Aufmerksamkeit. Während problemfokussiertes Arbeiten davon ausgeht, dass erst die eingehende Thematisierung und Analyse des Problems Wege zur Problemlösung eröffnet, geht lösungsfokussiertes Arbeiten von der Annahme aus, dass vor allem ein eingehendes Gespräch über die Lösungsvorstellungen Anhaltspunkte für die weitere Co-Konstruktion von Lösungsschritten bietet. Die konsequente (Um-)Fokussierung auf diese Lösungsvorstellungen und auf dafür nützliche Vorerfahrungen ist die zentrale und namensgebende methodische Bewegung des lösungsfokussierten Ansatzes.

Lösungsfokussierte Gesprächseröffnung: Der Versuch, die Lösungsgeschichte so zu stärken, dass sie wegführt von der lähmenden Fokussierung auf das Problem („Problemtrance"), zeigt sich bereits in den klassischen Gesprächseröffnungen einer lösungsfokussierten Arbeit. Statt zu Problembeschreibungen einzuladen, beginnt ein lösungsfokussiertes Gespräch – zumindest idealtypisch – mit einer Frage, die versucht, gleich die Lösungsideen zu explorieren und erste Zielformulierungen zu erhalten, z. B.

> ● *„Wenn unser Gespräch heute für Sie irgendwie nützlich wäre, was wäre dann anders?"*
> ● *„Wenn unser Gespräch Ihnen irgendwie weiterhilft, woran würden Sie das merken?"*

Beim genaueren Hinsehen zeigt sich, dass diese Fragen nicht nur auf erste Beschreibungen des gewünschten Lösungszustands zielen, sondern auch bereits einen Bezug zum Setting einbauen, was für die weitere Auftrags- und Zielklärung (Kap. 5.2) nützlich ist. Mit anderen Worten: Es wird nicht *irgendein* Wunsch erfragt, sondern die Vorstellung darüber, wobei *dieses* Gespräch helfen könnte.

Mit solchen Fragen Gespräche zu beginnen, heißt natürlich nicht, dass AdressatInnen konkrete Antworten parat haben. Einige antworten tatsächlich mit ersten Zielbeschreibungen:

> Frage: *„Wenn unser Gespräch Ihnen irgendwie weiterhilft, woran würden Sie das vielleicht merken?"*
> Antwort: *„Ich hätte irgendwie mehr Klarheit, wie ich mit meinem Sohn umgehen soll."*

Genauso aber ist es möglich und legitim, dass AdressatInnen von der Frage unbenommen in ihre Problemgeschichte eintauchen:

> Frage: *„Wenn unser Gespräch Ihnen irgendwie weiterhilft, woran würden Sie das vielleicht merken?"*
> Antwort: *„Naja, es ist ja so: Seit ich von meiner Partnerin getrennt bin, hat sich mein Sohn Max komplett zurückgezogen, redet fast gar nicht mehr und wenn, dann gibt's eigentlich immer nur Streit. Die Beziehung ist einfach schrecklich geworden. Meine Ex und ich sind im Einvernehmen auseinander gegangen und sie ist immer auch noch für Max da, aber sie ist halt weggezogen und wohnt jetzt im Ausland."*

Beginnt das Gespräch mit einer Problembeschreibung, versucht lösungsfokussierte Arbeit im weiteren Verlauf zu ergründen, was *anstelle* des Problems gewünscht ist, um auf diese Weise erste Zielvorstellungen herauszuarbeiten. Dabei werden sprachliche Ausdrucksweisen der AdressatInnen bewusst aufgegriffen z.B.:

> - *„Wenn die Beziehung zu Ihrem Sohn nicht mehr so ‚schrecklich' wäre, was wäre dann für Sie anders?"*
> - *„Wenn der ‚viele Streit' mit Ihrem Sohn nachlassen würde, wie würde sich das auswirken?"*

Nützliche Ausnahmen finden und ausbauen: Das lösungsfokussierte Konzept geht von der Annahme aus, dass kein Problem immer gleich stark auftritt, sondern dass es stets Zeiten gab oder gibt, in denen sich das Problem nicht, oder mindestens nicht ganz so stark, im Leben oder im Empfinden des Adressaten/der Adressatin bemerkbar macht. Im Verlauf des Gesprächs wird daher exploriert, wann und wie diese sogenannten „Ausnahmen" zustande kommen und ob sie relevant und nützlich erscheinen. Relevant sind Ausnahmen, wenn sie subjektiv einen Unterschied im Leben des Adressaten/der Adressatin machen. Nützlich sind Ausnahmen dann, wenn der/die AdressatIn ein Mindestmaß an Kontrolle darüber hat, ob und wie die Ausnahme – gemäß der lösungsfokussierten Maxime „Wenn etwas funktioniert, mache mehr davon" – wieder herbeigeführt werden kann. Für diese Co-Konstruktionen bieten sich methodische Schritte an wie etwa:

Die Konstruktion von Sinn-Geschichte(n) 115

- Das Achten auf Hinweise auf Ausnahmen. So bauen Menschen in ihrer Problemerzählung oft bereits Worte ein, die auf mögliche Ausnahmezeiten hinweisen. Ausdrucksweisen wie „eigentlich", „fast immer", „meistens", „manchmal", „im Allgemeinen", „irgendwie" etc. deuten an, dass es Variationen im Problem gibt, die sich im Verlauf weiter explorieren lassen. Fragen können diese Begriffe aufgreifen, um genaueres über die dahinter liegenden Ausnahmen zu erfahren, z. B.:

> – *„Sie haben vorhin gesagt, Sie wären ‚ganz oft' niedergeschlagen, wann ist es denn ein bisschen besser? ... Was tun Sie da anderes?"*
> – *„Sie haben ja erzählt, dass es in letzter Zeit ‚fast immer' Streit gibt, in welchen Momenten gibt es denn weniger Streit? ... Was ist da alles anders?"*
> – *„Und wann sonst noch?"*

- Direktes Fragen nach Ausnahmen. Dabei können auch hier die Ausdrucksweisen und Problem-/Lösungsbegriffe von AdressatInnen aufgegriffen werden, wie etwa

> – *„Wann zieht sich Ihr Sohn denn nicht ganz so stark zurück?"*
> – *„Wann geschieht denn zumindest ein bisschen von dem, was Sie wollen, jetzt schon?"*
> – *„Und wann sonst noch?"*

- Erfragen von Lösungsmustern der Vergangenheit. Im Gegensatz zu biografischer Arbeit ist der lösungsfokussierte Ansatz nicht an lebensgeschichtlicher Vergangenheit per se interessiert, sondern die Aufmerksamkeit gilt speziell jenen Lebenssituationen, die als Ausnahmen eingeschätzt werden bzw. auf Ressourcen verweisen. Der Rückblick in die Vergangenheit ist insofern in Umfang und Absicht eher beschränkt auf das, was für die Zukunft hilfreich erscheint, z. B.:

> – *„Wenn Sie in der Vergangenheit ein ähnliches Problem zu bewältigen hatten, wie haben Sie das gemacht?"*
> – *„Und was noch?"*

- Erfragen, welchen Unterschied die Ausnahme im Leben macht bzw. wie subjektiv relevant die Ausnahme ist, wie z.B.:

  > – *„Was würde es für Sie ausmachen, wenn (die Ausnahme, die von dem Adressaten/der Adressatin beschrieben wurde) mehr oder häufiger geschieht?"*
  > – *„Wie würde sich das auswirken?"*
  > – *„Und wie noch?"*

- Herausarbeiten, welche Einflussmöglichkeiten die AdressatInnen auf die Ausnahme haben, um so zu klären, wie nützlich die Ausnahme ist, z.B.:

  > – *„Was tun Sie anderes, wenn [die Ausnahme, die von AdressatIn beschrieben wurde] geschieht?"*
  > – *„Was bräuchten Sie/ was müsste geschehen, dass Sie das öfter tun?"*
  > – *„Und was noch?"*

- Einen Perspektivenwechsel, der grundsätzlich zum systemischen Methodenrepertoire gehört, über sogenannte „zirkuläre Fragen" anregen. Dazu werden AdressatInnen aufgefordert, aus der Perspektive anderer relevanter Personen eine Beschreibung von Ausnahmen, Ressourcen, Stärken, Zielformulierungen etc. vorzunehmen, um so die eigenen Blickwinkel zu verändern bzw. zu ergänzen, wie etwa:

  > – *„Wenn Ihr Sohn jetzt da wäre, was würde der sagen auf die Frage, wann es weniger Streit gibt?"*
  > – *„Wenn ich jetzt Ihre Ex-Partnerin fragen würde, was so bleiben sollte, wie es ist, weil es gut funktioniert, was würde die sagen?"*
  > – *„Wie würde Ihr Sohn das beschreiben, was Sie vorhin ‚Rückzug' genannt haben?"*

Merkmale des lösungsfokussierten Ansatzes: Lösungsfokussiert zu arbeiten bedeutet, dass die Problem-/Lösungsvorstellungen der AdressatInnen im Mittelpunkt stehen, und *nicht* die der SozialarbeiterInnen. Die Expertise der Fachkraft liegt vornehmlich im

Prozess der gemeinsamen Konstruktion von Lösungsideen aus schon bestehenden, aber nur fragmentarisch bewussten Ressourcen und Erfahrungen. Über gezielte Fragen, die auf die Sprache und Vorstellungen der AdressatInnen aufbauen, werden bereits implizit vorhandene Ideen über den Soll-Zustand gemeinsam erforscht und konkretisiert, sodass die von der Problemgeschichte überlagerten Stärken und Ressourcen wieder in den Vordergrund treten können. In diesem Ansatz sind sozialkonstruktivistische Annahmen methodisch gefasst durch

- den starken Fokus auf die soziale Konstruiertheit und die Verknüpfung von Problem und Lösung,
- die Annahme, dass vor allem sprachlich-kommunikative Wege diese Konstruktionen aufrechterhalten bzw. verändern helfen,
- gezielte Kommunikation, um den Fokus weg von Problemgesprächen (problem-talk) und hin auf Lösungsgespräche (solution-talk) zu richten, und
- die Stärkung einer ressourcenorientierten Selbst-Erzählung über die Konstruktion von Ausnahmen einerseits und Wünschen für die Zukunft andererseits.

Kritische Reflexion des lösungsfokussierten Ansatzes: Lösungsfokussierte Arbeit ist genau wie andere Methoden nicht auf ihre Techniken zu reduzieren, sondern braucht in der Haltung und im Denken der Fachkraft verankerte Werte, Menschenbilder, eine theoretisch fundierte Handlungslogik und viel Übung. Die Gefahr einer rein technischen Anwendung lösungsfokussierter Fragen liegt u.a. darin, vorschnell auf die Suche nach problemfrei(er)en Zeiten zu gehen, ohne hinreichend Leid und Belastung von AdressatInnen gewürdigt zu haben. Die Umfokussierung des Erzählens auf Ausnahmen, Hoffnungen, Möglichkeiten etc. ist ein behutsamer gemeinsamer Tanz, für den Fachkräfte die emotionalen Reaktionen der AdressatInnen stetig beachten und das eigene Handeln entsprechend kalibrieren müssen.

Darüber hinaus ist Lösungsfokussierung eine aus dem therapeutischen Bereich stammende Methode, die vorrangig auf die Mikro-Ebene zielt. Auch wenn sie vielen Prinzipien der Profession (Ressourcenorientierung, Partizipation, Ko-Produktion etc.) entspricht, so fehlt ihr gleichzeitig ein klarer Fokus auf die politische Dimension von unterdrückenden Strukturen, die über den

Einzelfall hinaus wirken. Obwohl die Ablehnung psychiatrischer Kategorien und die starke Orientierung auf die sprachlichen Wirklichkeitskonstruktionen von AdressatInnen auch kritisch-politischen Charakter haben können, thematisiert die Literatur zu lösungsfokussierter Arbeit die politische Ebene kaum, sodass es hier ergänzender kritischer Ansätze bedarf.

Bamberger, G.G. (2010): Lösungsorientierte Beratung. 4. Aufl. Beltz, Weinheim

De Jong, P., Berg, I.K. (2014): Lösungen (er-)finden. Das Werkstattbuch der lösungsorientierten Kurztherapie. 6. Aufl. Verlag modernes lernen, Dortmund

---

Reflexionsfragen zur Konstruktion von Sinn-Geschichten:

- In welchem Kontext wird eine Geschichte konstruiert?
- Warum wird die Geschichte so erzählt und nicht anders (wer ist das Publikum und was ist der Zweck der Erzählung)?
- Warum wird sie gerade jetzt erzählt?
- Welche Elemente wurden für die Erstellung einer Geschichte ausgewählt?
- Welche Elemente wurden ausgelassen?
- Welche Elemente könnten die Geschichte bereichern und den Sinn verändern?
- Welche Annahmen über „Normalität" liegen einer Konstruktion zu Grunde?
- Wessen Perspektive ist in der Geschichte vertreten, wessen nicht?
- Welche größeren gesellschaftlich-kulturellen Skripte (diskursive Kräfte) sind in der Auswahl der Elemente, und der Erzähl- und Argumentationsweise aktiv?
- Welche anderen Erzähl- oder Argumentationsweisen sind möglich?

4.4 Kritische Reflexion

Die grundsätzliche Orientierung am Sozialkonstruktivismus, der in diesem Kapitel zugrunde gelegt wurde, bietet auch Anlass für eine kritische Betrachtung. Konstruktivistischen Ansätzen wird mitunter Relativismus vorgeworfen, denn es kann der Eindruck entstehen, als sei alles nur eine Frage der Konstruktion. Allzu schnell klingt die Idee, dass Wirklichkeiten über sprachliche Kommunikation sozial hergestellt werden, so, als wären Probleme nicht „real", als könnten wir nach Belieben alles um-konstruieren, als bedürfe es nur des positiven Denkens und ein paar sprachlicher oder kommunikativer Tricks, und alle Probleme hätten sich erledigt. Richtig verstanden, und ergänzt durch den Blickwinkel der Kritischen Theorie, geht es beim sozialkonstruktivistischen Ansatz aber stets um die „Interdependenzen zwischen Realität und Wissen" (Groenemeyer 2001, 17) und somit um Konstruktionen, die sehr reale Auswirkungen entfalten. Soziale Konstruktionen sind weder beliebig noch folgenlos, und sie können auch scheitern, wenn sich z. B. keine hinreichende Übereinstimmung mit physisch-materiellen Erfahrungen oder mit anderen sozialen Akteuren herstellen lässt.

4.5 Exemplarische Vertiefung: Perspektivenwechsel

Stefanie K. ist 14 Jahre und wurde vorgestern in volltrunkenem Zustand auf der Straße aufgefunden und ins Krankenhaus eingeliefert. Sie wurde in den letzten sechs Monaten schon zwei Mal im Vollrausch eingeliefert. Steffi ist das älteste von drei Kindern, neben ihr gibt es die Zwillinge Paula und Pia, 4 Jahre. Sie lebt mit Mutter Svenja L. und Stiefvater Karsten L. in einer 3-Zimmer Wohnung. Sie geht auf eine Sekundarschule und hat zurzeit mittelmäßige Noten. Ihre Leistungen haben seit ca. einem Jahr stark nachgelassen, und sie findet Schule „öde". Bis vor einigen Monaten war Stefanie aktiv in der Theatergruppe im Jugendzentrum beteiligt, ist aber seitdem nicht mehr hingegangen, sondern hat eine Reihe neuer Freundinnen, die alle älter sind (16–19 Jahre) und mit denen sie gern „Party macht". Ihre Mutter arbeitet als Erzieherin halbtags in einer Kita, ihr Stiefvater lebt seit 5 Jahren mit Haushalt. Karsten und Svenja L. haben vor vier Jahren geheiratet. Herr L. ist Busfahrer, aber seit 2 Monaten wegen eines Bandscheibenvorfalls krankgeschrieben. Steffi findet ihre Mutter „nervig, die mischt sich in alles ein, behandelt mich, als wäre ich ein Kleinkind". Ihren Stiefvater findet sie „ganz okay, der kümmert sich mehr um die Kleinen und lässt mich in Ruhe." Kontakt zum leiblichen Vater hat Steffi seit der Scheidung der Eltern vor 10 Jahren nicht mehr. Frau L. hat zwar Verständnis für die krankheitsbedingten Einschränkungen ihres Mannes, wünscht sich aber dennoch mehr Unterstützung, insbesondere jetzt bei Konflikten mit Stefanie.

Gemeinsam mit ihrer Mutter erscheint Stefanie bei der Sozialpädagogin des Jugendzentrums, die Frau L. schon mal am Rande von Theateraufführungen kurz kennengelernt hatte. Die Mutter will, dass die Sozialpädagogin Stefanie ins Gewissen redet. Stefanie schweigt erstmal beharrlich und rollt ab und zu die Augen.

A. Wählen Sie eine der folgenden Personen aus, deren Rolle Sie einnehmen werden: Stefanie, Mutter, Stiefvater oder SozialarbeiterIn. Schreiben Sie aus der Sicht dieser Person, in deren Position Sie sich innerlich dafür versetzen, einen kleinen „Monolog" (maximal eine DIN-A4-Seite), der die Situation aus der subjektiven Perspektive beschreibt. (Sie dürfen sich dazu Details ausdenken, die in der Fallvignette so nicht vorkommen.)

Tauschen Sie Ihren Monologtext mit jemand anderem. Analysieren Sie den Ihnen jetzt vorliegenden Text nach den Fragen:

- Welche Problemdefinitionen nimmt die im Text „sprechende" Person vor?
- Welche „Soll"-Vorstellung wird aus der Problemschilderung deutlich?
- Welche ersten möglichen Zielformulierungen könnten sich daraus ergeben?
- Inwieweit sind persönliche Problemdefinitionen mit gesellschaftlichen „Soll"- oder „Normal"-Vorstellungen verbunden?
- Welches Bild von „Selbst" und anderen entsteht in dem Text?
- Welche Ressourcen, Stärken, Erwartungen, Hoffnungen, etc. lesen Sie heraus?
- Welche Schlüsselworte oder -ausdrucksweisen verwendet die „sprechende" Person?

Diskutieren und reflektieren Sie Ihre Ergebnisse mit dem Autor/der Autorin des Textes, mit der/dem Sie getauscht hatten.

B. Vervollständigen Sie die Perspektiven-Matrix (siehe Tab. 1), in der Sie aus der Sicht unterschiedlicher Personen beschreiben, wer was bei wem als „Problem" oder auch „Stärke/Ressource" sieht. Versetzen Sie sich am Schluss auch in die Rolle der Fachkraft und formulieren Sie eine eigene Perspektive. Vergleichen und diskutieren Sie Ihre Ergebnisse ggf. mit denen anderer.

Tab. 1: Perspektiven-Matrix

Wer sieht	bei wem	welche(s) Problem(e)	welche Stärken/ Ressourcen
Frau L.	Stefanie (Tochter)	S. trinkt zu viel, hört nicht auf mich, hält sich für erwachsen, lässt in der Schule zu stark nach	kann toll Theater spielen, ist intelligent
Frau L.	Herr L.	...	...
Stefanie	Herr L.	ist krank	kümmert sich um die Kleinen, lässt mich in Ruhe, hält sich aus Konflikt raus
Stefanie	Frau L. (Mutter)	...	...
Herr L.	...	...	...
Eigene Perspektive als Fachkraft (in der Rolle des Sozialpädagogen/der Sozial-pädagogin des Jugendzentrums)	...	...	...

5 Analyse und Planung

> Planungen sind Prozesse, die nächste Handlungsschritte entwerfen, auswählen und konkretisieren. Dazu sind Planungsprozesse verschränkt mit der Analyse des gegebenen Kontexts und der Situation, innerhalb derer gehandelt wird, und beinhalten ferner die Klärung von Aufträgen und Zielen. Analyse und Planung sind angewiesen auf dialogische Überlegungs- und Aushandlungsprozesse gemeinsam mit AdressatInnen und anderen Beteiligten. Neben der Orientierung für die konkrete Praxis bilden Planungen und die daraus resultierenden Pläne die Grundlage für rückblickende Einschätzungen.

Wer etwas plant, imaginiert, was in der Zukunft geschehen könnte bzw. sollte und entwirft mental, wie weiter vorgegangen werden soll, mit der Absicht, von einem Ist-Zustand zu einem Soll-Zustand zu kommen.

> **Planung** ist ein interaktives Handlungsgeschehen und umfasst als Prozess die Strukturierung des gesamten Arbeitsablaufs sowie die Auswahl und räumlich-zeitliche Rahmung von Hilfsangeboten. Dazu werden die größeren Absichten in konkrete Ziele übersetzt und mit materiellen, zeitlichen und anderen Ressourcen in Einklang gebracht. Planung dient der Orientierung der Beteiligten, stellt Transparenz über Ablauf und Absichten her, definiert Ziele bzw. Teilziele und soll so konkretes Handeln und dessen Überprüfung ermöglichen.

Planung findet in der Sozialen Arbeit auf Mikro-, Meso- und Makro-Ebenen statt:

1. Auf der Mikro-Ebene dienen Handlungsplanungen dazu, Vorgehen und Arbeitsweise **einzelfallspezifisch** festzulegen, und werden mitunter formal in sogenannten „Hilfeplänen" konkretisiert, wie sie z. B. im Feld der Jugendhilfe vorgeschrieben sind.
2. Auf der Meso-Ebene werden einzelfallunspezifische Pläne für Konzepte, Projekte oder Programme innerhalb oder auch zwi-

schen Organisationen erstellt, die festhalten, was nach welcher Logik bearbeitet werden soll und in welchen Formen Angebote erfolgen sollen.
3. Auf regionalen oder höheren Makro-Ebenen betreffen Planungsprozesse vor allem Fragen der Infrastruktur, über die die Versorgung von Bevölkerungsgruppen mit sozialen Dienstleistungen gesichert oder optimiert werden soll, wie etwa bei der Kinder- und Jugendhilfeplanung.

Planung ist grundsätzlich ein hypothesenbasierter Prozess, d. h. er beruht auf Vermutungen und Einschätzungen über die weiteren Verläufe. Um möglichst informierte Vermutungen anzustellen, bedarf Planung der Sammlung und Analyse relevanter Informationen. Die Sammlung und Analyse von Informationen ist der Planung teils zeitlich vorgelagert, läuft aber auch zeitgleich und mit Planungsprozessen verschränkt ab. Aufgrund der Charakteristika der Sozialen Arbeit bleiben Vorhersagen auch bei gründlicher Sammlung und Analyse von Daten tendenziell unsicher.

„Soziale Arbeit kann sich nicht auf gesicherte Aussagen über Kausalitäten verlassen und die Wirklichkeitskonstruktion der jeweils Handelnden spielt eine entscheidende Rolle in jeder Phase der Fallarbeit. Wäre dies nicht so, dann könnte eine auf Expertenurteilen beruhende Planung der Hilfe ausreichen. [...] Sowohl die Entscheidung, Hilfe als notwendig anzusehen, wie die darauf folgenden Schritte des Prozesses sind begründungsbedürftig und behalten immer den Charakter von Experimenten" (Freigang 2009, 106).

Vorläufig und kontextsensibel: Aufgrund ihres experimentellen Charakters sind Pläne in der Sozialen Arbeit stets vorläufig. Planungsprozesse verlaufen nicht linear, sondern notwendigerweise iterativ, das heißt sie verlaufen in Schlaufen, in denen Teilstrecken, Wiederholungen und Revisionen vorhersehbar vorkommen. Ferner müssen Planungsprozesse kontextsensibel sein, um bei aller Strukturierung gleichzeitig flexibel für nötige Anpassungen zu bleiben. Sowohl die Prozesse wie auch die Inhalte von Planungen sind vor dem Hintergrund theoretischer Überlegungen und ethischer Prinzipien (Kap. 3) zu reflektieren.

Komponenten von Planungsprozessen, die auf allen Planungsebenen vorkommen, umfassen

- Kontext- und Situationsanalyse
- Auftrags- und Zielklärung
- Konkretisierung nächster Schritte
- Folgen- und Hindernisabschätzung

5.1 Kontext- und Situationsanalyse

Da, wie im vorangegangenen Kapitel ausgeführt, Wirklichkeiten sozial hergestellt und gedeutet werden, ist die Analyse von Kontexten notwendiger Teil methodischen Handelns. Nur durch die Berücksichtigung von Zusammenhängen können die dynamischen Einflussfaktoren auf die Konstruktion von Lebens-, Fall- und Problem-/Lösungsgeschichten sichtbar werden. Zu den zentralen Kontexten, die alle Einfluss auf die weiteren Planungs- und Handlungsschritte nehmen, gehören Arbeitsfelder, Organisationen und Gruppenzusammenhänge, Situationen sowie Raum und Zeit.

5.1.1 Arbeitsfeld

Arbeitsfelder sind das, wonach zwei sich begegnende Sozialarbeiterinnen nach der ersten Feststellung „Ach, Du machst auch Soziale Arbeit?!" als nächstes typischerweise fragen: „In welchem Bereich denn?"

> ⊕ Der Begriff **Arbeitsfeld** bezeichnet die ausgeprägte Binnendifferenzierung von Tätigkeitsbereichen (wie etwa Kinder- und Jugendarbeit, Arbeit mit Menschen mit Behinderung, Wohnungslosenhilfe, Schulsozialarbeit, Arbeit im Gesundheitswesen u. v. m.), die sich in der Sozialen Arbeit historisch entwickelt hat und weiterhin entwickelt. Mitunter werden auch die Begriffe „Handlungs-" bzw. „Tätigkeitsfeld" synonym genutzt.

Obwohl Abgrenzungen nicht immer trennscharf ausfallen, sind Arbeitsfelder gekennzeichnet durch

- spezifische oder typische Themen, die bearbeitet werden,
- die dominanten Perspektiven und Problemrahmungen zu diesen Themen,

- die gesetzlichen und gesellschaftlichen Rahmen und Aufträge für beteiligte Institutionen,
- die Strukturen innerhalb und zwischen Institutionen und Organisationen inklusive der Hierarchien zwischen den im Feld tätigen Organisationen und Professionen, und
- die konkreten Arbeitsformen, die sich im Feld etabliert haben.

Reflexionsfragen zu Arbeitsfeldern:

- Um welche(s) Arbeitsfeld(er) handelt es sich?
- Welche Perspektiven und Problemrahmungen dominieren im Arbeitsfeld?
- Was sind die gesetzlichen und gesellschaftlichen Rahmungen und Aufträge für beteiligte Institutionen im Arbeitsfeld?
- Wie sind die institutionell-organisatorischen Strukturen und Hierarchien zwischen Organisationen und Professionen gestaltet?
- Welche konkreten Arbeitsformen haben sich im Arbeitsfeld etabliert?

Diverse AutorInnen zu „Arbeitsfeldern und AdressatInnen Sozialer Arbeit" in: Thole, W. (Hrsg.) (2012): Grundriss Soziale Arbeit. 4. Aufl. VS Verlag für Sozialwissenschaften, Wiesbaden, 439–584

5.1.2 Organisation

Eingebettet ins Arbeitsfeld bilden Organisationen einen engeren Kontext, der seinerseits Einfluss auf Problemverständnis, Entscheidungen und Handlungsabläufe nimmt.

> **Organisation** bezeichnet die arbeitsteiligen, verhältnismäßig eigenständigen sozialen Gebilde, über die bestimmte Zwecke verfolgt und Aufgaben erledigt werden sollen.

Organisationen bestimmen wesentlich die Gestaltung von Kommunikation und Interaktion von der Kontaktaufnahme bis zur Beendigung der Arbeit. Bereits die Mitgliedschaft in der Organisation ist mit Mindestanforderungen an die Mitglieder verbunden, sich an bestimmte Regeln zu halten. Insofern sind immer auch

Machtverhältnisse in Organisationen eingeschrieben, die sich disziplinierend auf ihre Mitglieder auswirken.

Unterscheiden lassen sich bei der Analyse von Organisationen grundsätzlich Organisationsstruktur und Organisationskultur.

Organisationsstruktur: Als Organisationsstrukturen werden die expliziten Regelungen bezeichnet, über die innerhalb einer Organisation die Arbeit dauerhaft aufgeteilt und bewältigt wird.

Horizontale Strukturen in Organisationen ordnen Arbeitsbereiche, Zuständigkeiten und Arbeitsabläufe, während vertikale Strukturen die hierarchische Delegation von Aufgaben regeln.

Reflexionsfragen zur Organisationstruktur:

- Was sind die explizit festgelegten Arbeitsabläufe in der Organisation?
- Welche Abteilungen gibt es in der Organisation und worin bestehen ihre Aufgaben?
- In welcher hierarchischen Beziehung stehen die Abteilungen zu einander?
- Welche offiziellen Funktionen haben bestimmte Personen und wo sind sie in der Hierarchie angesiedelt?
- Wer darf was an wen delegieren bzw. wer muss von wem offizielle Bestätigungen oder Erlaubnisse erhalten, um tätig zu werden?
- Wie ist die Mitbestimmung von AdressatInnen strukturell in Abläufen der Organisation verankert (Beiräte, Beschwerdestellen, Lotsen etc.)?

Organisationskultur: Als Organisationskultur wird das in einer Organisation vielfach implizite System geteilter Normen und Werte sowie gemeinsamer Muster im Handeln, Denken und Fühlen verstanden.

Organisationskultur reproduziert sich über die Interaktionen und Aktivitäten der Organisationsmitglieder, wozu auch Machtpositionen und -dynamiken gehören, die sich an keinem Organigramm ablesen lassen. Organisationskultur nimmt z.B. erheblichen Einfluss darauf, wie kommunikative Signale gedeutet und gewertet werden und ist oft emotional besetzt. Ist das Zuspätkommen ein Zeichen entspannter Teamarbeit oder „geht das gar nicht"? Werden Entscheidungen „selbstverständlich nur nach Absprache" im Konsens getroffen oder kann „natürlich jede Fachkraft allein entscheiden"? Werden Konflikte offen ausgetragen oder ist der Teamfriede oberstes unausgesprochenes Gebot? Welche Regelungen (explizit oder implizit) gibt es zu Kleidung oder Anrede? Aufgrund der vielfach unausgesprochenen Regeln lässt sich Organisationskultur weniger schnell erkennen als Organisationsstruktur und ist mühsamer zu verändern. Am ehesten erkennt organisationskulturelle Regeln, wer neu in eine Organisation kommt oder wem es in anderer Weise gelingt, eine distanzierte Position einzunehmen und sich im ethnologischen Sinn „fremd" zu machen.

Reflexionsfragen zur Organisationskultur:

- Was sind die geteilten Grundannahmen über AdressatInnen und deren Problemlagen?
- Was sind die geteilten Grundannahmen über die Organisation selber?
- Welche Normen und Standards des Umgangs zwischen KollegInnen haben sich in der Organisation herausgebildet?
- Welche Normen und Standards des Umgangs mit AdressatInnen haben sich in der Organisation herausgebildet?
- Ist die Mitbestimmung von AdressatInnen kulturell in der Organisation verankert?
- Wie werden bestimmte kommunikative Signale oder Symbole innerhalb der Organisation gedeutet und gewertet?
- Welche inoffiziellen Machtverhältnisse gibt es, die sich jenseits der Organisationsstrukturen entwickelt haben?

Nerdinger, F. W. (2012): Grundlagen des Verhaltens in Organisationen. 3. Aufl. Kohlhammer, Stuttgart

Thole, W., Cloos, P. (2006): Alltag, Organisationskultur und beruflicher Habitus. In: Heimgartner, A., Lauermann, K. (Hrsg.): Kultur in der Sozialen Arbeit. Verlag Hermagoras, Klagenfurt u. a., 123–142

5.1.3 Gruppen

Sowohl Fachkräfte wie AdressatInnen sind regelmäßig Teil von Gruppenzusammenhängen. Teams, Arbeitsgruppen, Klassenverbände gehören ebenso dazu wie Freundeskreise, Vereine oder sozialpädagogische Gruppen.

> Eine **Gruppe** ist ein soziales System bestehend aus mehreren Personen mit unmittelbaren Beziehungen zueinander, die über einen längeren Zeitraum gemeinsam ein Ziel verfolgen und in dem sich eine Binnenstruktur (z. B. Rollen, Aufgaben etc.) herausbildet.

Gruppen entstehen dadurch, dass sie sich von der Umwelt in irgendeiner Form abgrenzen und zwischen Gruppenmitgliedern Kommunikation, Zugehörigkeitsgefühl (Wir-Gefühl) und Zusammenarbeit hervorbringen, wobei diese Prozesse unterschiedliche und wechselnde Qualität haben können. Konzepte aus Kleingruppenforschung und (Sozial-)Psychologie helfen bei der Analyse von Gruppenzusammenhängen.

Rahmenstrukturen: Gruppen lassen sich in ihren Rahmenstrukturen unterscheiden nach

- Zustandekommen: Anlass und Zeitpunkt der Gründung, bewusst initiierte Gruppen oder solche, die sich ergeben, initiiert von Mitgliedern selbst oder von Dritten, freiwilliger oder eher unfreiwilliger Art
- Größe: Anzahl der Personen
- Funktion bzw. Ziele: Aufgaben oder Absichten, die die Gruppe aus eigener Initiative oder als Auftrag verfolgt
- Mitgliedschaft: Regeln über die formelle oder informelle Möglichkeit, dazu zu gehören, sowie über die Offenheit oder Geschlossenheit der Gruppe für weitere Mitglieder
- Dauer: das Selbstverständnis bzw. die Regelungen dazu, inwieweit die Gruppe zeitlich begrenzt oder unbegrenzt ist
- Frequenz/Intensität: die Häufigkeit und zeitliche Dauer, in der die Gruppe interagiert

Binnenstrukturen: Innerhalb von Gruppen bilden sich Muster heraus, die mehr oder weniger explizit sein können, und das Handeln der Mitglieder regeln im Hinblick auf

- Kommunikation (Formen, Intensität, Richtung, etc.),
- Dynamik in Beziehungen (Erwartungshaltungen, Allianzen etc.),
- Rollen und Status (Aufgabenverteilung, Führungsrolle, Kompetenz, Einfluss etc.) sowie
- Zugehörigkeit (Inhalte, Normen, Rituale, Werte etc.).

Gruppendynamik: Der Begriff der Gruppendynamik nach Kurt Lewin (1968) bezeichnet zweierlei.

> ⊕ Zum einen meint **Gruppendynamik** die typischen Prozesse und Phänomene, die innerhalb von Gruppen beobachtbar sind, und zum anderen bezeichnet der Begriff bestimmte therapeutische und pädagogische Interventionsformen, die eben diese Prozess- und Beziehungsdynamiken in Gruppen provozieren und reflektierbar machen.

Zur Gruppendynamik im ersteren Sinn gehören u.a. Phänomene wie Gruppendruck, Spannungsdynamiken zwischen Abhängigkeit und Autonomie sowie typische Entwicklungsphasen.

Therapeutische und pädagogische Interventionsformen, die gruppendynamische Prozesse anregen und nutzen wollen, umfassen Trainings, Übungen und Spiele in und mit Gruppen, die die Interaktionen in der Gruppe anregen und dann zu Reflexion Anlass geben. Dazu gehören z. B. erlebnispädagogische Übungen, die gegenseitiges Vertrauen, Zusammenarbeit und Kommunikation in Gruppen in den Mittelpunkt stellen. Gruppendynamische Interventionsformen fokussieren stark auf das „Hier-und-Jetzt"-Geschehende und geben Rahmen vor, innerhalb derer dann nur relativ geringe Vorgaben gemacht werden. Fachkräfte agieren im Prozess zurückhaltend, damit die Gruppenmitglieder selbst in die (Inter-)Aktion kommen und sich die gruppendynamischen Prozesse entfalten können.

Gruppendruck: Gruppen üben einen erheblichen Druck oder auch Sog auf Individuen aus, die eigene Wahrnehmung und das eigene Verhalten denen anderer Gruppenmitglieder anzupassen. Dieser Konformitätsdruck kann verschieden stark sein und bleibt oft unbewusst. Er kann in sogenanntem „Gruppendenken" („groupthink") gipfeln, in dem abweichende Gedanken oder Informationen nicht mehr vorkommen oder nicht wahrgenommen werden.

Abhängigkeit und Autonomie: Gruppen bzw. ihre Mitglieder haben psychologische Bedürfnisse gegenüber Gruppenleitungen, die sowohl Abhängigkeit wie Autonomie umfassen. Wilfred Bions drei psychoanalytische Grundannahmen dazu sind, dass Gruppenmitglieder

- sich einerseits zur Orientierung und Sicherheit eine Führungsperson wünschen, die dafür sorgt, dass alles funktioniert (Abhängigkeit),
- andererseits diese Abhängigkeiten durch Kampf oder Flucht zu durchbrechen versuchen oder
- sich von der Verbündung (Paarung) zwischen einzelnen Mitgliedern oder zwischen Mitglied und Führungsperson Rettung erhoffen.

Phasenmodell der Gruppenentwicklung: Das Phasenmodell nach Bruce Tuckman (Tuckman/Jensen 1977) umreißt (ideal-)typische Entwicklungen im Verlauf aufgabenorientierter Gruppen, die nicht linear ablaufen müssen, sondern je nach Situation auch wiederholt auftreten.

1. Forming: In dieser Phase konstituiert und orientiert sich die Gruppe, lernt einander bzw. die Aufgabe kennen, Kontakte und Beziehungen sind eher vorsichtig.
2. Storming: In dieser „stürmischen" Phase versuchen Gruppenmitglieder ihre Positionen und Rollen zu finden, was zu Spannungen, Konflikten und Auseinandersetzungen über Inhalte, Arbeitsweisen u. a. führt.
3. Norming: In dieser Phase kommt es zu einer Einigung über die Aufgaben, deren Verteilung und die dazugehörenden Rollen. Die Mitglieder sind einander mehr vertraut, Bindungen entstehen, und ein Gefühl der Zusammengehörigkeit wächst.

4. Performing: Die Gruppe hat sich stabilisiert und die Rollen und Aufgaben weiter ausdifferenziert, sodass sie sich jetzt ganz der Erfüllung der Aufgaben widmet.
5. Adjourning: Die Aufgabe der Gruppe ist erfüllt, das Ziel erreicht oder die Zeit zu Ende, sodass die Mitglieder jetzt einen Abschluss finden, sich voneinander und ihren Rollen lösen sowie neu orientieren müssen.

Reflexionsfragen zu Gruppen:

- Was sind die Rahmenstrukturen der Gruppe (Zustandekommen, Größe, Funktion/Ziele, Dauer, Mitgliedschaft, Frequenz/Intensität)?
- Welche Binnenstrukturen (Kommunikation, Beziehungsdynamiken, Rollen und Status, Zugehörigkeit) gibt es? Welche sind eher explizit, welche eher implizit?
- Welche gruppendynamischen Phänomene und Prozesse lassen sich beobachten?
- In welcher Phase befindet sich ein Gruppenprozess, welche Entwicklungsaufgaben muss die Gruppe bewältigen?

Lippmann, E. (2013): Intervision. Kollegiales Coaching professionell gestalten. 3. Aufl. Springer, Heidelberg
Stahl, E. (2012): Dynamik in Gruppen. Handbuch der Gruppenleitung. 3. Aufl. Beltz, Weinheim/Basel

5.1.4 Situation

Ein weiterer Kontext, der maßgeblich die Problemdefinition und -bearbeitung beeinflusst, ist die konkret gegebene Situation, in der sich AdressatInnen und Fachkräfte befinden. Die Analyse einer Situation ist in vielerlei Hinsicht identisch mit „Sozialer Diagnose" oder dem multiperspektivischen Prozess einer Fallanalyse, aus dem Hypothesen über Ursachen und Auswirkungen der Lage entstehen und der zur Grundlage der weiteren Handlungsplanung wird. Während sich Arbeitsfeld und Organisation auch jenseits eines Falls analysieren lassen, ist die Situationsanalyse gekoppelt an einen konkreten Anlass, und bedarf der gezielten Sammlung von Informationen und der dialogischen Verständigung über Fragen wie z. B.:

> - Wie ist die Situation am besten zu beschreiben?
> - Welche Personen und Institutionen sind involviert?
> - Wie lautet die jeweilige Problem-/Lösungsvorstellung der involvierten Personen und Institutionen?
> - Was sind die Ressourcen der involvierten Personen und Institutionen?

Um den Prozess der Verständigung methodisch zu strukturieren, haben sich neben dem reinen Gespräch diverse Instrumente etabliert, die während eines Gesprächs mit AdressatInnen oder auch danach beim Sortieren und Reflektieren helfen können. Im direkten Einsatz mit AdressatInnen bedürfen diese Instrumente einer flexiblen Anwendung, damit sie die dialogische Verständigung nicht behindern, sondern unterstützen.

In Ergänzung zu den bereits genannten Instrumenten Genogramm (Kap. 3.1) und Lebensflusslauf (Kap. 4.3.1), die beide zeitlich rückblickende Darstellungen sind, seien hier noch zwei Instrumente genannt, die vorrangig das „Hier-und-Jetzt" von Person-in-Umwelt bzw. Personen in ihrem Sozialraum fokussieren: Eco-Map und VIP-Netzwerkkarte.

Eco-Map

Die Eco-Map basiert auf der Denkfigur von „Person-in-Umwelt" und einem ökosystemischen Modell, das in den 1980er Jahren in der Sozialen Arbeit Einzug hielt.

Eine Eco-Map ist die Visualisierung der sozialen Beziehungsnetzwerke, in die eine Person oder Familie eingebunden ist. Sie ist eine sogenannte egozentrierte Netzwerkkarte, bei der typischerweise eine Person (der/die AdressatIn) im Mittelpunkt steht. Um sie herum werden alle von der Person als zurzeit wichtig eingeschätzten Personen und Institutionen aufgezeichnet. Die Karte dokumentiert und visualisiert dabei sowohl die Anzahl der Netzwerkkontakte, als auch die Intensität und Qualität der Beziehung. Die Intensität wird über die Nähe der Symbole zum Subjekt ausgedrückt und die Qualität der Beziehungen über bestimmte grafische Zeichen (Abb. 7).

Kontext- und Situationsanalyse 133

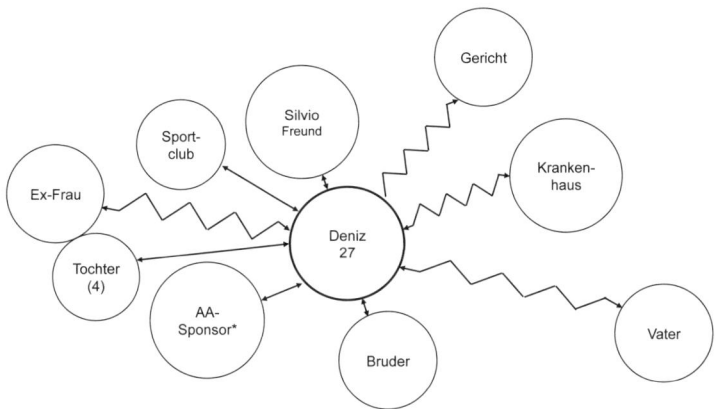

* = ein „Sponsor" bei den Anonymen Alkoholikern (AA) ist ein erfahrenerer Peer-Mentor, eine Bezugs- und Ansprechperson.

Abb. 7: Eco-Map

Neben der Eco-Map gibt es eine Reihe ähnlicher Netzwerkkarten, wie etwa das „Soziale Atom" (siehe Stimmer 2012) oder die „8-Felder-Karte" (siehe Budde/Früchtel 2009), die die grafische Gestaltung jeweils anders aufteilen, im Wesentlichen aber ähnliche Formen der sozialen Netzwerkanalyse sind.

1. Interpretieren Sie die Eco-Map um Deniz (Abb. 7). Das dazugehörige Fallbeispiel ist in Kap. 8.1.2 zu finden.
2. Erstellen Sie Ihre eigene Eco-Map.
3. Nehmen Sie die Rolle einer gesprächsführenden Fachkraft ein, und erstellen Sie gemeinsam mit einer/m Mitstudierenden die Eco-Map Ihres Gegenübers (und tauschen Sie danach die Rollen).

Diskutieren Sie Einsichten und Fragen, die sich aus der Übung und dem Vergleich der Prozesse für Sie ergeben.

Budde, W., Früchtel, F. (2009): Eco-Maps und Genogramme als Netzwerkperspektive. sozialraum.de 2/2009. In: www.sozialraum.de/eco-maps-und-genogramme-als-netzwerkperspektive.php, 03.07.2017

VIP-Netzwerkkarte

Die **VIP-Netzwerkkarte** ist eine speziell auf das Herausarbeiten von Ressourcen fokussierte Variante einer egozentrierten Netzwerkkarte.

Soziale Netzwerke sind nicht automatisch immer unterstützende, sondern bestehen oft auch aus belastenden, konfliktreichen oder stark ambivalenten Beziehungen. Während die Eco-Map auch jene Elemente und Beziehungen des Netzwerks mit aufnimmt, die als belastend eingestuft werden, richtet die VIP („very important persons")-Netzwerkkarte (Abb. 8) die Aufmerksamkeit auf vorrangig stärkende und stützende Elemente und Beziehungen im sozialen Umfeld. Wie bei allen ressourcenorientierten Methoden geht es dabei nicht darum, Problematisches zu ignorieren. Vielmehr soll die VIP-Karte, gerade *weil* AdressatInnen oft in multiplen belastenden Situationen sind, die Perspektiven für AdressatInnen und Fachkräfte erweitern und Hilfreiches in den Bereichen Familie, Freunde, professionelle Hilfen und Arbeitsplatz/Schule herausarbeiten. Dies bedarf einer behutsamen Annäherung an diese Felder im Gespräch, das auch hier den Vorrang vor der Technik des Visualisierens hat. Das Instrument der VIP-Karte kann und soll so an AdressatInnen angepasst werden, dass es größtmöglichen Nutzen in der Suche nach Ressourcen entfaltet. Daher können auch andere Felder und Gestaltungsweisen gefunden werden.

Herwig-Lempp, J. (2007): Ressourcen im Umfeld: Die VIP-Karte. In: Michel-Schwartze, B. (Hrsg.): Methodenbuch Soziale Arbeit. VS Verlag für Sozialwissenschaften, Wiesbaden, 207–226

Nehmen Sie die Rolle einer gesprächsführenden Fachkraft ein, und erstellen Sie gemeinsam mit einer/m Mitstudierenden die VIP-Netzwerkkarte Ihres Gegenübers (und tauschen danach die Rollen).
Diskutieren Sie Einsichten und Fragen, die sich aus der Übung und dem Vergleich zur Eco-Map für Sie ergeben.

Kontext- und Situationsanalyse 135

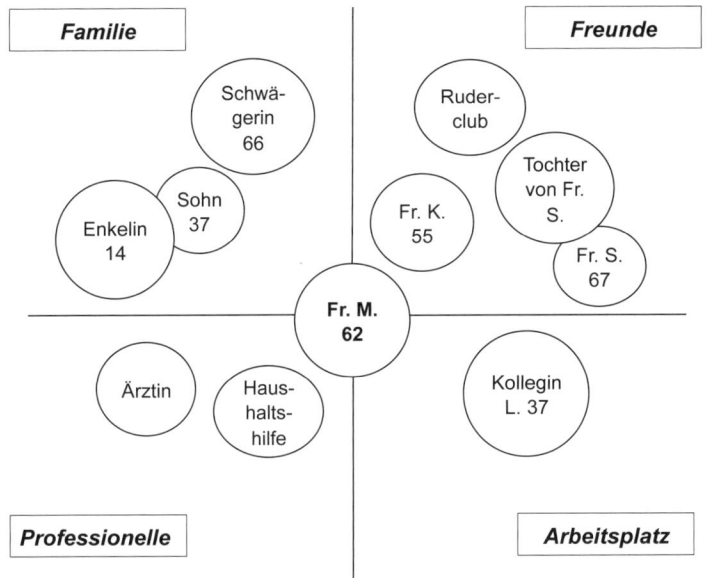

Abb. 8: VIP-Netzwerkkarte

5.1.5 Zeit und Raum

Zeit und Raum sind kontextuelle Dimensionen, die quer zu den bisher genannten Kontexten liegen.

Historische Entwicklung: Zu den zeitlichen Überlegungen gehört unter anderem die historische Entwicklung von Arbeitsfeldern und Organisationen. Was bei AdressatInnen über biografische Geschichten erfasst werden kann, ist durchaus auch auf den Ebenen von Organisationen und Arbeitsfeldern von Interesse, denn auch Arbeitsfelder und Organisationen haben ihre Vorgeschichte. So können Organisationen z.B. einen Gründungsmythos haben, der sich auf das Selbstbild auswirkt.

> **Reflexionsfragen zur historischen Entwicklung:**
>
> - Wann und wie hat sich das Arbeitsfeld historisch entwickelt und wie wirkt sich dies jetzt aus?
> - Welche Vorgeschichte hat die Organisation und welche Auswirkungen hat dies auf ihr Selbstverständnis und ihre Handlungsweisen?

„**Warum jetzt?**": Eine weitere zeit-bezogene Analysefrage für das situative und historische Fallverstehen ist „Warum jetzt?". Mit anderen Worten: Welche Hypothesen lassen sich darüber formulieren, warum eine Situation gerade jetzt eingetreten ist oder warum ausgerechnet zu diesem Zeitpunkt Hilfen aufgesucht werden?

> **Reflexionsfragen zum Zeitpunkt:**
>
> - Warum zeigt sich eine Situation oder ein Problem ausgerechnet jetzt (so)?
> - Was ist die Vorgeschichte der Situation?
> - Welche Lösungsversuche gab es bereits?
> - Warum wird das Problem zum jetzigen Zeitpunkt an diese Fachkraft herangetragen?

Orientierung in der Zeit: Personen haben unterschiedliche Präferenzen und Tendenzen im Hinblick auf die innere zeitliche Orientierung. Während einige die Fokussierung auf die Vergangenheit für wichtig erachten und bevorzugen, sind andere eher auf die Gegenwart oder Zukunft ausgerichtet. Ähnliches gilt für Präferenzen von kürzeren oder langfristigeren Perspektiven. Diese Präferenzen und Tendenzen sind u.a. sozio-kulturell beeinflusste Größen. Die bevorzugte oder als wichtig erachtete Orientierung kann wichtige Hinweise für die passendste Arbeitsweise geben.

Reflexionsfragen zur zeitlichen Orientierung:

- Inwiefern halten Personen oder auch Personengruppen (Familien, Teams, etc.) die eigene Vorgeschichte für besonders wichtig und orientieren sich immer wieder daran, um z. B. Kontinuitäten oder bewusste Brüche mit Vergangenem herzustellen?
- Inwiefern bevorzugen Personen oder Personengruppen es, sich vor allem auf die Gegenwart oder die Zukunft hin zu orientieren, um in diese Richtung ihre Lebensentwürfe auszurichten?

Räumliche Bedingungen: Organisationen der Sozialen Arbeit befinden sich ebenso wie ihre AdressatInnen in physisch-geografischen, möglicherweise virtuellen, sowie sozialen Räumen. Daher lassen sich analytische Fragen zur Verortung, Ausstattung und Passung der räumlichen Bedingungen stellen.

Reflexionsfragen zu räumlichen Bedingungen:

- Wo ist die Organisation geografisch angesiedelt?
- Wie gut ist die Organisation erreichbar (z. B. mit öffentlichen Verkehrsmitteln)?
- Wie ist sie in den Stadtteil und andere lokale Bezüge eingegliedert und welchen Ruf hat sie?
- Sind Örtlichkeiten und Räume leicht erreichbar und zugänglich (auch für Menschen mit Behinderung)?
- Sind Räume ausreichend groß, angemessen ausgestattet bzw. möglichst einladend gestaltet?

Gestaltung räumlich-zeitlicher Bedingungen: Bei der Berücksichtigung und Gestaltung räumlich-zeitlicher Bedingungen geht es nicht nur darum, Mindestanforderungen zu erfüllen, sondern auch, Freiräume und Partizipationsmöglichkeiten zu erweitern und Routinen („das machen wir immer so") zu verlassen, wenn es sinnvoll erscheint. Unterscheiden lassen sich z. B. physische Räume danach, ob sie so angelegt sind, dass sie Kontakte zwischen Personen eher vermindern („soziofugale" Arrangements) oder dazu anregen, Kontakt mit anderen aufzunehmen („soziopetale" Arrangements).

> **Reflexionsfragen zur zeitlich-räumlichen Gestaltung:**
>
> - Sind Ort, Zeit und Dauer von Treffen dem Lebensalltag der AdressatInnen angemessen?
> - Sind physische Räume eher kontaktfördernd oder Kontakte mindernd gestaltet?
> - Inwiefern ergänzen oder ersetzen Kommunikationen im virtuellen Raum (über Online-Plattformen, Chats, Whatsapp, Twitter, Emails, SMS etc.) sinnvoll reale Begegnungen?

5.2 Auftrags- und Zielklärung

Es dürfte kaum überraschen, dass aus der Vielfalt der Kontexte verschiedene und durchaus auch widersprüchliche Prioritäten, Ziele und Aufträge an Fachkräfte der Sozialen Arbeit herangetragen werden. Dies zu sortieren ist Inhalt der Ziel- und Auftragsklärung. Während die Klärung der Ziele Auskunft darüber gibt, *was* erreicht werden soll, beantwortet die Klärung des Auftrags die Frage, *welche Rolle und welche Aufgaben* die Fachkraft im Prozess einnehmen soll und kann.

5.2.1 Aufträge

Aufträge an Fachkräfte entspringen unterschiedlichen Quellen. Sie können mehr oder weniger konkret und vor allem mehr oder weniger explizit sein.

Übergeordnete Aufträge: Generelle Erwartungen an die Arbeit gibt es z.B. durch übergeordnete gesellschaftliche, gesetzliche und professionsgeleitete Aufträge, wie etwa die Hilfe zur Selbsthilfe, Kinderschutz, Inklusion etc.

Aufträge innerhalb der Organisation: Deutlich konkreter werden die Arbeitsaufträge auf der Ebene der Organisation. Innerhalb der Organisation ergeben sich explizite Aufträge sowohl über die Arbeitsteilung als auch über methodische Konzepte oder Richtlinien. Implizite Aufträge können zudem aus organisationskulturellen oder teamdynamischen Konstellationen erwachsen. Hier lohnen sich reflexive Fragen zur Gruppendynamik in Teams und Organisationen sowie zur Rolle, die Sie und andere darin einnehmen.

Aufträge der AdressatInnen: Aufträge der AdressatInnen sind eine dritte Quelle und sollten besonders sorgfältig geklärt werden. Nur weil „Frau Werner" in die Drogenberatungsstelle kommt, ist noch längst nicht klar, was sie genau von der Fachkraft will. Möglicherweise möchte sie zu eigenem Konsumverhalten beraten werden oder nur erste Informationen für eine Freundin mitnehmen oder Bestätigung für ihre Einschätzung erhalten, dass bei Sohn Max kein Drogenproblem vorliegt.

Aufträge Dritter: Mögliche weitere, indirekte und oft auch implizite Aufträge können von professioneller Seite oder aus dem privaten Umfeld von AdressatInnen kommen. So kann es sein, dass die beste Freundin Frau Werner gedrängt hat, die offene Sprechstunde der Drogenberatung aufzusuchen. Die Freundin hegt die Hoffnung, die Fachkraft könnte Fr. Werner davon überzeugen, dass Fr. Werners Sohn Max ein Drogenproblem hat. Damit steht zum einen ein indirekter Auftrag im Raum und zum zweiten vielleicht auch ein Konflikt, wenn Fr. Werner selber von der Fachkraft beruhigt werden will, dass bei Max alles „im Rahmen" ist.

Auch Überweisungen durch andere professionelle Institutionen oder Personen enthalten explizite und implizite Aufträge, die herauszuarbeiten sowohl für die Fachkraft als auch für die AdressatInnen wichtig sein kann. Mit welcher Erwartung hat der/die SozialarbeiterIn des Jugendclubs Frau Werner zur Beratungsstelle geschickt? Weiß Frau Werner von dieser Erwartung? Hat sie dieselbe oder eine andere?

Selbstgestellte Aufträge: Schließlich gibt es noch jene Erwartungen an Aufgaben und Rollen, die Fachkräfte selber hegen und die sich u. a. aus der Biografie der Fachkraft und der Arbeitsbeziehung mit AdressatInnen ergeben. Wie verstehe ich meine Rolle und Aufgabe in diesem Fall? Welche Erwartungen stelle ich an mich selbst?

In dieser Gemengelage gilt es, die impliziten und expliziten Aufträge herauszuhören, herauszuarbeiten und sie auf ihre Legitimität, Fachlichkeit und Machbarkeit hin einzuschätzen, anzupassen oder ggf. abzulehnen.

> **Reflexionsfragen zu Aufträgen:**
>
> - Welche Aufträge werden von Seiten der eigenen Organisation, explizit und implizit, an die Fachkraft gerichtet?
> - Welche expliziten und impliziten Aufträge gehen von den AdressatInnen aus?
> - Welche anderen Personen oder Institutionen haben den Adressaten/die Adressatin hierher geschickt oder den Kontakt vorgeschlagen und welche expliziten oder impliziten Aufträge sind damit verbunden?
> - Welche Aufträge (Aufgaben und Rollen) weist die Fachkraft sich selber zu?
> - Welche dieser Aufträge kann die Fachkraft annehmen und welche sollten modifiziert, abgelehnt oder an andere Stellen verwiesen werden?
> - Nach welchen Kriterien entscheidet wer darüber, welche Aufträge angenommen, modifiziert oder weiter verwiesen werden?

5.2.2 Ziele

„Ziele sind in der Zukunft liegende, wünschenswerte Ereignisse oder Zustände, denen man sich durch den Einsatz bestimmter Mittel innerhalb von strukturierten Handlungsketten schrittweise anzunähern beabsichtigt" (Schwabe 2005, 59).

Wie andere methodische Komponenten vereint auch das Formulieren und Entwickeln von Zielen mehrere Funktionen: Ziele liefern zum einen Anhalts- und Orientierungspunkte für das weitere Handeln, und zum zweiten erlauben sie, in der Logik Sozialer Arbeit als Dienstleistung, eine Erfolgsprüfung. Insofern dienen Ziele der Qualitätssicherung und der Legitimation von Tätigkeiten und Ressourceneinsatz.

Mindestens genauso wichtig aber ist der Prozess der Klärung von Zielen als Moment der Verständigung und Vertrauensbildung zwischen den Beteiligten. Bedenkenswert ist in diesem Prozess, dass es nicht nur „toll" ist, Ziele zu haben, sondern dass es auch verletzlich macht. Wer Ziele formuliert, ob nur innerlich leise für sich selbst oder laut gegenüber anderen, der setzt sich auch der Möglichkeit des Scheiterns aus. Der Zielklärungsprozess also ist kein rein kognitives Geschehen, sondern mit emotionalen Dynamiken durchsetzt, und eine diffizile Praxis, die sowohl Zeit wie auch Sensibilität braucht. Im besten Fall hilft das Nachdenken über Ziele dabei herauszufinden, was Menschen wollen oder sollen oder auch was sie „wollen sollen". Das Spannungsfeld von Wollen und Sollen ist Ausdruck der verschlungenen Motivationen und Zwänge, die AdressatInnen wie Fachkräfte mit in Zielklärungsprozesse bringen.

Zielaushandlung: Eine Aushandlung von Zielen ist überall dort vonnöten, wo es Dissens über Ziele gibt. Wie Schwabe (2005) betont, verlangt diese Aushandlung allen Beteiligten besondere Geduld und Verhandlungsbereitschaft ab. Die eigenen Ziele müssen zunächst selber verstanden und für andere verständlich gemacht werden und dann soweit revidiert werden, bis eine für alle Seiten hinreichend sinnvolle, konkrete, praktisch umsetzbare und relevante Variante – mit anderen Worten der größte gemeinsame Nenner – gefunden ist.

In Hilfeplanprozessen, z.B. in der Jugendhilfe, werden mitunter Wirkungsziele, Teilziele und Handlungsziele unterschieden.

Wirkungsziele: Wirkungsziele, an einigen Stellen auch „Richtungsziele" genannt, beantworten die Frage „Was soll am Ende der Arbeit herauskommen?" und sind konzeptioneller Natur. Sie dienen der Orientierung, sind oft komplex und nur längerfristig erreichbar. Häufig sind Wirkungsziele mindestens teilweise durch institutionelle oder rechtliche Rahmenvorgaben vorgegeben und als solche weniger verhandelbar als Teilziele.

Teilziele: Teilziele beantworten die Frage „Welche Etappenziele sollten auf dem Weg erreicht werden?". Sie sind in absehbarer Zeit erreichbar und erscheinen für das Erreichen des übergeordneten Wirkungsziels sinnvoll. Hier insbesondere lohnt sich das genaue Hinhören auf Zielvorstellungen der AdressatInnen und das sorgfältige Klären und Aushandeln dieser (Teil-)Ziele.

Handlungsziele: Handlungsziele lassen sich auf zwei Ebenen definieren. Auf der Ebene der direkten Arbeit mit AdressatInnen beschreiben Handlungsziele konkrete Verabredungen darüber, wer was wann zum Erreichen von Teilzielen tun soll.

Auf einer zweiten Ebene lassen sich Handlungsziele für die Gestaltung der fachlichen Tätigkeit auf Seiten der Fachkraft formulieren. Auf dieser Ebene beantworten Handlungsziele die Frage „Was soll ich tun, um meinen Arbeitsansatz am besten zu gestalten?". Sie dienen dazu, möglichst günstige Bedingungen für die gemeinsame Arbeit und die Umsetzung von Teil- und Wirkungszielen zu schaffen. Überlegungen dazu lassen sich besonders in Teambesprechungen, in Kollegialer Beratung oder Fallsupervisionsprozessen anstellen.

Positionen im Hinblick auf Ziele: BesucherInnen, Klagende oder KundInnen?

Aus der lösungsfokussierten Arbeit kommt ein nützliches Modell für die Analyse und Reflexion der Frage: „Was wollen AdressatInnen?" oder genauer „Wie positionieren sich AdressatInnen zurzeit im Hinblick auf bestimmte Ziele?" Das Modell unterscheidet drei mögliche Positionierungen, die als „BesucherInnen", „Klagende" und „KundInnen" bezeichnet werden.

BesucherInnen-Beziehung: Es gibt vielfach Situationen, in denen AdressatInnen eine sogenannte BesucherInnen-Beziehung einnehmen, d.h. sie wollen eigentlich selber gar nichts von der Fachkraft oder von der Dienststelle, sondern sind vor allem auf Druck anderer gekommen. Sie sehen für sich kein Problem und oder haben bis auf weiteres keine eigenen Ziele, die hier zu bearbeiten wären. Je nach dem Grad ihrer Freiwilligkeit sind sie auch nicht besonders an den Zielvorstellungen interessiert, die generell im Angebot des Programms oder der Einrichtung vorgehalten werden. So ist z.B. die aus der Haft entlassene Frau, die auf Druck der Bewährungshelferin in der Berufsberatungsstelle auftaucht, solange nur „zu Besuch" bei der Fachkraft, bis irgendwie ein eigenes Ziel co-konstruiert werden kann.

Klagende Beziehung: Eine zweite mögliche Positionierung ist die „klagende Beziehung". In diesem Fall klagen AdressatInnen über ein Problem, sehen aber die Kontrolle für mögliche Veränderungen nicht bei sich selbst, sondern bei anderen. Sie haben eine Zielvorstellung und sehen den Weg dorthin dann frei, wenn sich jemand anderes oder etwas anderes ändert. Oft haben sie schon einiges daran gesetzt, um dieses Etwas oder diesen Anderen zu verändern. Eigene Anteile an der Lösung oder Einflussmöglichkeiten sehen sie zunächst nicht. Solange nicht ein Ziel co-konstruiert wird, für das AdressatInnen auch eigene Handlungsmöglichkeiten erkennen und wahrnehmen wollen, bleiben sie in einer klagenden Beziehung.

KundInnen-Beziehung: Die dritte Position ist die einer KundInnen-Beziehung, bei der AdressatInnen erste Ziele formulieren können und grundsätzlich auch Möglichkeiten sehen, um zu deren Erreichung beizutragen. Sie wissen zwar noch nicht unbedingt, wie das am besten machbar ist, aber grundsätzlich sind sie zur Mitarbeit bereit und motiviert, sobald Möglichkeiten und Schritte gefunden sind.

Die Zuordnungen als BesucherInnen, Klagende und KundInnen sind wohlgemerkt *keine Persönlichkeitsbeschreibungen*, sondern umreißen die momentane Haltung einer Person im Hinblick auf ein bestimmtes Ziel oder Angebot. Das bedeutet im Umkehrschluss, dass dieselbe Person zu einem anderen Zeitpunkt eine andere Position einnehmen kann oder auch dass dieselbe Person für Ziel A BesucherIn, für Ziel B KlagendeR und für Ziel C KundIn sein kann. Hilfreich ist die Unterscheidung von „BesucherIn/KlagendeR/KundIn" für Fachkräfte deshalb, weil sie darüber

- genauer beobachten, wie sich AdressatInnen zu bestimmten Zielideen positionieren, und
- möglichst solche Ziele co-konstruieren und verfolgen, für die AdressatInnen am ehesten KundInnen sein können.

> **Jasmin**, 8. Klasse, wird nach einer lautstarken Auseinandersetzung mit der Mitschülerin Anna, bei der am Ende Annas Handy kaputt ging, von der Lehrerin zur Schulsozialarbeiterin geschickt. Laut Lehrerin soll sie „da mal abkühlen und nachdenken, warum es nicht geht, sich so zu verhalten." Für dieses von der Lehrerin verfolgte Ziel ist Jasmin erstmal Besucherin, denn sie teilt weder das Ziel noch die dahinter liegende Problemdefinition und wäre von sich aus auch nicht zur Schulsozialarbeiterin gegangen. Nach einiger Zeit wütenden Schweigens platzt sie bei der Schulsozialarbeiterin dann heraus: „Die Anna hat Müll über mich gepostet. Die schreibt einfach so einen Blödsinn, und alle sehen das dann." Hier klagt Jasmin. Sie konstatiert ein Problem, unter dem sie leidet, und ein noch nicht klar formuliertes aber implizites Ziel (z. B. „Anna soll aufhören, im Internet über mich zu schreiben"). Dieses Ziel scheint sich, soweit es bis hierher erkennbar ist, nur dadurch lösen zu lassen, dass Anna sich ändert. Nach einiger Zeit des Gesprächs erzählt Jasmin, dass sie mal mit Anna befreundet war, und die Spannungen zwischen ihnen vor einigen Monaten eingesetzt haben. „Ich versteh gar nicht wirklich, wieso", sagt Jasmin und wird allmählich zur Kundin für das Ziel „Herausfinden, warum die Beziehung mit Anna sich verschlechtert hat." An diesem letzten Ziel ist sie bereit mitzuarbeiten und überlegt gemeinsam mit der Schulsozialarbeiterin, was sie dazu denkt und wie sie vielleicht mehr herausfinden könnte.

Kriterien für gut konstruierte Ziele

Auch für die Formulierung gut konstruierter Ziele und Teilziele hält der Lösungsfokussierte Ansatz Orientierungspunkte vor, die den Kriterien sogenannter „SMART"(**s**pezifisch, **m**essbar, **a**ktionsorientiert, **r**ealistisch und **t**erminiert)-Ziele ähnlich sind. Gut konstruierte und formulierte Ziele sind:

- **subjektiv relevant:** Ziele werden von AdressatInnen sowohl kognitiv als auch emotional als wichtig und richtig eingeschätzt. Dies lässt sich z. B. klären über Fragen wie:

> „Was würde es für Sie ausmachen, wenn ... *[das Ziel erreicht ist]*?" Für die Zielbeschreibung lassen sich sprachliche Formulierungen von AdressatInnen nutzen. Bei Jasmin z. B. „Was würde das für Dich ausmachen, wenn Du wüsstest, warum die Freundschaft zu Anna sich geändert hat?"

- **spezifisch:** Ziele sind in der Beschreibung möglichst konkret, d. h. mess- und beobachtbar, und in den Details eng an den subjektiven Lebensrealitäten orientiert.

> „Woran würden Sie erkennen, wenn ... *[das Ziel erreicht ist]*?"
> Bei Jasmin z. B. „Was heißt denn ‚Herausfinden' für Dich genau? Wie könnte das aussehen?"

- **formuliert als Anwesenheit oder Beginn:** Zielformulierungen haben eine positive Ausrichtung und beschreiben die Anwesenheit oder den Beginn statt der Abwesenheit oder das Ende von etwas. Wenn es um Probleme geht, sind erste Zielentwürfe oft von „nicht mehr dies", „aufhören von ..." oder „weniger von ..." Formulierungen geprägt. Die Auskunft darüber, was nicht mehr oder weniger geschehen soll, sagt aber noch nichts aus über das, was stattdessen gewünscht wird. Um zu wohlformulierten Zielen zu kommen, gilt es herauszufinden, was stattdessen gewünscht ist.

> „Und was würden Sie stattdessen mehr tun wollen?"
> Bei Jasmin z. B. „Ich will mich nicht mehr ständig wundern, warum die Anna so komisch geworden ist." Beschreibung eines Ziels als Abwesenheit oder „weniger" von etwas.
> Nachfrage zur Umformulierung in die Anwesenheit oder „mehr" von etwas:
> „Und wenn Du Dich nicht mehr ständig wundern müsstest, was machst Du stattdessen vielleicht?"

- **klein:** Ziele sind klein genug, um die Erfolgswahrscheinlichkeit zu erhöhen. Ziele, die zunächst (zu) groß erscheinen, können über die Entwicklung von Teilzielen und ersten Schritten verkleinert bzw. handhabbarer gemacht werden.

> „Was wäre für Sie ein Anzeichen dafür, dass es in die richtige Richtung geht?"
> Bei Jasmin z. B. „Was könnte denn für Dich ein erster Schritt sein, um herauszufinden, warum sich die Beziehung zwischen Anna und Dir verändert hat?"

146 Analyse und Planung

- **innerhalb der Kontrolle der AdressatInnen:** Ziele können von AdressatInnen umgesetzt werden. Insbesondere bei Zielen, für die AdressatInnen eine klagende Beziehung einnehmen, ist dieser Punkt entscheidend. Es gilt zu prüfen, ob und wie sich aus den klagenden Anliegen ein Ziel entwickeln lässt, für das AdressatInnen in eine KundInnen-Beziehung gehen können.

> „Wie wahrscheinlich ist es aus Ihrer Sicht, dass sich Person/Situation X ändert?"
> „Gibt es etwas, das Sie für sich probieren könnten, auch wenn Person/Situation X sich (bis auf weiteres) nicht ändert?"
> Bei Jasmin z. B. „Wie wahrscheinlich ist es denn Deiner Meinung nach, dass sich Eure Beziehung wieder verbessert?" „Auch wenn die Beziehung zu Anna erstmal noch so bleibt, gibt es was, was Du für Dich ausprobieren könntest?"

- **machbar und herausfordernd:** Ziele werden von AdressatInnen subjektiv sowohl als Herausforderung als auch machbar eingeschätzt, was in dieser Kombination die Motivation für den Versuch einer Umsetzung erhöhen soll.

> „Wie zuversichtlich sind Sie, dass Sie erste Schritte dahin versuchen werden?"
> Bei Jasmin z. B. „Wenn Du Dir das jetzt vorstellst, was Du vorhin überlegt hast: Du sprichst die Anna mal an, wenn sonst niemand drum herum ist. Glaubst Du, Du schaffst das? Brauchst Du noch was dafür?"

Reflexionsfragen zu Zielen:

- Welche Wirkungsziele ergeben sich aus den Aufträgen in der vorliegenden Situation?
- Welche Ziele benennen die AdressatInnen?
- Welche (Teil-)Ziele haben aus Sicht der Fachkräfte Priorität?
- Welche (Teil-)Ziele haben aus Sicht der AdressatInnen Priorität?
- Für welche Ziele positionieren sich AdressatInnen zurzeit als Besuchende, Klagende bzw. KundInnen?
- Mit welchem Ziel wäre es sinnvoll, die Arbeit zu beginnen bzw. wei-

terzuführen (Für welche Ziele gibt es Konsens? Welches ist der größte gemeinsame Nenner?)?
- Wie lässt sich das Ziel soweit verfeinern, dass es den Kriterien wohlformulierter Ziele entspricht?
- Was sind die Handlungsziele der Fachkraft, um die Zusammenarbeit möglichst partizipativ, dialogisch und effektiv zu gestalten?

Roessler, M. (2012): Beratung im Zwangskontext. Wertschätzung und Transparenz einsetzen, um Klientinnen und Klienten für eine Zusammenarbeit zu gewinnen. In: Hammerer, M., Melter, I., Kanelutti, E. (Hrsg.): Zukunftsfeld Beruf. Bertelsmann Verlag, Bielefeld, 151–166

Schwabe, M. (2005): Methoden der Hilfeplanung. Zielentwicklung, Moderation und Aushandlung. Internationale Gesellschaft für erzieherische Hilfen (IGfH), Frankfurt am Main

5.3 Schritte, Folgen und Hindernisse klären

Die zuletzt genannten Zielentwicklungsfragen ergeben bereits den Einstieg für die konkretere Planung nächster Handlungsschritte, die konkretisiert und auf mögliche Folgen oder Hindernisse hin geprüft werden.

5.3.1 Konkretisieren

Wenn (Teil-)Ziele identifiziert und formuliert sind, gilt es genauer festzulegen, wer welche nächsten Schritte auf das vereinbarte Ziel hin unternimmt, welche Ressourcen dafür gebraucht werden und bis wann diese Schritte unternommen werden. Größtmögliche Klarheit und Transparenz über diese Schritte geben im Idealfall allen Beteiligten einen „Fahrplan" zur Orientierung. Bei der Auswahl der Schritte geht es um die größtmögliche Passung zu Eigenwillen, Lebenswelt und Alltag der AdressatInnen sowie den dort schon vorhandenen oder noch zu sichernden Ressourcen materieller oder immaterieller Art. So ist z. B. abzuwägen, ob informelle Ressourcen (über Familie, Freunde, Nachbarn etc.) aus dem Lebensumfeld von AdressatInnen niedrigschwelligere Zugänge erlauben oder ob formelle Hilfen die bessere Option sind. Ressourcen- und stärkenorientierte Arbeit wird an dieser Stelle auf schon vorhandene Informationen aus Ressourcengespräch und -analyse (Kap. 8.1.1) zurückgreifen bzw. diese gezielt erweitern.

Reflexionsfragen für die Konkretisierung nächster Schritte:

- Was sind die nächsten Schritte?
- Wer unternimmt sie?
- Wie und (bis) wann können/sollen die Schritte umgesetzt werden?
- Wie gut passen die gewählten Schritte zu Eigenwillen, Lebenswelt und Alltag der AdressatInnen? Gibt es passendere Alternativen?
- Welche Ressourcen werden dazu gebraucht? Welche sind schon vorhanden?
- Welche Ressourcen müssen wie und durch wen gesichert werden?

5.3.2 Folgen und Hindernisse abschätzen

Ein Ziel zu verfolgen und Schritte zum Erreichen des Ziels zu unternehmen, kann auch negative Folgen oder unerwünschte Nebenwirkungen haben, die – wenn irgend möglich – im Vorfeld bedacht und berücksichtigt werden sollten. So kann z.B. die Inanspruchnahme von Hilfen mit Stigmatisierungsprozessen, negativen Einschätzungen aus dem Umfeld oder weiteren bürokratischen Verkettungen verbunden sein. Umgekehrt kann auch das Nicht-Intervenieren mit Risiken behaftet sein, die es mit abzuwägen gilt.

Reflexionsfragen für die Abschätzung von Folgen und Hindernissen:

- Welche möglichen negativen Folgen hätte eine Intervention?
- Welche möglichen negativen Folgen oder Nebenwirkungen hätten die Handlungsschritte? Welche Alternativen gibt es?
- Welche Hindernisse oder Schwierigkeiten sind zu erwarten und wie könnte man sie überwinden?

- Welche möglichen negativen Folgen oder Nebenwirkungen hätte es, das Ziel zu erreichen?
- Was würde es bedeuten, nicht zu intervenieren?

5.4 Kritische Reflexion

Zwei miteinander zusammenhängende Kritikpunkte zu der bis hierher skizzierten Analyse- und Planungslogik sind erstens ihre managerialistische Ausrichtung und zweitens die darin suggerierte Vorstellung, dass Planungs- und Entscheidungsprozesse primär auf rationaler Grundlage erfolgen. Seinen hohen Stellenwert hat das ausdrückliche Formulieren, Aushandeln und Dokumentieren spezifischer und operationalisierbarer (mess- und beobachtbarer) Ziele in der Sozialen Arbeit vor allem seit den 1990er Jahren unter dem Einfluss der Neuen Steuerung erhalten. Im Zuge der Verbreitung von Wirtschafts- und Managementdiskursen sind explizite Zielsetzungen in der Praxis der Sozialen Arbeit inzwischen fast gänzlich unvermeidbar geworden, zumal sich an Zielen vielfach Finanzierungen für fallbezogene Hilfen, für Projekte oder Versorgungspläne festmachen. Ziele sollen die Arbeit überprüfbar machen und können zweifellos auch den AdressatInnen zugutekommen, vor allem wenn die Überprüfung intersubjektiv, also in der Abstimmung und Aushandlung zwischen Fachkraft und AdressatIn erfolgt.

Gleichzeitig sind managerialistische Konzepte dieser Art der Qualitätssicherung, vor allem wenn sie systemweit institutionalisiert werden, anfällig für ökonomiefokussierte und technisch-rationale Umsetzungsformen, in denen Beziehungsarbeit, Partizipation und auch politische Ansprüche Sozialer Arbeit verloren gehen können. Sie laufen zudem Gefahr, eine bürokratische und formalistische Eigendynamik zu entwickeln, die Fachkräfte und AdressatInnen von ihrem Lebens- und Praxisalltag entfremden. Spiegel betont zu Recht, dass Fachkräfte wie AdressatInnen die eingeforderten Zielformulierungen oft nur deshalb bedienen, weil sie „zum Procedere gehören: die einen zu ihrer Rechtfertigung, die anderen, weil es eine Bedingung ist um ‚Hilfe' zu erhalten" (Spiegel 2013, 118).

Die Planungslogik suggeriert ferner, dass Menschen ihre Entscheidungen und Handlungen vor allem aufgrund rationaler, vernünftiger und bewusster Abwägungen, wie etwa Kosten-Nutzen-Überlegungen, treffen. Diese Annahme erweist sich bei genauerem Hinsehen aber als problematisch. Dies kennen die meisten vermutlich aus eigener Erfahrung: Selbst wenn ich Wissen darüber habe, was für mich gut oder gesund ist, führt das nicht automatisch dazu, dass ich dieses Wissen in Handlungen übersetze, ganz gleich wie vernünftig es wäre. Umso komplizierter werden Entscheidungen und deren Umsetzung, wenn – wie so oft in der Sozialen Arbeit – keineswegs eindeutig ist, was im jeweils vorliegenden Fall „gut" oder „besser" ist.

Ideen und Erkenntnisse aus kritischen Theorien, Psychoanalyse und Sozialpsychologie verweisen darauf, dass die Motivationen und Dynamiken menschlichen Entscheidens und Handelns sehr viel komplexer und oft weniger bewusst sind, als es sogenannte „Rational Choice Theorien" annehmen. Soziale und emotionale Aspekte beeinflussen, was wir wollen und tun. Familiäre und gesellschaftliche Sozialisationsprozesse und Diskurse darüber, was von „Mädchen", „Schulabbrechern", „Lehrerkindern", „Hartz-IV-Familien" oder „SozialarbeiterInnen" etc. zu erwarten ist, nehmen ebenso Einfluss wie Dynamiken in Beziehungen und Gruppen. So kann der Gruppendruck in Teams und Organisationen Deutungen und Handlungsplanung voreilig in eine bestimmte Spur lenken, oder der Wunsch, als „netter Mensch" gesehen zu werden, bringt Personen dazu, einem Plan zuzustimmen, den sie eigentlich ablehnen und nie umsetzen werden. Auch physiologische und physische Aspekte, inklusive Raum und Zeit, spielen eine Rolle. Wenn die Hilfeplankonferenz an einem Abend nach langer Arbeit stattfindet, das Wetter heiß und schwül, und der Raum eng und schlecht belüftet ist, dann sind Entscheidungen von Fachkräften wie AdressatInnen davon möglicherweise mehr gesteuert als von allein rationalen Erwägungen. Auch darum gehört die Gestaltung von Umweltfaktoren wie Arbeitsraum und -zeit zu den Aufgaben Sozialer Arbeit.

5.5 Exemplarische Vertiefung: Case Management

Case Management dient im Folgenden exemplarisch als ein methodisches Konzept, in dem die Logik und Schritte der Handlungsplanung besonders deutlich werden.

Kurze Begriffsbestimmung/Definitionen: Grundsätzlich bezeichnet Case Management einen systematisierten Prozess der Fallbearbeitung, bei dem die individuellen Bedürfnisse von AdressatInnen erfasst und über die gezielte Vernetzung von Dienstleistungserbringern erfüllt werden sollen.

Das Schweizer „Netzwerk Case Management" (2014) definiert **Case Management** als einen
„systematisch geführten, kooperativen Prozess, [über den] Menschen in komplexen Problemlagen ressourcen- und lösungsorientiert unterstützt und auf den individuellen Bedarf abgestimmte Dienstleistungen erbracht [werden]. Die Erreichung gemeinsam vereinbarter Ziele wird angestrebt. Case Management will Grenzen von Organisationen und Professionen überwinden und eine organisationsübergreifende Steuerung des Unterstützungsprozesses gewährleisten. Dazu werden Netzwerke initiiert und gepflegt. Case Management respektiert die Autonomie der Klientinnen und Klienten, berücksichtigt die Anforderungen des Datenschutzes und nutzt und schont die Ressourcen im Klient- sowie im Unterstützungssystem. Die bedarfsbezogene Weiterentwicklung des Versorgungsangebotes wird gefördert" (Netzwerk Case Management 2014, 5).

Historische Wurzeln und Entwicklung: Die Wurzeln von Case Management als fallbezogen-koordinierendem Ansatz reichen bis zu den Anfängen sozialer Einzelfallarbeit (case work) im 19. Jahrhundert zurück. In seiner derzeitigen Form und unter diesem Namen entwickelte sich Case Management ab den 1970er Jahren in den U.S.A. im Zuge der De-Institutionalisierung, d.h. der Schließung von großen psychiatrischen Anstalten zugunsten einer gemeindenahen (teil-)ambulanten Versorgung, und der Neuausrichtung der Gesundheitsversorgung nach ökonomischen Managementprinzipien („Managed Care") in den Krankenversicherungssystemen ab den 1980er Jahren. Da die Versorgungslandschaft sozialer Dienste in den U.S.A. stark uneinheitlich und von einer hohen Vielfalt freier Träger und Dienstleister gekennzeichnet ist, wird im Rahmen des Case Management versucht, komplexe Bedarfe gezielt zu erfassen, einzuschätzen und mit den vorhandenen Angeboten zu koordinieren.

Seit den 1990er Jahren ist Case Management für die koordinierte Bearbeitung komplexer Situationen im Sozial- und Gesundheitsbereich auch in Deutschland und anderen europäischen Ländern übernommen worden. Analog der Entwicklung in den U.S.A. erfuhr Case Management im Zuge der Ökonomisierung von Hilfsleistungen und den Vorgaben des „Aktivierenden Sozialstaats" eine Ausweitung und ist inzwischen in einer Vielfalt von Arbeitsfeldern inklusive Gesundheitswesen, Rehabilitation, Beschäftigungsförderung sowie bei den Sozialleistungsträgern und im Versicherungswesen zu finden.

Die Grundlogik und -abläufe des Case Management sind zum Teil unter anderen Bezeichnungen auch in Hilfeplanungsprozessen etwa in der Jugendhilfe, Eingliederungshilfe oder auch der Altenhilfe wieder zu finden. Abhängig von den Einsatzfeldern unterscheiden sich die Aufgabenspektren von Case ManagerInnen. Einige Modelle sind stark beraterisch („klinisch") geprägte Ansätze, in denen Case ManagerInnen selber direkte und auch länger andauernde Arbeit mit AdressatInnen leisten. In anderen Modellen beschränkt sich die Rolle der Case ManagerInnen dagegen auf eine sogenannte „Broker"-Funktion, über die die Dienstleistungen anderer Stellen koordiniert, überwacht und die strukturellen Vernetzungen evaluiert werden. Case Management hat sich zu einer methodischen Zusatzqualifikation auf dem Weiterbildungsmarkt entwickelt, und InteressenvertreterInnen haben 2005 die Deutsche Gesellschaft für Case und Care Management (DGCC) gegründet.

Zentrale Begriffe/Ideen: Die prominente Idee des Konzepts ist durch die Übernahme des Begriffs „Management" gefasst. Zielgruppe für Case Management sind typischerweise Menschen in komplexen Lebens- und Hilfesituationen, die mit mehreren professionellen Hilfen in mehreren Arbeitsfeldern gleichzeitig konfrontiert sind. Die Vielzahl der Dienstleistungen effektiv und effizient für einen begrenzten Zeitraum zu koordinieren, zu „managen", ist die konzeptionelle Kernidee. Diese moderne Ausprägung des klassischen „case work" als Case „Management" ist damit deutlich mehr von betriebswirtschaftlichen Ideen durchsetzt als ihr historischer Vorläufer und strukturiert sich idealtypisch in Phasen und Feedbackschlaufen (Abb. 9).

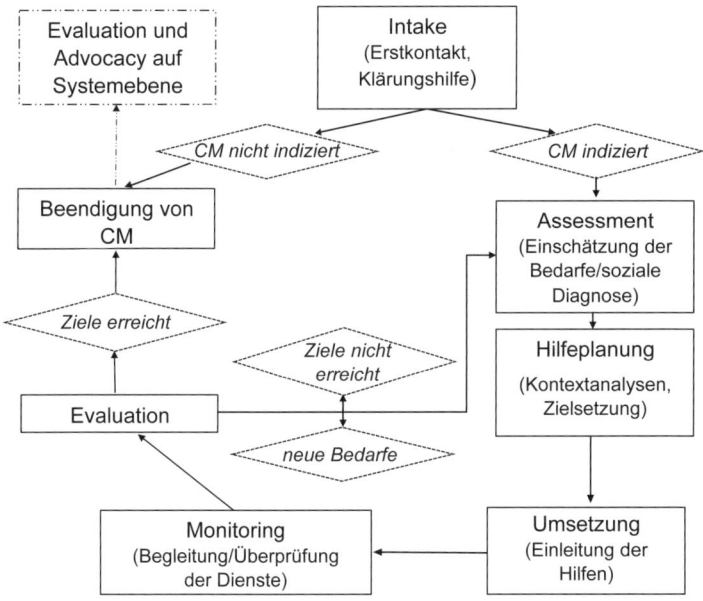

Abb. 9: Ablaufdiagramm Case Management

Theoretische und ethische Dimensionen: Mitunter erscheint Case Management als relativ theoriefreies methodisches Schema, was allerdings verkennt, dass dem Modell bereits ökonomische Prinzipien und theoretische Annahmen von „Rational Choice" inhärent sind. Eine Nutzung in der Sozialen Arbeit erfordert daher umso mehr die gezielte Modifikation durch theoretische und ethische Dimensionen, damit Soziale Arbeit in diesem Modell nicht auf ökonomische Rationalitäten reduziert wird. So formulieren etwa Kleve et al. (2011) ein systemtheoretisches Verständnis von Case Management, das im Spannungsfeld zwischen ökonomischer und

Lebensweltorientierung angesiedelt ist. Moxley (1996) betont die fallübergreifende anwaltschaftliche Rolle von Case Management zu einer Verbesserung der Versorgungssysteme auch im Sinne eines Empowerment der AdressatInnen. Spezifisch ressourcen- und stärkenorientiert ist das US-amerikanische „Strengths-Based Case Management" (Rapp 1998, Ehlers/Schuster 2016), das ursprünglich für die ambulante psychiatrische Versorgung entwickelt wurde.

Konkretisierungsgrad für Handlungsebene: Case ManagerInnen brauchen ausgeprägte Fall- und hohe Systemkompetenzen, die sich am besten über mehrere Arbeitsfelder erstrecken. Um die Phasen der direkten Arbeit konkret auszugestalten, greift Case Management auf eine Vielzahl anderer Methoden zurück, von denen vor allem Beratung, Krisenintervention, Mediation und Netzwerkarbeit, sowie auf Systemebene auch die anwaltschaftliche Tätigkeit (Advocacy)zentral sind.

Sozialformen: Obwohl die Vernetzung von AdressatInnen mit Gruppen oder gemeinwesenorientierten Angeboten über das Case Management sehr wohl möglich ist, dominiert beim Case Management die Sozialform der Einzelfallarbeit. Gruppen- oder gar gemeinwesenorientierte Sozialformen des Case Managements sind in der Literatur nicht auszumachen.

Fokusebene: Im Wesentlichen lassen sich zwei Grundtypen des Case Management unterscheiden, die sich nicht gegenseitig ausschließen. Zum einen gibt es ein „system-orientiertes" Case Management, über das vorrangig auf der Meso-Ebene effiziente, zugängliche und kostenschonende Angebotsstrukturen gesucht und gestaltet werden sollen und das mitunter auch „Care" Management genannt wird. Zum anderen gibt es ein „personenorientiertes" Case Management, das vor allem auf Ergebnissen auf der Mikro-Ebene ausgerichtet ist und ein möglichst passendes und ressourcenschonendes Interventions- und Unterstützungsangebot für den Einzelfall schaffen soll.

Empirische Studienlage und Erkenntnisse: Die hohe Vielfalt der Modelle und Arbeitsfelder macht eine Gesamteinschätzung der empirischen Studienlage zu Case Management extrem schwierig.

Eher zu finden sind Auswertungen spezifischer Modelle des Case Managements mit bestimmten Populationen. Für das personenorientierte Case Management in der ambulanten psychiatrischen Versorgung identifizierten z.B. Rapp und Goscha (2004) zehn methodische Elemente, die wirksame Modelle gemein hatten:

1. Alle Hilfsleistungen werden so weit wie möglich von Case ManagerInnen selber erbracht und nicht per Überweisung an andere DienstleisterInnen abgeben (Hohe Kontinuität und Qualität der Arbeitsbeziehung).
2. Natürliche Ressourcen in der Lebenswelt von AdressatInnen sind die primären KooperationspartnerInnen.
3. Arbeit findet „in-vivo", also direkt in der Lebenswelt und im Lebensalltag, statt.
4. Case ManagerInnen sind entweder in ein Team eingebunden oder werden durch KollegInnen regelmäßig unterstützt.
5. Die primäre Verantwortung für alle Dienstleistungen, auch wenn sie von Dritten erbracht werden, liegt bei den Case ManagerInnen.
6. Beziehungskompetenzen sind wichtiger als formale professionelle Abschlüsse von Case ManagerInnen, aber mindestens Teamleitung oder SupervisorInnen müssen deutlich höher qualifiziert sein (mindestens Master-Level Abschluss plus Berufserfahrung); es muss Zugang zu anderen ExpertInnen bestehen; und Case ManagerInnen erhalten formelles Training vor Aufnahme der Arbeit und nehmen an fortlaufenden Qualifizierungsmaßnahmen teil.
7. Es liegen niedrige Fallzahlen vor (Empfehlungen liegen zwischen 10 und 20), damit häufige Kontakte zu allen AdressatInnen möglich sind.
8. Wo nötig sollte Case Management zeitlich unbegrenzt bleiben können, auch wenn die Intensität je nach Situation und Phase variieren kann. Insgesamt wird ein langsamer, schrittweiser Abbau der Arbeitsintensität empfohlen.
9. In Krisensituationen müssen vertraute Personen (Case ManagerInnen oder bekannte Teammitglieder) zu jeder Zeit verfügbar sein.
10. Case ManagerInnen sollten wo immer möglich Wahl- und Entscheidungsmöglichkeiten für AdressatInnen schaffen.

Passung zu Charakteristika und Prinzipien methodischen Handelns:
Die relative Passung zu Charakteristika und Prinzipien methodischen Handelns in der Sozialen Arbeit variiert je nach Ausrichtung des Case Management Modells. Grundsätzlich aber nimmt der Ansatz wenig Bezug auf Paradoxien, Ambivalenzen und Ambiguität oder die Unmöglichkeit gezielter Steuerung im Handeln. Der „Management"-Begriff suggeriert im Gegenteil tendenziell mehr Sicherheit und Steuerungsmöglichkeiten, als das Handeln in Sozialer Arbeit typischerweise vorhält. Dennoch ist eine kontextsensible und dialogische Umsetzung, sowie eine spezifisch ressourcenorientierte theoretische Ausrichtung z.b. über stärkenorientierte Konzepte des Case Management durchaus möglich.

Kritische Wertschätzung und Reflexion insgesamt: Das Konzept hat eine klare idealtypische Grundfigur, jenseits dieses Rahmens aber ist Case Management hoch variabel. Angesichts der unterschiedlichen Ausgestaltung ist es darum nötig, stets genauer nachzuforschen, wie in einem gegebenen Fall Case Management verstanden wird. In vielerlei Hinsicht ist Case Management eine systematisierte Weiterentwicklung der Case-Work-Tradition in der Sozialen Arbeit, deren Vorteil in der hohen Strukturierung des Ablaufs liegt und die „ressourcenklug" vor allem bei komplexen Fällen zum Einsatz kommen kann.

Im besten Fall kann Case Management auf systematisch fehlende Ressourcen, zu verbessernde Versorgungsnetzwerke etc. hinweisen und zur Sicherung von Sozialen Diensten beitragen. Dazu aber bedarf es einer Stärkung des Konzepts auf Meso- und Makro-Ebenen, damit dort eben jene fallübergreifenden Erkenntnisse zu system-bedingten Schwachstellen und Schnittstellenproblematiken bearbeitet werden können. Case Management, das nur auf der Ebene des Einzelfalls agiert, läuft Gefahr, die größeren strukturellen Zusammenhänge zwischen individuell erfahrenen Problemen und den Unzulänglichkeiten innerhalb von Hilfesystemen zu vergessen.

Aus der Sicht kritischer Theorien gibt es auch grundsätzliche Bedenken gegen die selbstverständliche Nutzung des Management-Begriffs und die damit verbundene betriebswirtschaftliche Optimierungslogik in der Sozialen Arbeit.

Ehlers, C., Schuster, F. (2016): Stärkenorientiertes Case Management. Budrich, Leverkusen

Kleve, H., Haye, B., Hampe-Grosser, A., Müller, M. (2011): Systemisches Case Management. Falleinschätzung und Hilfeplanung in der Sozialen Arbeit. 3 Aufl. Carl-Auer, Heidelberg

Neuffer, M. (2013): Case Management Soziale Arbeit mit Einzelnen und Familien. 5. überarb. Aufl. Beltz Juventa, Weinheim/Basel

6 Umsetzung – planvolles Handeln und Improvisation

> In der Realität der situativen Praxis trifft Geplantes regelmäßig auf unerwartete und unplanbare Entwicklungen. Bei der Umsetzung von Planungen gilt es daher regelmäßig zu prüfen, was sich entwickelt und welche Schritte oder Ziele eventuell verändert werden müssen. Fachkräfte benötigen dazu neben analytischem Wissen und Können auch die Bereitschaft und Fähigkeit, Überraschungen zuzulassen, die Signale und Möglichkeiten des Augenblicks wahrzunehmen und mit entsprechenden Anpassungen auf sie zu reagieren. Im Moment des Handelns auf Neues reagieren zu können, lässt sich auch als Improvisationsfähigkeit verstehen. Inspiriert von Prinzipien und Übungen aus der Theaterimprovisation lassen sich die dazu benötigten Prozesse und Fähigkeiten spielerisch einüben und bieten gleichzeitig Material für Kritische Reflexion.

Während Kapitel 5 die Komponenten von Analyse und Planung in den Mittelpunkt stellte, widmet sich dieses Kapitel der Umsetzung von Plänen, die unweigerlich in den Bereich situativen Handelns führt. Dabei werden drei Aspekte vorrangig beleuchtet: Erstens die reflexive und regelmäßige (Selbst-)Überprüfung im Verlauf der Umsetzung von Plänen, zweitens die Idee der Improvisation als bislang vernachlässigtes, aber generatives Element methodischen Handelns, und drittens die Gestaltung von Krisenintervention in der Sozialen Arbeit als Beispiel für notwendige improvisatorische Fähigkeiten.

6.1 Planvolles Handeln und seine Grenzen

Angesichts des charakteristischen „Technologiedefizits" und der „Kontingenz" des Handelns in der Sozialen Arbeit (Kap. 3.6.1) überrascht es eigentlich nicht, dass die im Vorfeld gemachten Pläne bei der Umsetzung in die Praxis immer wieder auf Grenzen, unerwartete Hindernisse und Entwicklungen stoßen. Überall dort, wo das Handeln auf komplexe Systeme trifft und wo, wie in der Sozialen Arbeit, die Koproduktion im Mittelpunkt steht, kommt es unvermeidlich immer auch anders als geplant.

Schon der oben umrissene Prozess der Planung, im Sinne eines dialogischen Erstellens von Handlungsentwürfen gemeinsam mit AdressatInnen und anderen Beteiligten, ist diesen Unwägbarkeiten ausgesetzt. Ebenso muss sich alles, was im Handlungs- oder Hilfeplan vorgesehen ist, dem Unvorhersehbaren aussetzen. Kein noch so detaillierter Plan wird eine vollständige Anweisung für die konkreten Situationen liefern, denn auch während des Versuchs, den Plan umzusetzen, werden Fachkräfte ständig vor neue Entscheidungen gestellt, die sich aus dem ergeben, was gerade geschieht. Das bedeutet nun nicht, dass Pläne gänzlich nutzlos oder zu vernachlässigen sind, erinnert aber daran, dass das über Pläne errungene Gefühl der Kontrolle ein flüchtiges bleiben muss.

Jeder Versuch, Geplantes umzusetzen, bedarf einer andauernden kritischen Aufmerksamkeit und der Einschätzung von Prozessen und Teilergebnissen. Umsetzungsversuche und -prozesse bieten beständig Feedbackdaten darüber, ob und wie die tatsächliche Entwicklung der imaginierten (geplanten) entspricht. Umsetzungsprozesse reflexiv zu begleiten und aktiv zu gestalten bedeutet, den Verlauf von Aktionen und Interaktionen zu beobachten, einzuschätzen und sowohl sich selbst als auch AdressatInnen oder andere involvierte Parteien zu fragen, ob und welche Anpassungen oder Änderungen sinnvoll oder notwendig sind, bzw. welche der Schritte und Prozesse unverändert weitergeführt werden sollen.

Reflexionsfragen bei der Umsetzung:

- Welche Entwicklungen und Erfahrungen gibt es bei der Umsetzung?
- Wie sind diese Entwicklungen und Erfahrungen im Hinblick auf das Geplante einzuschätzen?
- Ist das, was sich entwickelt hat, zwar anders als geplant, aber dennoch sinnvoll oder nützlich?
- Sind die vereinbarten Schritte erfolgt oder gab/gibt es Veränderungen in Reihenfolge oder zeitlichem Rahmen?
- Gab/gibt es Hindernisse, die zunächst zu bearbeiten sind?
- Sind die vereinbarten Schritte oder (Teil-) Ziele noch dieselben oder gab/gibt es Änderungen, die einer erneuten Verständigung bedürfen?

6.2 Improvisation als Komponente methodischen Handelns

Der Begriff der „Improvisation" erlaubt es, die hohe Flexibilität und Anpassungsfähigkeit an den jeweiligen Moment, die in situativer Praxis nötig sind, näher zu erfassen.

> Das Wort **Improvisation** geht zurück auf das „Nicht-Vorhersehbare" (lateinisch: „im-pro-videre") und beschreibt etwas, das unvorbereitet aus dem Stehgreif produziert wird.

Im Kontext professioneller Tätigkeit erscheint Improvisation auf den ersten Blick oft als das Gegenteil von methodischem Handeln. Es klingt verdächtig nach ungeplantem oder gar unbedachtem und damit „unprofessionellem" Reagieren. Etwas positiver verstanden bezeichnet es das Geschick, mangelnde Ressourcen mittels Kreativität und Spontaneität auszugleichen. So gesehen erscheint Improvisation aber bestenfalls als Notnagel und nicht als stets gegenwärtiger oder gar wünschenswerter Prozess professioneller Handlungspraxis. Im Gegensatz dazu charakterisierte Donald Schön professionelle Praxis aber wie folgt:

> „Professionelle Praxis braucht die Kunst, ein Problem zu rahmen, die Kunst, etwas umzusetzen, und die Kunst, zu improvisieren – alle drei sind notwendig, um angewandte Wissenschaft und Technik in die Praxis zu transferieren" (Schön 1987, 13, Übers. d. A.).

Schöns Verständnis legt nahe, dass Improvisation eine notwendige methodische Komponente professioneller Praxis ist und nicht nur ein letztes und möglichst zu meidendes Mittel. In der Tat häufen sich seit Mitte der 1990er Jahre vor allem in der Fachliteratur von Organisations- und Erziehungswissenschaften Beiträge, die Improvisation als Konzept erforschen und nutzen. Obwohl Soziale Arbeit in ihrer professionellen Praxis nicht weniger auf gute Improvisation angewiesen sein dürfte als andere Professionen, taucht der Begriff in der Fachliteratur Sozialer Arbeit bislang selten auf. Am ehesten finden sich Bezüge in künstlerisch-ästhetischer Sozialarbeit wie etwa in theaterpädagogischen Ansätzen nach Augusto Boal oder in der Jugendarbeit. Die folgenden handlungstheoretischen Vertiefungen führen zu einer erweiterten Definition und anschließend zu handlungspraktischen Prinzipien von Improvisation als Notwendigkeit und damit Element professionellen Handelns.

6.2.1 Theoretische Dimensionen der Improvisation

In sozialwissenschaftlichen Handlungstheorien taucht Improvisation nur sporadisch auf. Das ist umso erstaunlicher, wenn man bedenkt, dass Improvisation beständige Begleiterin allen sozialen Handelns im Alltag ebenso wie in professioneller Praxis ist. Eigentlich, so argumentiert Figueroa-Dreher (2016, 63), müsste jede soziologische Handlungstheorie eine „Theorie der Improvisation" sein, denn so sehr sich Handlungstheorien auch primär mit den etablierten und daher voraussehbaren Mustern, Konventionen, Routinen oder „Skripts" von Handlungen beschäftigen, so sehr bleibt jede menschliche Aktion und Interaktion doch auch der Kontingenz des Unerwarteten oder Unbekannten ausgesetzt. Nicht nur können Situationen Umstände hervorbringen, für die es keinen Handlungsentwurf gibt, sondern auch die Möglichkeit unterschiedlicher Deutungen des Handelns bleibt eine ständige Quelle der Unsicherheit in menschlicher Interaktion.

Gleichzeitigkeit von Entwurf und Handlung

Improvisation entzieht sich traditionellen Handlungstheorien vor allem dadurch, dass sie nicht in das „Weg-zum-Ziel"-Schema passt, das Handlungstheorien in der Regel innewohnt.

> „Vielmehr bedeutet Improvisieren ein Handeln in Echtzeit – in der aktuell erlebten Zeit – d. h. es besteht nicht darin, eine im Voraus entworfene Handlung samt Handlungsschritten auszuführen, um das entsprechende Handlungsziel zu erreichen [...] Für eine Konzeptualisierung des Improvisierens müssen wir nicht nur die zeitliche Trennung von Entwerfen und Handeln aufgeben, sondern auch die sprachliche, die Begriffe wie ‚Erfinden' und ‚Ausführen' usw. voraussetzt: Wir sind gezwungen, mit anderen Begriffen zu operieren, wie beispielsweise ‚entwerfendes Handeln' oder ‚handelndes Entwerfen', die uns dem Phänomen des Improvisierens näher bringen" (Figueroa-Dreher 2016, 72).

In dieser Gleichzeitigkeit des entwerfenden Handelns im Moment des Geschehens ist Improvisation den Konzepten des Amerikanischen Pragmatismus nahe, wie etwa Donald Schöns „Wissen-in-Aktion" und „Reflexion während der Aktion" (1983) (Kap 2.2.2).

Zwischen Reproduktion und Transformation

Neben der Gleichzeitigkeit von Idee und Handlung ist Improvisation ferner davon gekennzeichnet, dass sie einerseits auf bekannte Muster und Strukturen zurückgreift und gleichzeitig diese Muster unterbrechen, verändern und in neue überführen kann. Anders ausgedrückt steht Improvisation also immer im Spannungsfeld zwischen Reproduktion und Transformation, zwischen der reinen Wiederholung des bereits Bekannten und dessen Verwandlung. Improvisation findet nie in einem luftleeren Raum statt, sondern nutzt vorhandene Grenzen und Strukturen als Inspiration für ein spielerisches Handeln, das eben diese Grenzen und Strukturen auch zugunsten neuer Muster hinter sich lassen kann.

Für den französischen Soziologen Pierre Bourdieu (1987) etwa ist kulturelles und soziales Leben eine Improvisation, die durch verinnerlichte Denk- und Handlungsstrukturen (Habitus) geregelt ist. Diese alltäglichen Improvisationen bleiben typischerweise in eher vertrauten Mustern, die die soziale Ordnung insgesamt reproduzieren. Dennoch haben Improvisationen auch das Potential, vertraute Muster zu unterbrechen und – durch Wiederholungen dieser Veränderungen – nachhaltig in neue Muster zu verwandeln. Im besten Fall ist Improvisation ein Prozess, der einer Vorlage zwar ähnlich, aber gleichzeitig immer auch anders ist, und so in Veränderungen resultieren (kann).

Zug um Zug

Literatur aus künstlerischen Feldern wie etwa Musik- oder Theaterimprovisation erklärt näher, wie sich über Improvisationsprozesse eigene Strukturen entwickeln. Improvisation wird dabei als eine kreative und spielerische Kraft gesehen, die allen Menschen bereits innewohnt, aber oft von Ängsten blockiert wird, wie etwa der Angst albern oder inkompetent zu erscheinen, bzw. der Angst, tatsächlich inkompetent oder albern zu *sein*. Gelingt es, diese

Ängste zu überwinden, dann eröffnet Improvisation einen „Spiel-Raum" nicht nur für die Entwicklung individueller, sondern auch gemeinschaftlicher Ideen, die am Ende mehr sind als nur Kompromisse oder die Summe der Beiträge der TeilnehmerInnen.

Basierend auf Studien improvisierter Dialoge im Improvisationstheater hat R. Keith Sawyer (2003) den gemeinschaftlichen Prozess des kommunikativen Erschaffens von Realitäten auf der Bühne näher beschrieben. In und durch ihre Interaktionen entwickeln die SpielerInnen nach und nach die sozialen Fakten ihrer fiktiven Welt: wer sie sind, in welcher Beziehung sie zueinander stehen, wo sie sind und worum es geht. Die leere Bühne, auf der sich zwei SpielerInnen zu Beginn einer Szene begegnen, ist zunächst ein Beispiel für das, was Luhmann (1987) als „doppelte Kontingenz" in Kommunikationssystemen bezeichnete. Für beide Beteiligten ist in diesem Augenblick alles möglich und nichts notwendig, sie können alles tun oder sagen, jede vorstellbare Welt erschaffen, auch weil dies im Feld „Theater" zu den unausgesprochenen Vereinbarungen gehört. In dem Moment, in dem eine Spielerin einen ersten non-verbalen oder verbalen Schritt tut (z.B. sagt: „Wunderbarer Tag hier im Park") hat sie aus den unendlichen Möglichkeiten eine ausgewählt. Dadurch schränken sich die Möglichkeiten des Gegenübers ein, wenn über das Zusammenspiel eine sinnvolle Kommunikation zustande kommen soll. Die Reaktion des Gegenübers (z.B. „Strahlender Sonnenschein, gnädige Frau, gerade richtig für Ihren Nachmittagstee") definiert aufbauend mehr Details.

So entsteht Zug um Zug ein kommunikatives System, das sich seine eigenen Regeln, Strukturen und Subjekte schafft. In ständiger interaktiver Bewegung entstehen nach und nach Bedeutungsrahmen, die den weiteren Verlauf der Handlung zunehmend strukturieren, aber nie gänzlich vorbestimmen. Aus all dem ergibt sich ein erweitertes Verständnis von Improvisation.

> ⊕ **Improvisation** ist eine performative Aktivität, in der Entwurf und Ausführung zeitlich zusammenfallen. Als Prozess ist Improvisation charakterisiert von ungeplanter, kreativer, spontaner und interaktiver Rückbezüglichkeit, bei der das gerade Vorangegangene den jeweils nächsten Moment mitbestimmt. Improvisation greift auf Vorhandenes zurück und verändert bekannte Formen mittels spielerischer Zusammenarbeit. Entscheidungs- und Handlungsprozesse in der Improvisation stehen so in kontinuierlicher Beziehung zum sozialen Kontext.

Was aber heißt es, „gut" zu improvisieren? Welche Haltungen und Prinzipien des Handelns sind elementar für den Prozess und wie lassen sie sich einüben? Zur Beantwortung dieser Fragen werden in Kapitel 6.2.2 Einsichten aus der Theaterimprovisation herangezogen. Theaterimprovisation ist in besonderer Weise anschlussfähig an das Handeln in Sozialer Arbeit, da auch hier der Mensch selber das Medium ist und außer Stimme und Körper keine weiteren Basisinstrumente beherrschen muss. Darüber hinaus hat Theater als Metapher für soziales Leben, wie etwa bei Goffman (2011) sowie über praxissimulierende Rollenspiele, bereits Eingang in Theorie und Praxis Sozialer Arbeit gefunden.

> Goffman, E. (2011): Wir alle spielen Theater. Die Selbstdarstellung im Alltag. 10. Aufl. Piper Verlag, München
> Nachmanovitch, S. (2008): Free Play. Kreativität geschehen lassen. O.W. Barth Verlag, München

6.2.2 Grundprinzipien und -techniken der Theaterimprovisation

Historische Entwicklung: Die Wurzeln des Improvisationstheaters, oder kurz „Improtheaters", reichen bis in die Commedia dell' Arte-Tradition der Renaissance zurück. In seinen modernen Formen basiert Improvisationstheater u.a. auf den Ideen von Viola Spolin (1997), die Improvisation für die spielerische Exploration im Lernen nutzte. Spolin machte ihre ersten theaterpädagogischen Erfahrungen in Jane Addams Hull-House in Chicago, einer der Geburtsstätten der Gemeinwesenarbeit. Daneben entwickelte sich Improvisationstheater aus dem Versuch, SchauspielerInnen zu befähigen, im Augenblick ihrer Darstellung wirklich präsent zu sein und in Beziehung zu ihren MitspielerInnen zu stehen, statt nur auf ihren nächsten Einsatz zu warten. Aus den dafür entworfenen Übungen sind vielfache Varianten des Stehgreiftheaters entstanden, die zu eigenen künstlerischen Formaten avanciert sind und von schnellen komödiantischen Spielen bis zu abendfüllenden Theaterstücken alles einschließen.

Innere Haltungen

Das Zusammenfallen von Entwurf und Ausführung in der Theaterimprovisation bedeutet, dass ImprospielerInnen gleichzeitig als Co-AutorInnen, Co-RegisseurInnen und SchauspielerInnen der Szenen agieren, die sie spielen. Dazu trainieren sie spezifische Fähigkeiten und Haltungen, die auch für das Improvisieren außerhalb des Theaterkontextes von Interesse sind, um Improvisationskompetenz einzuüben:

> „[Wer improvisiert] muss das Unerwartbare erwarten, sich auf den Moment konzentrieren, dem Jetzt das Ja-Wort geben, in Echtzeit (re-)agieren, auskommen mit dem, was gerade zur Hand ist, suchen, was funktioniert, finden, was der Moment braucht und im Angesicht des Augenblicks auf selbst gesetzte, situativ sich ergebende oder von anderen auferlegte Ansprüche so schnell und so angemessen wie möglich zu antworten versuchen. Abgesehen davon benötigt der Improvisierende die Zuversicht, das Rechte zur rechten Zeit zu tun – er muss mit Kairos gehen, dem Gott des günstigen Augenblicks, und die Gelegenheit beim Schopfe packen" (Kurt 2012, 167).

Zu den Grundprinzipien, die „Spiel-Räume" eröffnen und für das Improvisieren als Ensemble konstitutiv sind, gehören:

„Scheiter heiter!": Diese Maxime ist nicht nur für das Improvisieren, sondern auch für das Erlernen und Trainieren von Improvisation unerlässlich. Wer Neues erlernt und das Risiko eingeht, aus dem Moment heraus zu agieren, wird unweigerlich auch Misserfolge erfahren. Die Haltung eines „Scheiter heiter!" bedeutet nicht, Misslungenes zu ignorieren, sondern dient als Erinnerung daran, dass Scheitern zum Lernen dazu gehört und es sich nicht dadurch leichter weiter lernt, dass man in die Selbstgeißelung verfällt. „Scheiter heiter!" ist insofern die Aufforderung, es fröhlich weiter zu versuchen und es so schneller zu lernen, statt sich der Angst vor dem Scheitern zu ergeben.

„Alles ist ein Angebot!": Im Improvisationstheater wird alles, was geschieht, ganz gleich ob es intendiert oder zufällig ist, als Angebot verstanden. Insofern gibt es per se keine „Fehler", sondern Missverständnisse, Zufälle etc. lassen sich als „Geschenk" aufgreifen und gestalten.

"Unterstütze Deine MitspielerInnen!" Als Ensemblespiel bedarf Improtheater einer stark kooperativen inneren Haltung aller MitspielerInnen, die sich primär in der Pflicht sehen, als Team zu agieren und ihre SpielpartnerInnen zu unterstützen und nicht vorrangig sich selber als clever, klug oder lustig in Szene zu setzen. Das Zusammenspiel steht im Vordergrund.

"Lass Dich verändern!": Improvisationsspiel beruht auf interaktiven Beziehungen und bedarf der Bereitschaft der MitspielerInnen, sich auf ihr Gegenüber einzulassen und sich emotional berühren oder verändern zu lassen. Ohne diese Bereitschaft entwickeln sich die Beziehungen zwischen Charakteren und die darauf basierenden Geschichten nicht weiter.

> Übung: **„Drei Dinge"** (in Gruppen von 3–12 Personen)
>
> Bilden Sie einen Kreis. Die Gruppe beginnt jeweils mit dem gemeinsam laut gesprochenen Kommando „Drei Dinge!". Danach beginnt eine Person, indem sie sich dem/r Nächsten zuwendet und eine Kategorie für drei zu nennende Dinge vorschlägt, z. B. „Drei Dinge, die unter dem Bett zu finden sind" oder „Drei Dinge, die blau sind". Die angesprochene Person versucht so schnell wie möglich drei Dinge zu benennen. Dabei gilt: „schnell" ist wichtiger als „korrekt". So kann die Antwort auf „Drei Dinge, die blau sind" auch lauten „Der Himmel, Autos und Gurken". Sobald drei Dinge genannt sind, wiederholt die Gruppe gemeinsam den Ruf „Drei Dinge" und die Person, die gerade drei Dinge aufgezählt hat, wendet sich nun ihrem/r Nächsten zu und schlägt eine neue Kategorie vor. Jede Person erhält also jeweils ihre eigene Kategorie, für die sie „drei Dinge" benennt.
> Vermeiden Sie das Nachgrübeln, wenn Sie dran sind, sondern antworten Sie laut und zügig, was immer Ihnen in den Sinn kommt, auch und gerade, wenn es „falsch" ist. Wenn die Mehrzahl der SpielerInnen nur „richtige" Dinge nennt oder Sie sich selber nicht mit dem überraschen, was Sie sagen, dann erhöhen Sie das Tempo der Übung, bis „Falsches" bzw. Überraschendes auftaucht.
> Führen Sie diese Übung mehrere Runden durch.
> Wiederholen Sie anschließend die Übung mit folgender Variation: Die Person, die die Kategorie aufstellt, schaut jetzt die Antwortende die ganze Zeit erwartungsfroh an und nickt bestätigend und enthusiastisch, sobald das Gegenüber eine Sache benennt. Nach einigen Runden reflektieren Sie Ihre Erfahrungen.

> Anregungen für die Reflexion der Übung:
>
> - Was waren Ihre Erfahrungen in der Übung?
> - Welche der inneren Haltungen des Improtheaters wurden besonders angesprochen?
> - Welche Unterschiede haben Sie zwischen den zwei Varianten der Übung bemerkt?

Handlungsprinzip „Ja, und ..."

Ein zentrales Handlungsprinzip im Improtheater wird zusammengefasst als „Ja, und ...". Drei ineinander greifende Elemente – aufmerksames Wahrnehmen, Akzeptieren und etwas Hinzufügen – ergeben zusammengesetzt dieses Grundprinzip (Abb. 10).

Aufmerksames Wahrnehmen: Mit allen Sinnen die Umwelt, das Gegenüber und auch die eigenen inneren Prozesse wahrzunehmen, ist anspruchsvoller als es klingt. Es erfordert genaue Beobachtung, gutes Zuhören und Erinnerungsvermögen, um die Handlungen, Worte, Emotionen sowie die im Improtheater meist mimisch dargestellten Objekte und Räume aufzunehmen und in Erinnerung zu behalten. Wie im realen Leben können Menschen auch im Improtheater nicht „alles", sondern nur selektiv wahrnehmen. Die Aufmerksamkeit für die Details innerer und äußerer Wirklichkeiten wird im Improtheater jedoch beständig geschult und ist die Grundlage für alles weitere Handeln.

Akzeptieren: Als zweite zentrale Fähigkeit beim Improvisieren baut Akzeptieren auf der aufmerksamen Wahrnehmung auf. Ausgehend von der Haltung, dass alles ein Angebot sein kann, ist Akzeptieren das aktive und positive Annehmen solcher Angebote. Akzeptieren ist das „Ja-Sagen", im wörtlichen oder auch im übertragenen Sinn, zu den jeweils etablierten Realitäten und Angeboten. Als Gegenteil des Akzeptierens gilt das „Blockieren" von Angeboten. Blockieren umfasst das Negieren, Ignorieren oder Ablehnen von Ideen und Angebote anderer, oder auch der eigenen Ideen. Auch unnötig negative Reaktionen auf Angebote sind eine Form des Blockierens. Der Drang zum Blockieren ist oft höher als zunächst erwartet, denn einem Angebot negativ zu begegnen oder es zu ignorieren verspricht mehr Kontrolle und Sicherheitsgefühl, als ein „Ja" zu wagen. Der Impuls zum Blockieren bewahrt Menschen im realen Leben vor Risiken und Gefahren und bietet im Spiel-Raum der Improvisation vor allem Anlass zur Selbstreflexion über verinnerlichte Ängste und Kontrollbedürfnisse.

Etwas Hinzufügen: Das dritte Element neben aufmerksamem Wahrnehmen und Akzeptieren von Angeboten ist das Hinzufügen einer Idee, was den generativen Prozess des Improvisierens vorwärts treibt. Geschichten, Szenen oder Beziehungen entwickeln sich nicht weiter, wenn SpielerInnen nur „Ja" sagen, aber versäumen, etwas hinzuzufügen. Hinzufügen ist daher das *„und"* im Handlungsprinzip „Ja, und …". Dabei gilt, dass es keiner umfänglichen komplexen Ideen bedarf, um etwas hinzuzufügen. Es muss weder originell noch clever noch lustig sein. Es geht allein darum, einen nächsten weiterführenden Schritt anzubieten, um dann wieder zu schauen, was die anderen SpielerInnen damit machen. So schließt sich der Kreis der drei Prozesselemente wieder hin zum aufmerksamen Wahrnehmen.

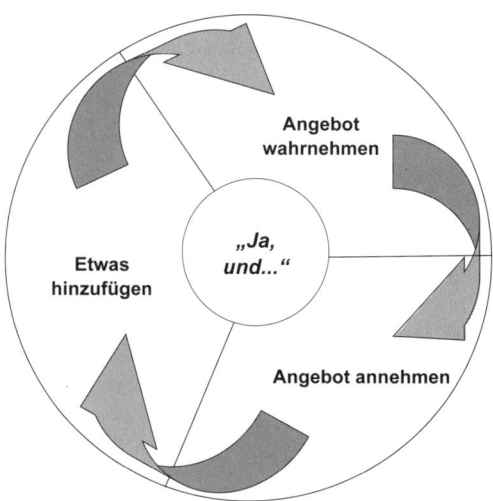

Abb. 10: Grundprinzipien der Improvisation

> **✎ Gemeinsame Erinnerungen**
>
> Finden Sie eine/n PartnerIn und erstellen Sie eine fiktive „gemeinsame Erinnerung". Dazu beginnt eine Person mit dem Satz „Weißt Du noch als wir ..." und fügt ein erstes Angebot hinzu (z. B. „Weißt Du noch als wir zusammen in Urlaub waren", „... uns zufällig im Museum begegnet sind"). In der Folge wird die gemeinsame Erinnerung im Wechsel weitergesponnen, indem jede Person auf das Gesagte aufbaut, ihren Satz immer mit „Ja, und ..." beginnt und dann etwas hinzufügt.
>
> Anregungen für die Reflexion der Übung:
>
> - Was ist in der Übung genau passiert?
> - Was hat gut funktioniert und was war schwierig? Warum?
> - Inwiefern haben Sie die Grundprinzipien und -techniken des Improvisierens angewandt?
> - Was hat diese Übung mit der Handlungspraxis Sozialer Arbeit zu tun?

Orientierungspunkte für nächste Angebote: Von besonderem Interesse ist die vertiefende Frage danach, welches nächste Angebot besonders geeignet ist, eine Szene oder Geschichte voranzubringen. Mit anderen Worten: Wonach richtet sich die Auswahl meiner nächsten Reaktion aus den unendlichen Möglichkeiten? Für SpielerInnen im Improtheater gibt es dazu drei Orientierungspunkte:

1. **Re-Inkorporation.** Eine erste Quelle der Orientierung ist das Zurückschauen auf das, was bis hierhin bereits etabliert wurde, und das erneute Aufgreifen und Wiedereinbauen von Elementen. Die Re-Inkorporation von Themen, Begriffen, Gegenständen etc. macht erzählte wie gespielte Geschichten dichter und kohärenter. Zudem entstehen beim Wiederaufgreifen von Elementen vielfach neue Variationen, über die das Vertraute um andere Aspekte erweitert wird.
2. **Vertiefung der Beziehung.** SpielerInnen können etwas hinzufügen, das die Beziehung der Charaktere vorantreibt oder vertieft. In der Regel geschieht dies durch emotionale Veränderungen, über die die Beziehung zwischen Charakteren intensiver wird. So wird z. B. eine Szene zwischen zwei Menschen im Zug emotional vertieft, wenn ein Charakter entdeckt, dass er sich in den anderen verliebt hat, sich vor ihm fürchtet oder andere emotionale Reaktionen hat.

3. **Orientierung an bekannten Erzählformen (Genres).** Die dritte Quelle der Inspiration für die Auswahl des nächsten Angebots sind generelle oder spezifische narrative Formen, wie etwa bestimmte Genres. So weckt eine Szene, die in einem englischen Schloss samt Diener beginnt, Assoziationen von Erzählformen wie z. B. Königsdrama im Stile Shakespeares oder Gespenstergeschichten, die das nächste Angebot anregen könnten.

SpielerInnen können also bei der Auswahl ihrer Angebote auf ein größeres und detaillierteres Repertoire zurückgreifen, wenn sie

- aufmerksam zuhören, beobachten und das schon Etablierte in Erinnerung halten,
- in der Wahrnehmung und Äußerung von Emotionen und Beziehungen geübt sind und sich emotional verändern lassen und
- über ein breites Wissen zu Erzählformen, Genres etc. verfügen.

Hier zeigt sich, dass auch Theaterimprovisation immer gekoppelt ist an das verinnerlichte und schnell verfügbare Wissen der Handelnden. Für die Übertragung auf Improvisation im Rahmen professioneller Handlungskontexte kommt diesem Aspekt besondere Bedeutung zu.

Johnstone, K. (2011): Theaterspiele. Spontaneität, Improvisation und Theatersport. 8. Aufl. Alexander Verlag, Berlin
Johnstone, K. (2010): Improvisation und Theater. 10. Aufl. Alexander Verlag, Berlin.
Spolin, V. (1997): Improvisationstechniken für Pädagogik, Therapie und Theater. 8. Aufl. Junfermann Verlag, Paderborn

6.2.3 Improvisieren in der Sozialen Arbeit

Aus dem bis hierher Beschriebenen lassen sich einige Einsichten für das Improvisieren als Teil methodischen Handelns in der Sozialen Arbeit ableiten:

Improvisation ist notwendiger Teil methodischer Praxis: Als Element methodischen Handelns ist Improvisation in der Praxis nicht nur unvermeidbar, sondern kann als bewusst genutztes theoretisches Konstrukt und praktischer Prozess die methodische Praxis bereichern. Insofern ist das Einüben von für das Improvisieren hilfreichen Haltungen, Grundprinzipien und -techniken eine sinnvolle Ergänzung zu analytisch-planerischen Kompetenzen.

Improvisation ist gerahmt von Disziplin und Profession: In der Sozialen Arbeit trifft Improvisation auf die der Disziplin und Profession eigenen Rahmungen und wird über diesen Bezug „professionell" bzw. „diszipliniert". Improvisierte Interaktionen sind durch die Vorgaben und Erwartungen, die sich aus Theorien und Ethik, Arbeitsfeld, Organisation, Aufträgen und anderen Kontexten ergeben, nicht vollständig determiniert, wohl aber vorstrukturiert. So improvisieren z. B. Fachkräfte einer Berufsberatungsstelle nicht einfach irgendetwas, sondern sind orientiert an generellen Aufgabenbeschreibungen ihrer Organisation. Darüber hinaus aber erschaffen sie mittels improvisierter Kommunikationen mit AdressatInnen Zug um Zug weitere gemeinsame Bedeutungsrahmen, für das nähere Verständnis ihrer sozialen Realitäten inklusive ihrer jeweiligen Rollen und Erwartungen.

Improvisation ist gekoppelt an verinnerlichtes Wissen: Improvisationen nehmen unweigerlich Bezug auf etablierte und internalisierte Kategorien des Wissens und Handelns. Durch die Unmittelbarkeit von Entwurf und Handeln greifen improvisierende Fachkräfte vor allem auf das zurück, was schnell abrufbar ist. Das bedeutet zum einen, dass es sich lohnt, über ein breites und eingeübtes Repertoire von theoretischen Analyserahmen und handlungsmethodischen Konzepten zu verfügen. Zum anderen bedeutet der schnelle Zugriff auf Vertrautes, dass im improvisierten Handeln stets auch unbewusste persönliche, kulturelle und soziale Annahmen reproduziert werden und besonderen Anlass zur Reflexion bieten.

Improvisation reproduziert und transformiert: Vorhandene Wissens- und Handlungsstrukturen können durch Improvisationen und deren Reflexion sowohl reproduziert wie auch transformiert werden. Dieses doppelte Potential von Reproduktion und Transformation wird in der Literatur oft implizit einem „besser/schlechter"-Schema zugeordnet, in dem Reproduktion mit „schlechter" und Transformation mit „besser" gleichgesetzt wird.

Eine solche Gleichsetzung übersieht allerdings, dass nicht jede „Transformation" oder „Innovation" notwendigerweise wünschenswert ist und dass auch der Erhalt gewünschter Zustände der aktiven Reproduktion bedarf.

Reflexionsfragen zu Improvisation in der Sozialen Arbeit:

- Welche der Aktionen und Reaktionen waren (bis wohin) geplant und welche waren (ab wann) improvisiert?
- Welche „Angebote" wurden in der Interaktion aufgegriffen, welche nicht?
- Inwieweit waren die Improvisationen „gelungen", d. h. sie entsprachen Grundprinzipien guter Improvisation und Grundprinzipien Sozialer Arbeit?
- Auf welche verinnerlichten Wissens- und Handlungsstrukturen wurde beim Improvisieren zurückgegriffen?
- Woher stammen diese verinnerlichten Wissens- und Handlungsstrukturen?
- Welche üblichen Annahmen oder Handlungsweisen wurden in der Improvisation reproduziert? War das gewollt oder ungewollt?
- Welche Annahmen oder Handlungsweisen wurden in der Improvisation verändert oder variiert? War das gewollt oder ungewollt?

6.3 Kritische Reflexion

Die Umsetzung von Plänen und anderen Elementen methodischen Handelns ist ein dynamischer Prozess, der dauerhafter Aufmerksamkeit und einer Bereitschaft für flexible Anpassungen bedarf. Der kritische Abgleich des Handelns, ob geplant oder improvisiert, mit den theoretischen und ethischen Leitlinien der Profession, mit gewünschten Zielvorstellungen sowie mit anderen Rahmenbedingungen ist stets unerlässlicher Teil einer professionellen Tätigkeit, die nicht beliebig sein will. Für das Verstehen und Einüben situativen Handelns bietet Improvisation theoretische und praktische Zugänge, die aber für die Soziale Arbeit noch wenig beschrieben sind und auf weitere empirische und theoretische Vertiefung warten. Improvisation als Teil methodischen Handelns zu verstehen, macht aus dem „Defizit" der Unvorhersehbarkeit und Kontingenz interaktiven Handelns ein kreatives Moment für die aktive (Um-)Gestaltung von Strukturen.

Die hier aus der Theaterimprovisation entliehenen konkreten Haltungen, Prinzipien und Übungen erlauben das spielerische Einüben improvisatorischer Fähigkeiten und sind anschlussfähig an die Grundprinzipien dialogischer, kooperativer und ressourcenorientierter Gestaltung von Hilfeprozessen in der Sozialen Arbeit. Die Übertragung vom Feld Theater ins Feld Sozialer Arbeit bedarf aber fachlicher und theoretischer Orientierungen sowie reflexiver Begleitung. Etwas improvisiert zu haben, ist per se ebenso wenig Garant für wünschenswerte Prozesse oder Ergebnisse, wie einem Plan genau gefolgt zu sein.

Die improvisatorischen Anteile des Handelns in der Sozialen Arbeit sollten deshalb ebenso wie die geplanten Gegenstand einer nachträglichen kritischen „Reflexion *über* die Aktion" sein, um die kausalen, präskriptiven und paradigmatischen Annahmen (Kap. 2.3.2), die in der Improvisation deutlich werden, herauszuarbeiten und zu überprüfen. Gleichzeitig bleibt jeder Versuch, Improvisation in eine größere zielorientierte handlungsmethodische Logik einzuordnen, brüchig, denn obwohl Improvisation Element methodischen Handelns ist, entzieht es sich immer wieder der dominanten Weg-Ziel-Logik vieler Handlungstheorien und -methoden.

6.4 Exemplarische Vertiefung: Krisenintervention

Ein Arbeitsbereich, in dem die Notwendigkeit unmittelbaren Handelns im Augenblick samt hoher Improvisationsfähigkeit besonders augenfällig ist, ist die Krisenintervention. In Krisen erwächst aus dem individuell Unvorhersehbaren, das jeder Interaktion innewohnt, situationsbedingt ein besonderer Zeit- und Handlungsdruck und erfordert von Fachkräften erhöhte Aufmerksamkeit, flexible Reaktionen und Geschick im Umgang mit Emotionen.

> Im ursprünglichen Sinn beschreibt das Wort **Krise** zunächst den zeitlich begrenzten Wendepunkt einer Entwicklung, die sich bis hierhin zugespitzt hat. Eine psycho-soziale Krise ist speziell das Eintreten eines überraschenden Ereignisses oder eines akut hervorgeru-

fenen, schmerzhaften seelischen Zustands oder Konflikts, der den Weg zu Lebenszielen oder die Alltagsbewältigung erheblich behindert. Bisherige Erfahrungen, Selbstwahrnehmung, Normen, Ziele oder Werte werden in Frage gestellt und lösen ein als bedrohlich empfundenes inneres Ungleichgewicht aus. Mit der subjektiven Krise geht oft eine plötzliche oder fortschreitende Verengung von Wahrnehmung, Handlungs- und Problemlösungsfähigkeiten einher.

Krisentypen: Krisen lassen sich grob in zwei Typen unterscheiden, die aber die auslösenden Ereignisse nicht trennscharf eingruppieren.

- Veränderungs- oder Übergangskrisen sind Krisen, die als Teil des Lebenszyklus auftreten. Dazu gehören der Wechsel von vertrauten zu unvertrauten Situationen, wie sie z.b. durch Schulwechsel, Umzüge, Arbeitsplatzwechsel, Renteneintritt oder die Veränderungen enger Beziehungen durch Trennung oder Verlust naher Personen entstehen können. Aber auch Veränderungen, die auf den ersten Blick positiv erscheinen, können Krisen auslösen wie etwa Partnerschaft oder Heirat, Geburt eines Kindes, Beförderung usw.
- Traumatische Krisen sind solche, die durch plötzliche und meist als „von außen kommend" erlebte Ereignisse die Bewältigungsmechanismen der Person massiv überfordern, wie etwa Unfälle, Krankheiten oder Gewalterlebnisse. Aber auch der Tod oder Verlust nahestehender Personen oder ein plötzlicher Arbeitsplatzverlust kann als traumatische Krise erlebt werden.

Krisenintervention: Krisenintervention beschreibt sowohl methodische Handlungskonzepte als auch konkrete Arbeitsbereiche, in denen das unmittelbare Abwenden als bedrohlich erlebter Entwicklungen und die Befähigung der Betroffenen, selber aktiv zu werden, im Mittelpunkt stehen. In bestimmten Einrichtungen ist Krisenintervention ausdrücklicher oder ausschließlicher Auftrag wie etwa in der Krisenberatung freier psycho-sozialer und psychiatrischer Träger, dem Sozialpsychiatrischen Dienst, Krisenwohneinrichtungen wie Frauenhäusern, Kinderschutz-Clearing Stellen etc. Dabei beeinflussen sowohl die AdressatInnen wie auch das Setting, was als Krise definiert und bearbeitet wird. Während zum Beispiel in ambulanten niedrigschwelligen Hilfen wie einer telefonischen Krisenhotline primär die AdressatInnen selber definieren, ob und in welcher Art sie sich in einer Krise befinden, entscheiden bei stationären Hilfen sehr stark die Fachkräfte anhand vorbestimmter Kategorien darüber, ob eine Krise vorliegt, die eine Aufnahme indiziert.

Aber auch außerhalb dieser auf Krisen ausgerichteten Arbeitsfelder und Settings sind SozialarbeiterInnen und SoziapädagogInnen häufig mit Menschen in Krisen konfrontiert, denn Krisen sind subjektive Ausnahmezustände, die im Verlauf menschlichen Lebens weder krankhaft noch ungewöhnlich sind. Da Krisen und Krisenverläufe sehr unterschiedlich sein können, eignen sich Kriseninterventionsmodelle wie andere methodische Konzepte als Orientierung, aber nicht als Bedienungsanleitung.

Charakteristika: Zu den typischen Merkmalen der Krisenintervention gehören

- ein erhöhter Zeit- und Handlungsdruck sowie erhöhte emotionale Anspannung von Beteiligten,
- die Notwendigkeit, möglichst schnell positiven Kontakt zu Betroffenen aufzunehmen und rasch eine gute Arbeitsbeziehung zu gestalten,
- die Bereitschaft der Fachkräfte, stärker strukturierend zu agieren, um zur Stabilisierung der Situation beizutragen, und
- ein behutsamer Umgang mit dem Zurückspiegeln von Emotionen. Zwar sind personenzentrierte Grundhaltungen von Wertschätzung, Empathie und Kongruenz (Kap. 3.1) auch in der Krisenintervention wichtige Grundlagen, dennoch wird das Zurückspiegeln von Emotionen nur behutsam eingesetzt, weil es z.B. in suizidalen Krisen auch zur weiteren Destabilisierung beitragen könnte.

Phasen: Zu den Phasen der Krisenintervention, die in der Realität selten linear ablaufen, gehören

- rasche Kontaktaufnahme und erste Einschätzung der Art und Schwere der Krise inklusive Fragen nach akuter Gefährdung der AdressatInnen für sich oder andere,
- Identifikation (möglicher) Auslöser der Krise,
- Identifikation vorhandener innerer und äußerer Ressourcen,

die rasch zugänglich sind und die gegenwärtige Lage zeitnah entlasten und stabilisieren können,
- sehr konkrete Planung nächster, unmittelbarer Schritte ggf. inklusive Verabredungen für den Notfall (Prävention),
- Identifikation längerfristiger Ressourcen sowie Bewältigungsmechanismen und -strategien für weitere Stabilisierung und weitere Planung von Handlungsschritten,
- ggf. Hilfestellungen für die Re-Integration von Erfahrungen und Einsichten aus der Krise in die Lebensgeschichte.

Kunz, S., Scheuermann, U., Schürmann, I. (2009): Krisenintervention. Ein fallorientiertes Arbeitsbuch für Praxis und Weiterbildung. Juventa, Weinheim
Ortiz-Müller, W., Scheuermann, U., Gahleitner, S.B. (Hrsg.) (2010): Praxis Krisenintervention. 2.überarb. Aufl. Kohlhammer, Stuttgart

Übungsfall Krise

 Teil 1: **Mirjam** ist 16 und lebt seit einem Jahr in einer Jugendwohngruppe der stationären Jugendhilfe. Eines Nachmittags kommt Flora, eine andere WG-Bewohnerin und Freundin von Mirjam, aufgeregt zur diensthabenden Sozialpädagogin, die erst seit drei Wochen hier arbeitet, und sagt „Irgendwas ist mit Mirjam, sie ist ins Bad gerannt und hat sich eingeschlossen. Die tut sich was." Als die Sozialpädagogin vor der Badezimmertür ankommt, hört sie Mirjam weinen und Glas zerbrechen. In der Wohngruppe im Obergeschoss ist eine weitere Fachkraft im Dienst. Andere Gruppenmitglieder versammeln sich aufgeregt vor der Badezimmertür und spekulieren relativ lautstark über das, was sich im Inneren abspielt.

Überlegen Sie zu jeder der folgenden Fragen mehrere verschiedene Antworten.

- Wer hat hier möglicherweise eine Krise?
- Welche Emotionen haben die unterschiedlichen Beteiligten?
- Welche ersten möglichen Handlungsoptionen fallen Ihnen für die Sozialpädagogin ein?
- Was sind die Ziele des Handelns und warum?

Diskutieren Sie Ihre Antworten.

Anregung zur Selbstreflexion über den Fall hinaus:

- Wie gehen Sie mit erhöhten eigenen Emotionen (Angst, Wut, Trauer, Freude etc.) um?
- Wie reagieren Sie auf erhöhte Emotionen (Angst, Wut, Trauer, Freude etc.) anderer?
- Wo bzw. wie haben Sie Ihr Umgangsrepertoire im Lauf des Lebens gelernt?
- Welche Art Krisen haben Sie in Ihrem Leben selber schon bewältigt und was hat dabei geholfen?

Teil 2: Inzwischen sind 45 Minuten vergangen. Mirjam konnte nach einiger Zeit von Flora überredet werden, aus dem Badezimmer zu kommen. Mirjam hat sich mit Glasscherben Schnittwunden an den Unterarmen zugefügt und ist inzwischen von der Kollegin zum Arzt gebracht worden. Nach Mirjams Aussagen war der Auslöser ihrer Krise ein Streit mit dem Freund, der gedroht hat, sie zu verlassen. Im Dienstzimmer der Sozialpädagogin sitzt nun eine erregte Flora und will reden.

Improvisieren Sie in Kleingruppen (3–5 Personen) die Gesprächssituation zwischen Flora und der Sozialpädagogin. (Sie können das Gender der Figuren auch ändern). Verteilen Sie die Rollen, und nehmen Sie sich ggf. ein paar Minuten Zeit, um sich in die Rolle hineinzudenken. Beginnen Sie dann das Gespräch ohne weitere Vorabsprachen. Die anderen Personen in Ihrer Kleingruppe dienen als BeobachterInnen. Hinweis an die SpielerInnen: Vergessen Sie das Atmen nicht und denken Sie an „Scheiter heiter!". Versuchen Sie mindestens für 10–15 Minuten im Gespräch zu sein. Beenden Sie die Übung spätestens nach 20 Minuten, und werten Sie sie gemeinsam mit den BeobachterInnen aus. Ein Tipp: Wenn Sie die Möglichkeit haben, zeichnen Sie die Übung auf Video auf, um sie noch genauer auswerten zu können.

Anregungen zur Auswertung und Reflexion der Übung

- Welche Entwicklung hat das Gespräch genommen?
- Welche Momente oder Reaktionen (bei sich selbst oder Ihrem Gegenüber) waren unerwartet und haben Sie in irgendeiner Weise überrascht?

178 Umsetzung – planvolles Handeln und Improvisation

- Welche Prozesse der Improvisation können Sie in dem Gespräch wieder erkennen?
- Inwiefern sind methodische Ideen (z. B. aus der Krisenintervention oder anderen Methoden) in die Gestaltung des Gesprächs eingeflossen oder auch nicht?
- Auf welche Annahmen haben Sie in der Gestaltung Ihrer Rolle zurückgriffen?
- Auf welche Annahmen haben Sie in der Gestaltung des Gesprächs zurückgegriffen?

7 Dokumentieren und Evaluieren

> Dokumentationen gehören zum Alltag methodischen Handelns und dienen der Kommunikation, Rechtfertigung und Reflexion von Tätigkeiten. Je nach Zweck unterscheiden sich Dokumentationen in Form und Inhalt und richten sich an bestimmte organisationsinterne oder -externe Leserschaften. Sie müssen berufsethischen Standards entsprechen und dienen im Sinne einer Qualitätssicherung auch als Grundlage für Evaluationen. Evaluationen gewinnen systematisch Daten über die Praxis, um Prozesse oder Ergebnisse zu prüfen und Ideen für eine verbesserte Praxis anzuregen.

Das Dokumentieren und Evaluieren der Arbeit sind regelmäßig gegenwärtige Elemente methodischen Handelns geworden und begleiten alle bis hierher dargestellten Komponenten.

7.1 Dokumentation

> **Dokumentationen** fixieren und strukturieren in schriftlicher oder anderer Form die wesentlichen Informationen und Vereinbarungen im Verlauf der Handlungspraxis. Sie kommunizieren Absichten, Ziele, Verläufe, Ergebnisse und Bewertungen etc. ins Innere der eigenen Organisation oder auch nach außen an andere Einrichtungen. Zu diesem Zweck müssen sie für den intendierten Kommunikationskontext angemessen klar, vollständig, effizient und inhaltlich richtig sein.

Für viele PraktikerInnen gehört das Dokumentieren zu den eher ungeliebten Tätigkeiten, das erheblichen Zeit- und Energieaufwand erfordert und von der „eigentlichen" direkten Arbeit mit AdressatInnen abzuhalten scheint. Es ist auch nicht ganz von der Hand zu weisen, dass Dokumentationsanforderungen mitunter unverhältnismäßig aufwendig oder in der Form unpassend sein können. Dennoch begleitet das Dokumentieren den gesamten

Prozess professioneller Handlungspraxis von der Co-Konstruktion von Lebens-, Fall- und Problemgeschichten über die planerische Analyse und Vereinbarung von Handlungsschritten bis zur Umsetzung von Plänen. Dokumentationen variieren in Umfang und Form je nach Arbeitsfeld und Organisation und erfüllen eine Reihe wichtiger Funktionen.

7.1.1 Funktionen der Dokumentation

Zu den zentralen Funktionen der Dokumentation gehören:

Kommunikation nach innen: Dokumentationen sind Grundlage und Hilfsmittel für den Austausch und die Verständigung innerhalb der eigenen Organisation wie etwa innerhalb des Teams oder auch mit anderen organisationsinternen Stellen und Personen. Sie dienen der Sicherung von Kontinuität in Arbeitsprozessen z.b. beim Wechsel von Zuständigkeiten oder in der Zusammenarbeit mehrerer Fachkräfte.

Kommunikation nach außen: In Form von Berichten, Aufträgen, Gutachten, Empfehlungen etc. werden Dokumentationen auch für den Austausch und die Verständigung mit organisationsexternen Stellen oder Personen genutzt. Sie setzen Fachkräfte anderer Einrichtungen in Kenntnis über relevante Vorinformationen für die weitere Bearbeitung oder bieten Rückmeldungen zur geleisteten Arbeit als Teil eines koordinierten Hilfeprozesses.

Kommunikation mit AdressatInnen: Dokumentationen sind Grundlage und Anlass für den dialogischen Austausch und die partizipative Verständigung mit AdressatInnen. Bestimmte methodische Mittel, vor allem grafisch-visuelle wie etwa Genogramm, Netzwerkkarte, Eco-Map etc., bieten sich als interaktive Dokumentationsformen an, die gemeinsam mit AdressatInnen erstellt werden. Aber auch schriftliche Dokumentationen wie Hilfepläne, Zielvereinbarungen, Zwischen- oder Abschlussberichte sind Gelegenheit zum kommunikativen Abgleich, Rückblick oder Ausblick.

Selbstdarstellung: In jeder Kommunikation nach innen oder außen ist immer auch die Funktion der Selbstdarstellung enthalten.

Insofern umfasst das Dokumentieren intendierte oder nicht-intendierte Botschaften über den/die VerfasserIn des Textes, das Verständnis der Aufgaben und über die Organisation, die er/sie vertritt. Formen und Inhalte von Dokumentationen werden so auch zu Bildern der „Professionalität" von Fachkräften bzw. Organisation.

Rechtfertigung und Sicherung von Fachlichkeit und Finanzierung der Arbeit: Fachliche Bewertung, Legitimation und (Weiter-)Finanzierung von Leistungen oder Projekten hängen nicht unwesentlich von Dokumentationen ab. Dazu müssen Fachkräfte ihre Tätigkeiten oft in sprachliche und inhaltliche Kategorien fassen, die für Organisationen und Finanzierungsträgern vorgeschrieben oder akzeptierbar sind. Das führt mitunter zu ethischen Herausforderungen, etwa wenn die sprachlichen und anderen Vorgaben von institutioneller Seite nicht kompatibel sind mit der Sprache oder subjektiven Wahrnehmung der AdressatInnen. Beim Dokumentieren sollte geprüft werden, inwieweit Fachjargon, Abkürzungen oder Einordnungen und Zuschreibungen einer an Ressourcen und Individuen orientierten Sozialen Arbeit widersprechen und verändert werden sollten.

Grundlage und Anlass für Reflexion: Das Beschreiben und strukturierte Aufbereiten der eigenen Tätigkeiten und das Formulieren von Beobachtungen und Einschätzungen erfordert eine Form der Distanzierung von der gelebten Praxis und bietet so die Gelegenheit für reflexive Selbstüberprüfung. Insofern bedeutet das Dokumentieren für Fachkräfte stets auch eine inhaltliche Auseinandersetzung, Re-Orientierung und das Beziehen von Positionen.

Grundlage für übergeordnete Qualitätssicherungsprozesse: Neben ihren Funktionen für die Fall- oder Situationsebene bilden Dokumentationen auch eine notwendige Grundlage für übergeordnete Qualitätssicherungsprozesse wie etwa formale Evaluationen von Fällen, Programmen oder Projekten. Insgesamt lässt sich mit Meinhold konstatieren:

> „Dokumentationen sind ein unverzichtbares Element für qualitätsvolles Arbeiten. Sie sind aber keine Garantie für Qualität" (Meinhold 1997, 45).

7.1.2 Varianten der Dokumentation

Das klassische Format der Dokumentation, die im methodischen Handeln regelmäßig eine Rolle spielt, sind schriftliche Aufzeichnungen, mitunter gebündelt in Akten, die inzwischen meist elektronisch erstellt und abgespeichert werden. Formulare bzw. Software Templates können Anordnung und Inhalte der Aufzeichnungen strukturieren und so Fokus, Kategorien und Umfang des zu Dokumentierenden mehr oder weniger eng vorgeben. Je nach Arbeitskontext werden schriftliche Dokumentationen auch durch grafisch-visuelle Dokumentations- und Darstellungsformen (Genogramm, Eco-Map, Netzwerkkarte, etc.) oder durch digitale Aufnahmen von Wort- und/oder Bilddateien ergänzt.

Fallbezogene Dokumentationen: Zu den unterschiedlichen Varianten des Dokumentierens gehören z.B.

- interne Notizen z.B. als individuelle Erinnerungsstütze oder für die Übergabe der Verantwortung an TeamkollegInnen im pädagogischen Schichtdienst,
- Stammdatenblätter, Aufnahmeprotokolle, erste Problembeschreibungen,
- vertiefte Beschreibungen und diagnostische Analysen von Situationen, Problemen, Ressourcen und/oder Entwicklungen für Einzelfall-, Gruppen- oder Gemeinwesenarbeit,
- (Teil-)Transkripte oder Analysen von Video- oder Audioaufzeichnungen,
- Anträge für individuelle Leistungen oder Ressourcen für Projekte und Programme,
- Darstellungen von Planungsprozessen und daraus resultierender Pläne inklusive der Zielbeschreibungen, Vereinbarungen über Handlungsschritte, Zeiträume und Zuständigkeiten, wie etwa die Hilfepläne der Kinder- und Jugendhilfe,
- Zwischenberichte, die in vorgegebenen zeitlichen Abständen zusammenfassend Auskunft über Prozessverläufe, Prognosen oder weitere Maßnahmen geben und Grundlage für Entscheidungen über die Fortschreibung von Plänen und Weiterfinanzierung von Leistungen sein können,

- Abschlussberichte, die am Ende eines längeren Zeitraums zusammenfassend den Gesamtprozess und die Ergebnisse der Arbeit darstellen,
- Gutachten und Stellungnahmen, die an übergeordnete oder externe EntscheidungsträgerInnen wie z.B. Gerichte ergehen und die begründete Perspektive der Sozialen Arbeit für die anstehenden Entscheidungen darlegen.

Dokumentationen jenseits von Fällen: Auch jenseits einzelner Fälle sind Dokumentationen z.B. auf Organisationsebene vorzufinden, wie in

- Projektanträgen, -beschreibungen und -konzeptionen
- Beschreibungen von Leistungsangeboten
- Organigrammen
- Statistiken zu Fallzahlen, AdressatInnengruppen etc.
- organisationseigenen Leitbildern oder Zielbeschreibungen oder auch
- Kooperationsvereinbarungen mit anderen Einrichtungen.

7.1.3 Grundelemente und Herausforderungen der Dokumentation

Zu den häufig genutzten Grundelementen der Dokumentation gehören Beobachtung und Beschreibung sowie Bewertung und Begründung.

Beobachten und Beschreiben

Die achtsame Wahrnehmung von materiellen wie immateriellen Details und Prozessen bei AdressatInnen, in Gruppen oder im Gemeinwesen bildet die Grundlage des Beobachtens, das es dann zu beschreiben gilt. Dazu gehören z.B. Verhalten, Körpersprache und Ausdrucksweisen, Interaktions- und Interpretationsmuster oder auch physische Gegebenheiten wie etwa Räume oder Ausstattung. Beobachtungen sind stets durch persönliche und sozio-kulturelle Filter gefärbt und werden darüber hinaus von den Zwecken und theoretischen Ausrichtungen der Arbeit gesteuert. Beobachtungen können eher „nebenbei" oder sehr fokussiert erfolgen und können stark oder schwach an bestimmte Erkenntnisinteressen gebunden sein. So können Fachkräfte die Interaktion von Kindern auf dem Schulhof ohne spezifische Absichten auf sich wirken lassen, oder es können spezielle Ziele und Beobachtungsinstrumente die Aufmerksamkeit in bestimmte Richtungen lenken.

Orientierungspunkte für das Beschreiben: Das Beschreiben von Beobachtungen sollte möglichst präzise und wertfrei sein. Auch wenn es keine gänzlich objektive Beschreibung geben kann, da bereits die Wahrnehmung selektiv und alle Worte von Konnotation und Assoziationen gefärbt sind, so ist doch ein sensibler Umgang mit Wortwahl und Struktur in der Darstellung wichtig. Orientierungspunkte für Beschreibungen sind:

- Konkrete Darstellung des Kontexts der Beobachtung (Ort, Zeitpunkt, Zeitraum, Beteiligte, zufällige oder intendierte Beobachtung u. ä.)
- Das Verwenden und die klare Zuordnung von Ausdrucksweisen der AdressatInnen selbst oder ggf. anderer Quellen
- Darstellung auf der konkreten, beobachtbaren Verhaltensebene: wer hat was wo wann wie mit welchem Ziel und welchem Ergebnis getan?

Aus der Dokumentation des fortlaufenden Prozesses einer sozialpädagogischen Familienhilfe für **Anna**, 12 Jahre, und ihre alleinerziehende Mutter:
Hausbesuch am 8.10.2016, 10:00 – 10:30 Uhr. Das Gespräch fand in der Küche von Frau K. statt. Auf dem Küchentisch standen benutzte Teller und Tassen, die sie lächelnd mit den Worten „Anna hat endlich was gegessen heute morgen" kommentierte. Frau K. berichtete weiter, dass die Tochter „grummelig, aber selbstständig" die Schulsachen zusammengepackt und die Wohnung rechtzeitig in Richtung Schule verlassen habe. Frau K. bezeichnete die eigene Stimmung als „erschöpft, aber mit Hoffnung". Frau K. musste das Gespräch beenden, um einen kurzfristig angesetzten Arzttermin wahrzunehmen, der nächste Termin ist für den 12.10.2016 um 18 Uhr vereinbart.

Bewerten und Begründen

Bewertungen sind sprachlich möglichst klar von beschreibenden Darstellungen zu trennen. Kriterien für Bewertungen sollten transparent und fachlich begründet sein, und es sollte deutlich werden, von wem die Bewertung stammt. Einschätzungen, Prognosen oder Argumente für weitere Vorgehensweisen bedürfen theoretischer, ethischer und anderer fachspezifisch fundierter Begründungen. Wortwahl und Sprachlogik sind für Bewertungen und Begründungen von besonderer Bedeutung, wenn die Argumentationen klar ausfallen sollen.

Orientierungsfragen zur Bewertung und Begründung:

- Wie bewerten Sie eine Sachlage?
- Warum? Woran machen Sie Ihre Bewertung fest?
- Wie begründen Sie Ihre Bewertungen, Prognosen oder Ideen für weiteres Vorgehen?
- Was sind Ihre fachlichen, theoretischen und/oder ethischen Argumente?

*Die derzeitige Beziehung und Belastungssituation von Frau K. mit Tochter **Anna** scheint sich entspannt zu haben, da Frau K. positive Verhaltensänderungen bei Anna vermerkt. Frau K. erschien auch deutlich entspannter in der Interaktion mit der Fachkraft als beim letzten Besuch. Gleichzeitig betont sie, durch Annas anhaltende Schlafstörungen und Gefühlsausbrüche nach wie vor erschöpft zu sein, und sagt, sie sei unsicher, ob die positiven Veränderungen anhalten werden.*

Einschätzung und weiteres Vorgehen: Fr. K. bedarf weiter unterstützender Begleitung und Ermutigung für die Anpassung ihrer Umgangsweise und der Konsolidierung positiver Beziehungsmuster mit Anna. Frau K. stimmt zu, Annas Essensverhalten und andere wünschenswerte Veränderungen auch weiterhin für sich zu vermerken. Sie möchte aber diese Veränderungen bis auf weiteres nicht direkt mit Anna besprechen, um nicht oppositionelle Verhaltensmuster auszulösen. Ob und wie Anna positive Rückmeldungen ihrer Mutter erhalten kann, soll Gegenstand weiterer Gespräche sein. Da Frau K. Zweifel an der Nachhaltigkeit der Verhaltensänderungen von Anna hat, wäre es ggf. auch hilfreich, ihre Befürchtungen genauer zu besprechen und konkrete Strategien für den Umgang mit neuen oder alten Herausforderungen und Entwicklungs-

aufgaben der Tochter zu entwerfen. Ferner will Frau K. Gelegenheiten für das eigene Ausruhen identifizieren und wenn möglich nutzen. Möglichkeiten der Entlastung sollen bei nächsten Besuchen weiter exploriert werden.

 Schauen Sie sich das Genogramm *(Abb. 3)* in Kap. 3.1 an und übersetzen Sie die Grafik in einen dokumentierenden Fließtext.

1. Erstellen Sie allein auf der Grundlage des Genogramms eine schriftliche Beschreibung der Familiensituation.
2. Überprüfen Sie Ihren Text auf a) Vollständigkeit der Informationen, die aus dem Genogramm hervorgehen, b) sprachliche und inhaltliche Präzision und Richtigkeit, c) beschreibende (statt bewertende) Darstellungsweise und Wortwahl.
3. Reflektieren und diskutieren Sie Erkenntnisse aus dieser Übung.

Herausforderungen bei der Dokumentation

Dokumentationsaufgaben stellen Fachkräfte vor eine Reihe von Herausforderungen:

- Die Komplexität Sozialer Arbeit soll in klare und möglichst kurze Formen der Darstellung gefasst werden, ohne eben diese Komplexität zu verleugnen.
- Da Dokumentationen verschiedene Zwecke erfüllen und sich an bestimmte Leserschaften richten, müssen sie einerseits vorgegebene Kategorien aufrufen und andererseits die Perspektive Sozialer Arbeit, auch im Sinne einer anwaltschaftlich-parteilichen Arbeit für AdressatInnen, vertreten.
- Im Sinne einer partizipativen, dialogischen und selbstbemächtigenden Praxis sollen Dokumentationen sowohl fachlichen Standards entsprechen als auch AdressatInnen zugänglich und verständlich sein.
- Dokumentationsformen sollen sowohl pragmatisch sein und zu den Arbeitsweisen von Fachkräften passen, als auch konzeptionelle Leitlinien in Organisationen und Grundprinzipien der Profession unterstützen, also z. B. nicht stigmatisierend wirken.
- Dokumentationen enthalten vielfach personenbezogene Da-

ten. Daher sind Datenschutzregelungen bei der Sammlung, Aufbewahrung und Herausgabe von Dokumentationen zu berücksichtigen. Das gleiche gilt auch für Formen der Audio- oder Bildaufzeichnungen von AdressatInnen.

Reflexionsfragen zu Dokumentationspraktiken:

- Welchen Zwecken dient die Dokumentation?
- An wen ist sie primär gerichtet und wer hat sonst noch Zugriff darauf?
- Wie formalisiert bzw. zugänglich sind Sprache und Form der Dokumentation? Welchen Anforderungen oder Vorgaben muss die Dokumentation genügen und welche Sprache ist angemessen?
- Werden Dokumentationen mit AdressatInnen gemeinsam erstellt und/oder mit ihnen geteilt? Welchen Unterschied würde es machen, wenn AdressatInnen regelmäßig beteiligt würden?
- Passen Dokumentationsweisen zur Praxis und fördern sie professionelle Arbeitsweisen?
- Welche Bilder werden von AdressatInnen, Gruppen, Gemeinwesen gezeichnet und welche Selbstbilder seitens der Fachkräfte oder Organisationen?
- Sind Beschreibungen, Bewertungen und Begründungen innerhalb einer Dokumentation sprachlich und inhaltlich klar, korrekt und nachvollziehbar?
- Werden Datenquellen benannt, wenn die Informationen nicht aus eigener Beobachtung stammen?
- Werden stigmatisierende oder diskriminierende Hervorhebungen und Ausdrucksweisen vermieden?
- Entspricht der Umgang mit Dokumentationen den Datenschutzvorgaben?
- Ist die Dokumentation so umfangreich wie nötig, um die gewünschten Zwecke zu erfüllen, und gleichzeitig so gering wie möglich?

Brack, R., Geiser K. (2009): Aktenführung in der Sozialen Arbeit. 4. Aufl. Haupt, Bern
Reichmann, U. (2016): Schreiben und Dokumentieren in der Sozialen Arbeit. Barbara Budrich, Leverkusen

7.2 Evaluation

Der Begriff der Evaluation hat als Teil der Qualitätsdebatte Einzug in die Praxis Sozialer Arbeit gehalten und ist inzwischen ebenso verbreitet wie diffus. Im alltäglichen Sprachgebrauch wird „Evaluation" oft mit Bewertungs- und Reflexionsprozessen aller Art gleichgesetzt, was dazu führt, dass der Begriff seine Konturen einbüßt. Im Folgenden wird daher unterschieden zwischen evaluativ-reflexiven methodischen Konzepten, wie z.B. Supervision oder Kollegiale Beratung, die die alltägliche Arbeit von Fachkräften begleitend unterstützen, und Evaluation im engeren Sinn, für die über einen längeren Zeitraum hinweg strukturiert Daten erfasst und dann ausgewertet werden.

7.2.1 Gegenstände und Merkmale der Evaluation

Evaluation im engeren Sinn ist ein systematisierter, zweckgebundener Prozess der Bewertung von Strukturen, Prozessen oder Ergebnissen beruflicher Praxis, über den Wissen für die Verbesserung künftiger Handlungen bzw. für Entscheidungen in der Praxis generiert werden soll.

Wie Merchel (2015) betont, sind Evaluationen nicht identisch mit Evaluationsforschung, auch wenn Evaluationen sich in ihren Formen und Methoden vielfach an empirischer Sozialforschung orientieren. Evaluationen sollen zwar ähnlich empirischer Forschung möglichst genaue, nachvollziehbare und belastbare Ergebnisse hervorbringen, sie wollen dabei aber für die Praxis unmittelbar nützliche Erkenntnisse produzieren, in der Umsetzung pragmatisch, sowie respektvoll und fair im Umgang mit Beteiligten des Evaluationsprozesses sein. Daher umfassen Evaluationen ein flexibles, breites Spektrum von Ansätzen und haben meist nicht den Anspruch, dass Ergebnisse sich über den konkret fokussierten Praxiskontext hinaus verallgemeinern lassen.

Gegenstände: Evaluationen können sich auf unterschiedliche Gegenstände richten wie etwa auf

- Auswirkungen gesetzlicher Initiativen oder anderer politischer Maßnahmen (Politikevaluation),

- Strukturen und/oder Prozesse von Organisationen (Organisationsevaluation),
- Kompetenzen, Zufriedenheit oder Bedarfe von MitarbeiterInnen (Personalevaluation) oder
- Programme (Programmevaluation) oder Projekte (Projektevaluation), die bestimmte Angebote, Maßnahmen oder Interventionen umsetzen.

Programmevaluationen: Am weitesten in der Sozialen Arbeit verbreitet sind Programmevaluationen. Als zwischenzeitliche und abschließende Überprüfung der Handlungspraxis sind Programmevaluationen Teil des Qualitätsmanagements und sollen zur Qualitätsentwicklung beitragen. Sie werfen einen kontrollierenden Blick auf Umsetzung und Wirkungen von Programmen, stellen Einsichten für ihre Steuerung zur Verfügung und werden eingesetzt um Programme zu legitimieren. Programmevaluationen dienen z.b. der Einschätzung von Bedarfen auf Seiten von AdressatInnen oder Fachkräften oder beurteilen die methodische Konzeption samt der Prozesse und Strukturen innerhalb des Programms. Sie können auch nach Wirkungen oder Ergebnissen des Programms fragen, oder durch einen Vergleich von Kosten und Nutzen die Effizienz des Programms bewerten.

Merkmale von Evaluationen: Evaluationen sind von einer Reihe genereller Merkmale gekennzeichnet. Sie sind

- kriteriengeleitet, d.h. im Vorfeld von Evaluationen müssen Kriterien entwickelt werden, anhand derer Bewertungen vorgenommen werden können. Dazu bedarf es Überlegungen und Einigungen darüber, welche Werte, Maßstäbe etc. im Mittelpunkt stehen und wessen Perspektiven berücksichtigt werden sollen.
- systematisch und transparent, d.h. Evaluationen bedürfen methodischer Konzepte, die den Prozess im Vorfeld strukturieren und Ziele, Fragestellung, Messverfahren, Analyse und Verwertung der Daten in einen nachvollziehbaren Sinnzusammenhang bringen.
- orientiert an Praxiszwecken, d.h. Evaluationen sind nicht Selbstzweck, sondern wollen und sollen der Praxis nutzen. Durch klare Zielsetzung und das Aushandeln von Zweck und Formen mit InteressenträgerInnen („stakeholder") erhöht sich

die Wahrscheinlichkeit, dass die oft als zusätzlicher Arbeitsaufwand oder als störend empfundene Sammlung von Daten von den Beteiligten mitgetragen wird.
- eingebettet in Organisationskontexte, d.h. Arbeitszusammenhänge, Ziele und Dynamiken innerhalb bzw. zwischen Organisationen spielen eine zentrale Rolle, wenn es zu entscheiden gilt, was wie evaluiert werden soll. Die Analyse der Organisation (Kap. 5.1.2) kann dabei helfen, möglichen Ängsten oder Bedenken bereits im Vorfeld zu begegnen und eine Evaluation möglichst kontextsensibel zu gestalten.

7.2.2 Arten der Evaluation

Evaluationen unterscheiden sich mindestens tendenziell in ihrer Ausrichtung. Sie können Praxis im Nachhinein auswerten oder in Intervallen begleitend angelegt sein. Sie können als Selbst- oder Fremdevaluation gestaltet werden. Diese Unterscheidungen folgen jeweils einer eigenen Logik, schließen sich aber nicht gegenseitig aus. Gezielte Mischformen können je nach Ziel der Evaluation durchaus geboten sein.

Summativ oder formativ

Summative Evaluationen: Summative Evaluationen dienen dazu, ein Projekt oder eine Programmeinheit rückblickend insgesamt auszuwerten. Sie geben mittels spezifischer Forschungsmethoden eine bilanzierende Einschätzung des Verlaufs, der Ergebnisse und/oder der Wirkungen von (Modell-) Projekten oder Programmen. Dazu untersuchen summative Evaluationen typischerweise erst nach Abschluss eines Projekts oder einer Programmeinheit

- inwieweit strukturelle Ressourcen und Bedingungen angemessen waren,
- inwieweit die geplanten Prozesse den tatsächlichen entsprochen haben,
- wie verschiedene InteressenträgerInnen („stakeholder"), wie etwa AdressatInnen, Fachkräfte oder Verwaltungskräfte ihre Erfahrungen oder Zufriedenheit charakterisieren,

- inwieweit beabsichtigte Wirkungen erzielt wurden, bzw. welche anderen Effekte verzeichnet werden können und/oder
- inwieweit das Programm effizient (Verhältnis von Aufwand zu Nutzen) war.

Formative Evaluationen: Formative Evaluationen haben begleitenden Charakter. Sie dienen im Verlauf eines Projekts oder Programms dazu, die Umsetzung zu kontrollieren und gezielte Modifikationen zu ermöglichen. Insofern stellen formative Evaluationen dieselben Fragen wie summative, sind aber stärker prozessorientiert und geben in Intervallen zu vorbestimmten Zeitpunkten datenbasierte Rückmeldungen. Orientiert an den am Programm beteiligten InteressenträgerInnen stellen formative Evaluationen Zwischenergebnisse zur Verfügung, die zur (Nach-)Steuerung des Programmverlaufs genutzt werden.

Fremd- und Selbstevaluation

Weitere Unterscheidungen ergeben sich aus der Frage, inwieweit die evaluierende Person selber Teil der Praxis ist, die evaluiert wird.

Extern oder Intern: Evaluationen durch Personen außerhalb der Organisation sind sogenannte externe Evaluationen, während Personen, die innerhalb der Organisation angesiedelt sind, interne Evaluationen durchführen.

Selbst- oder Fremdevaluation: Wenn die intern evaluierende Person selbst auch an der Praxis beteiligt ist, die Gegenstand der Bewertung ist, dann handelt es um eine „Selbstevaluation". Ist sie zwar Teil der Organisation, wirkt aber nicht direkt an der Programmpraxis mit und kann daher eine programm-ferne Perspektive einnehmen, lässt sich von einer „internen Fremdevaluation" sprechen. Externe Evaluationen sind immer Fremdevaluationen.

Nähe oder Distanz: Die Unterscheidungen intern/extern sowie Selbst-/Fremdevaluation verweisen auf die Grundfrage nach Nähe bzw. Distanz der evaluierenden Personen zum Untersuchungsgegenstand. Jede Position im Nähe-Distanz-Spektrum hat eigene Vor- und Nachteile. An dem einen Ende des Spektrums liegen externe Fremdevaluationen, die die größte Distanz zur Organisation und zum Programm haben und damit höhere Chancen, relativ unabhängig von organisationsinternen Kulturen, Praxen und Dynamiken zu agieren und zu urteilen. Gleichzeitig ist der Abstand zur Alltagspraxis oft ein Hindernis für die Akzeptanz des externen Evaluationsprozesses und seiner Ergebnisse.

Selbstevaluationen am anderen des Spektrums versprechen durch ihre Nähe zur eigenen Praxis mehr Akzeptanz durch Fachkräfte, die im bewertenden Prozess selber aktiv werden. Fachkräfte erkennen eher einen unmittelbaren Nutzen der Evaluation und werden im Prozess zur Selbstreflexion angeregt. Die Nähe hat aber auch den Nachteil, dass persönliche sowie soziale Faktoren aus Teams und Organisation die kritische Perspektive einschränken können und sich eine mögliche „Betriebsblindheit" fortsetzt.

Das Navigieren der Doppelrolle als PraktikerIn und EvaluatorIn in der Selbstevaluation ist schwierig und bedarf meist der Unterstützung durch Instrumente, Verfahren und zusätzliche Personen, um genügend Distanz und Perspektivenvielfalt zu gewinnen.

7.2.3 Methodische Elemente und Prozesse in Evaluationen

Evaluation bedarf einer klaren methodischen Vorbereitung, die den generellen Schritten von Planung (Kap. 5) entspricht. Anhand einer schriftlichen Konzeption sollten im Vorfeld erarbeitet und festgehalten werden:

- Ziele, Fragestellungen und Gegenstände
- Bewertungsmaßstäbe (Kriterien) und ihre Indikatoren
- Art und Umfang der Evaluation
- zu beteiligende oder zu informierende Personen und Stellen
- genaue Formen (Instrumente), Dauer und Frequenz der Datensammlung
- zeitliche Abläufe inklusive Zeitpunkte für Rückmeldungen oder Ergebnispräsentation
- Risiko- und Ressourcenklärung
- Formen und Zeiten für Abschlussauswertung und -reflexion

Auch der Prozess einer Evaluation selbst sollte in der Sozialen

Arbeit zu den Werten und Prinzipien der Profession passen. So ist es z. B. ratsam, auch auf dieser Ebene Möglichkeiten für Partizipation, Dialog und Perspektivenvielfalt zu stärken, sowie die Dynamiken von Hierarchien und Macht zu berücksichtigen.

Reflexionsfragen zu Evaluationsprozessen:

- Was ist der Zweck/das Ziel der Evaluation?
- Was ist die konkrete Fragestellung?
- An welchen Kriterien macht sich der Zustand des Untersuchungsgegenstands fest?
- Welche konkreten Indikatoren sollen genutzt werden, um diese Kriterien zu messen/zu erfassen?
- Wessen Perspektiven sollen berücksichtigt werden (Fachkräfte, AdressatInnen, Verwaltung, KooperationspartnerInnen, formelle oder informelle Ressourcen aus dem Umfeld oder dem Gemeinwesen etc.)?
- Über welchen Zeitraum, wie oft, von wem und wo sollen Daten gesammelt werden?
- In welcher Form sollen Daten erhoben werden (Aktenauswertung, Online-Umfrage, Kurzinterviews, Beobachtung, u. ä.)?
- Wer wird die Daten wie auswerten?
- Wie und wann erfolgt eine Rückmeldung von Ergebnissen an InteressenträgerInnen bzw. Beteiligte der Evaluation?
- Welche Möglichkeiten der Kommentierung zu Evaluationsprozess und -ergebnissen soll es geben?
- Welche Vorteile und Chancen sehen Beteiligte in der Evaluation?
- Welche Ängste und Bedenken haben Beteiligte zu der Evaluation?
- Wie können partizipative und dialogische Prozesse gestärkt und gestaltet werden?
- Wie können NutzerInnenperspektiven in allen Phasen der Evaluation – von der Entwicklung der Fragestellung über Design bis zur Auswertung – eingebracht werden?

Merchel, J. (2015): Evaluation in der Sozialen Arbeit. 2. Aufl. Ernst Reinhardt, München/Basel
Spiegel, H. v. (2013): Methodisches Handeln in der Sozialen Arbeit. 5. Aufl. Ernst Reinhardt, München/Basel

7.2.4 Evaluativ-reflexive methodische Konzepte

Neben Evaluationen im engeren Sinn gibt es kleinere evaluativ-reflexive methodische Konzepte, die den Praxisalltag begleiten. Sie haben das Ziel, Handlungsoptionen zu erweitern, die Arbeitsbeziehung zu AdressatInnen zu fördern sowie einen strukturierten Rahmen für kritische Analyse und Reflexion der eigenen Tätigkeit zu schaffen, um so auch zur professionellen Weiterentwicklung von Fachkräften beizutragen. Diese methodischen Konzepte sind weniger umfassend und systematisiert als Evaluationen, aber ebenfalls theorie- und regelgeleitet.

Systematisches Feedback

Es gehört schon lange zur Handlungspraxis, dass Fachkräfte regelmäßig Gelegenheiten schaffen und nutzen, um mit AdressatInnen in einen übergeordneten (Meta-) Dialog zur gemeinsamen Arbeit einzutreten und nachzufragen, wie die gemeinsame Arbeit aus Sicht der NutzerInnen läuft. Diese evaluativ-reflexiven Praktiken geschehen oft am Rande oder am Ende von Beratungen oder anderen Interaktionen. Mitunter sind sie angeregt von den Dokumentations- und Zeitvorgaben in Hilfeplanungen, sie können sich aber auch davon unabhängig oder spontan ergeben.

Feedback-informed Treatment: Ein für psychotherapeutische Prozesse entwickeltes nutzerorientiertes Verfahren ist das „Feedback-informed Treatment" (Miller et al. 2005), das die Rückmeldungspraxen systematisiert und speziell zwei Bereiche fokussiert, die sich als „Allgemeine Wirkfaktoren" (Kap. 3.3.1) in der Literatur etabliert haben: Das subjektive Wohlbefinden der AdressatInnen und die Qualität der Zusammenarbeit. Bei jedem Treffen geben AdressatInnen über zwei kurze Instrumente eine Einschätzung zu beiden Bereichen. Die „Outcome Rating Scale" (ORS) fragt, wie es NutzerInnen in der letzten Woche

- „ganz persönlich"
- in Bezug auf „Familie/nahe Beziehungen"
- in „Arbeit/Schule/Freundschaften" und
- „insgesamt"

gegangen ist. AdressatInnen markieren ihre subjektive Einschätzung einfach jeweils auf einer zehn Zentimeter langen Linie zwischen „besser" und „schlechter".

Ähnlich bittet die „Session Rating Scale" (SRS), das gerade beendete Treffen einzuschätzen mit Blick auf

- die Qualität der Beziehung
- Gemeinsamkeit und Fortschritt in der Bearbeitung von Zielen und Themen
- die Herangehensweise oder Methoden der Arbeit
- sowie abschließend noch einmal insgesamt.

Im Gegensatz zu forschungsorientierten Skalen, ordnen ORS und SRS der Einschätzung keine Zahlen zu, sondern bieten ein im Vorfeld nicht näher beschriebenes Spektrum zwischen den Polen „besser" und „schlechter". Die Angaben dienen also nicht primär der Quantifizierung, sondern als Grundlage für Reflexion und Dialog mit AdressatInnen, und werden so zum Teil der Gesamtintervention.

Diese spezifische Form systematischer und regelmäßiger Rückmeldungen ist nicht unbedingt in allen Arbeitsfeldern und Organisationen der Sozialen Arbeit nützlich oder angemessen. Dennoch kann die einfache Methodik und vor allem die doppelte Fokussierung auf Arbeitsbeziehung und Wohlbefinden reflexiv-evaluative Dialoge mit AdressatInnen anregen und strukturieren. Durch die regelmäßige Dokumentation signalisiert eine solche systematische Feedbackpraxis die Wichtigkeit des subjektiven Erlebens von Fortschritten und Arbeitsbeziehung und erlaubt überdies rückblickende Prozessanalysen anhand der vorhandenen Aufzeichnungen.

Linsenhoff, A. (2012): Therapeutisches Arbeiten mit einem einfachen Feedback-System. Psychotherapie im Dialog, 13, 97–102, abrufbar unter: www.profamilia-heidelberg.de/pages/beratung/veroeffentlichungen/therapeutischesarbeiten, 03.07.2017

Supervision

Ein seit den 1960er Jahren etabliertes methodisches Konzept für die Strukturierung reflexiv-evaluativer Prozesse auf Seiten von professionellen Fachkräften ist die Supervision. Supervision (zusammengesetzt aus dem Lateinischen „super" und „videre", wörtlich „darüber sehen") ist ein indirektes methodisches Handlungskonzept, d.h. es zielt auf Fachkräfte und nur indirekt auf AdressatInnen.

> **Supervision** ist die alltagsbegleitende Beratung von Fachkräften zu laufenden Prozessen ihrer beruflichen Praxis. Ausgebildete SupervisorInnen helfen Fachkräften (SupervisandInnen) in komplexen Arbeitssituationen bei der Klärung von Handlungsoptionen und Rollen. Sie thematisieren Fragen, Konflikte oder Probleme auf der Fallebene oder zu Arbeitsatmosphäre und Rahmenbedingungen innerhalb von Teams und Organisationen.

Sinn und Hintergrund von Supervision: Die Komplexität und der hohe Anteil von Beziehungsarbeit in der Praxis Sozialer Arbeit müssen durch die persönlichen Kompetenzen, Ressourcen und Kräfte der PraktikerInnen bewältigt werden. Vor diesem Hintergrund dient Supervision der psychischen Entlastung und bietet Anregungen, die berufsbezogenen Dynamiken sowie Rahmenbedingungen der Arbeit zu reflektieren. Supervision ist daher ein Raum des berufsbezogenen Lernens und regt Fachkräfte zum Perspektivwechsel und zur Distanzierung zu Denk- und Handlungsmustern an, um arbeitsbezogene Konflikte, ethische Dilemmata oder Handlungsblockaden zu überwinden. Als Form der „Metareflexion sozialberuflicher Praxis" (Krauß 2012, 722) muss der Prozess der Supervision zu den Prozessen und Strukturen der jeweiligen Praxis passen. Daher ist Supervision in der Sozialen Arbeit von den gleichen Grundprinzipien und Charakteristika geprägt, und ebenso an Ethik und Theorien orientiert, wie direkte Handlungsmethoden, die sich unmittelbar an AdressatInnen richten.

Die Wurzeln der Supervision reichen bis zu den Anfängen der Profession zurück. Zunächst bezeichnete Supervision vor allem die Aufsichts- und Kontrollfunktionen einer übergeordneten Person. Dieses Verständnis entspringt dem anglo-amerikanischen

Sprachgebrauch, in dem „supervisor" noch heute die allgemeine Bedeutung von „vorgesetzter Person" hat und auch in ihrer Variante als „clinical supervision" die administrative Fachaufsicht mit einschließen kann. In Deutschland hat sich die moderne Einsatzform von Supervision dagegen als methodisches Konzept einer „Beratung der BeraterInnen" etabliert und wird typischerweise nicht von den Vorgesetzten, sondern von Personen außerhalb der eigenen Organisation durchgeführt. Dies erlaubt sowohl SupervisorInnen wie SupervisandInnen eine größere Distanzierung und Abgrenzung von Hierarchien und Dynamiken des Arbeitsalltags und der Organisation. Machtunterschiede sind dennoch durch unterschiedliches Fachwissen der Beteiligten oder die Auftrags- und Finanzierungsquelle der Supervision latent weiter vorhanden.

Verschiedene Formen der Supervision: Zu den unterschiedlichen Formen der Supervision gehören u.a.:

- Einzelsupervision, in der der/die SupervisorIn mit nur einem/r SupervisandIn arbeitet und den vorgebrachten Anliegen ausschließliche Aufmerksamkeit entgegenbringen kann.
- Gruppensupervision, in der mehrere Fachkräfte in Kleingruppen gemeinsam an Sitzungen teilnehmen. Teilnehmende Fachkräfte sind meist in ähnlichen Arbeitsfeldern tätig, können aber aus unterschiedlichen Organisationen oder Professionen kommen. Gruppensupervision birgt die potentiellen Vorteile von Perspektivenvielfalt und positiven, unterstützenden oder kreativen Gruppendynamiken, aber auch die Nachteile möglicher negativer Dynamiken in der Gruppe. Auch können nicht in jeder Sitzung die eigenen Fälle oder Anliegen einbracht werden, sondern Zeit und Aufmerksamkeit müssen geteilt werden. Eine besondere Form der Gruppensupervision ist die Ausbildungssupervision. Darin können z.B. Studierende der Sozialen Arbeit im Praktikum verstärkt die Entwicklung professioneller Identität und die Verknüpfung von akademischem Wissen und Praxiserfahrung in den Blick nehmen.
- Teamsupervision, in der Teams, Arbeits- oder Projektgruppen, die im Arbeitsalltag eng zusammenarbeiten, gemeinsam an der Supervision mit dem Ziel teilnehmen, die Arbeitsbeziehungen untereinander zu reflektieren und zu verbessern.

- Fallsupervisionen, die als Einzel- oder Gruppensupervision stattfinden können und, wie der Name schon sagt, auf die Bearbeitung fallbezogener Fragen und Themen fokussieren.

Verwandte Konzepte: Supervision ähnelt und überschneidet sich mit anderen psycho-sozialen Dienstleistungskonzepten wie etwa Psychotherapie, Coaching oder Organisationsentwicklung und -beratung. Viele SupervisorInnen sind gleichzeitig in mehreren dieser Bereiche tätig. Dennoch unterscheidet sich die Supervision von der Psychotherapie durch ihren klaren Fokus auf berufliche Zusammenhänge. Persönliche Belange und Entwicklungen aus dem privaten Bereich werden zwar auch berührt, aber in der Supervision typischerweise nicht vertieft. Organisationsberatung und -entwicklung nimmt die Organisation als Gesamtes in den Blick, während Supervision einzelne Personen, Gruppen oder Teams unterstützt.

Der historisch jüngste verwandte Begriff ist das Coaching, der dem Sportbereich entliehen ist. Coaching als „Fit-machen" für anstehende Aufgaben wurde zunächst stark vom privatwirtschaftlichen Unternehmensbereich geprägt und vor allem für die berufliche Weiterentwicklung von Führungskräften eingesetzt. Anders als Supervision, die in Deutschland seit 1989 über einen Fachverband verfügt und eigene Ausbildungs- und Qualitätsmerkmale entwickelt hat, ist Coaching bislang deutlich weniger reguliert.

Tendenziell beschäftigt sich Coaching vor allem mit der Gestaltung der eigenen Rolle innerhalb von Organisationen und zielt, mindestens in der Privatwirtschaft, oft weniger auf eine Distanzierung der Person von ihrer beruflichen Rolle, sondern eher auf eine optimierte Verschmelzung von beidem. Die inhaltlichen Übergänge von Coaching und Supervision sind allerdings vielfach fließend und abhängig von den theoretischen Orientierungen der beratenden Fachkräfte.

Ein weiteres der Supervision verwandtes methodisches Konzept ist die „Kollegiale Beratung", die in Kap. 7.4 exemplarisch vertieft wird.

> **Reflexionsfragen zu evaluativ-reflexiven Methoden:**
>
> - Was ist der primäre Zweck/das Ziel der evaluativ-reflexiven Methode?
> - Wer ist darin involviert?
> - Wessen Perspektiven werden berücksichtigt?
> - Welches Format (z. B. direktes Feedback und Dialog mit AdressatInnen, Supervision in Einzel-, Gruppen- oder Teamformat etc.) ist dem Zweck angemessen und welche Vor- und Nachteile hat das gewählte Format?
> - Welche Machthierarchien und -dynamiken sind im Format enthalten?
> - Welcher Ressourcen oder Vorbereitung bedarf es, um die Methode kontext- und zielgerecht einzusetzen?

Belardi, N. (2013): Supervision. Grundlagen, Techniken, Perspektiven. 4. aktualisierte Aufl. C.H. Beck, München

Krauß, E.J. (2012): Supervision für soziale Berufe. In: Thole, W. (Hrsg.): Grundriss Soziale Arbeit. VS Verlag für Sozialwissenschaften, Wiesbaden, 719–733

7.3 Kritische Reflexion

Wie alle Elemente methodischen Handelns stehen auch Dokumentation und Evaluation in den für die Soziale Arbeit typischen Spannungsfeldern von Hilfe und Kontrolle, Struktur und Offenheit etc. Von besonderem Interesse ist deshalb die Frage, wie Machtverhältnisse in Dokumentations- und Evaluationspraxen eingeschrieben sind bzw. durch sie reproduziert werden, und was ein ethischer Umgang mit ihnen erfordert.

So ist Dokumentation innerhalb bürokratischer Abläufe, insbesondere Akten, die in Institutionen geführt werden, untrennbar mit Macht und Herrschaftsdynamiken verbunden. Akten bilden das „Gedächtnis" von Organisationen und haben als solches einen ambivalenten Charakter (Geiger 2014, 28).

> „[Akten] zählen zu den Garanten für Rechtmässigkeit und bürokratische Ordnung, werden allerdings immer wieder im Zusammenhang mit Formen des Machtmissbrauches genannt" (Geiger 2014, 29).

Deutungshoheit und Stigma: Eine Quelle der Macht liegt in der Deutungshoheit der dokumentierenden Personen und Institutionen. Dokumentationszwänge haben zur Folge, dass AdressatInnen ihre persönlichen Daten, Anliegen, Problem- und Lebensgeschichten nicht nur preisgeben müssen, sondern dass die Deutung und Einordnung dieser Geschichten durch andere in Akten festgehalten und somit oft fest- und fortgeschrieben werden. Die in Akten markierten Besonderheiten, Merkmale und Qualitäten der beschriebenen Personen und Situationen, die explizite oder implizite Bewertung ihres Verhaltens und Charakters, bleiben vielfach an AdressatInnen haften und wirken stigmatisierend.

Der schnelle Austausch von Daten über elektronische Wege oder die Steuerung von Aufmerksamkeit und Deutungen durch Formulare und Software können diese Effekte zusätzlich verstärken. Über die Beachtung von Datenschutzvorschriften hinaus sollten Deutungs- und Dokumentationspraxen, auch und gerade auf Organisationsebene, daher Gegenstand kritischer Reflexion sein.

Druck auf PraktikerInnen: Dokumentationszwänge wirken sich auch auf PraktikerInnen selbst aus, die sich und ihre Tätigkeit auf diese Weise bewertbar machen (müssen). Sie erleben oft hautnah, wie das Dokumentieren und Evaluieren ihres Handelns gleichermaßen hilfreich *und* kontrollierend, be- *und* entlastend, perspektiveneinschränkend *und* -erweiternd etc. wirken kann. Fachkräfte sind einerseits aufgefordert, genau zu überlegen, was wie für wen festgehalten und formuliert werden soll, und müssen andererseits mit Zeitdruck und dem Anstieg geforderter Dokumentation umgehen. Dokumentation als Grundlage für Evaluationen und Qualitätssicherung folgt so dem generellen Druck dauerhafter (Selbst-)Optimierung und Rechtfertigung.

In gleicher Weise haben Evaluationen im Kontext der Ökonomisierung Sozialer Arbeit einen Januskopf von Vor- und Nachteilen. Erkenntnisse über Erfolg oder Auswirkungen von Programmen und Arbeitsweisen sind wertvoll, werden aber im Zuge des Wettbewerbsprinzips zwischen Anbietern auch zu Machtinstrumenten. Die aus Evaluation und Dokumentation abgeleiteten Ideen für Verbesserungen sind stets in Gefahr, auf der Mikro-Ebene hängenzubleiben. Die systematische Berücksichtigung politischer, finanzieller und organisatorischer Rahmenbedingungen ist daher nötig, um Evaluationen kritisch im größeren

Kontext zu verorten. Evaluation und Dokumentation sind also ethisch geboten, aber nicht in jeder Form ethisch angemessen, und durch ihre diskursive Einbettung in Machtdynamiken immer auch problematisch.

7.4 Exemplarische Vertiefung: Kollegiale Beratung

Kurze Begriffsbestimmung/Definitionen: Kollegiale Beratung wird mitunter auch als „Intervision" oder „Peer-Supervision" bezeichnet. Dieses Kapitel fokussiert die Gemeinsamkeiten dieser Modelle und differenziert sie darum nicht weiter.

> ⊕ Die **Kollegiale Beratung** ist eine im Ablauf klar strukturierte Methode zur Reflexion professioneller Praxis. Sie findet ohne Anleitung von außen in selbstgesteuerten, kollegialen Gruppen gleichgestellter Personen (Peers) statt. Im Prozess bringt ein/e TeilnehmerIn ein Anliegen oder einen Fall ein und wird von anderen Gruppenmitgliedern unterstützt und beraten, um eine Schlüsselfrage und mögliche Lösungen zu entwickeln.

Historische Wurzeln und Entwicklung: Die Wurzeln der Kollegialen Beratung liegen sowohl in „Qualitätszirkeln", die in den 1950er Jahren in der japanischen Wirtschaft als Teil des Qualitätsmanagements eingeführt wurden, als auch in humanistischen und systemischen Konzepten von Therapie, Kommunikation und Beratung, sowie in den Traditionen von Selbsthilfegruppen. Unter dem Titel „Intervision" (aus dem Lateinischen „Zwischen-Blick") wurde die Methode von Jeroen Hendriksen (2011) für den Bereich pädagogischer und sozialer Dienste ausgearbeitet und hielt ab den 1980er Jahren zunächst in den Niederlanden und danach auch in Deutschland Einzug.

Kollegiale Beratung ist heute in verschiedenen Arbeitsfeldern innerhalb und außerhalb der Sozialen Arbeit auffindbar. In der Jugendhilfe hat sich eine spezielle Variante der Kollegialen Fallberatung als regelmäßig eingesetzte Form etabliert, über die MitarbeiterInnen des Jugendamts und freier Träger gemeinsam einen Fallverlauf diskutieren und Entscheidungen vorbereiten. In dieser Variante sind allerdings in Abweichung vom Originalmodell hierarchisch unterschiedliche Personen Teil der Beratung, wie etwa EntscheidungsträgerInnen des Jugendamts, die die fachliche und/oder finanzielle Aufsicht des Falls haben. Die Präsenz dieser Personen ermöglicht einerseits die unmittelbare Koordination eines gemeinsamen Wissens- und Diskussionsstands, bringt aber auch die Nachteile von deutlichen Machtunterschieden im Raum mit sich.

Zentrale Begriffe/Ideen/Abläufe: Kollegiale Beratung dient vergleichbar der Supervision sowohl der beruflichen Qualifizierung und Qualitätssicherung, als auch der Entlastung, im Alltagsjargon auch „Psychohygiene" genannt. Sie verzichtet dabei aber auf die Expertise externer BeraterInnen, wie etwa SupervisorInnen, und nimmt stattdessen an, dass in der Gruppe der Teilnehmenden selber hinreichend Ressourcen und Fähigkeiten vorhanden sind, um fachlich fundierte, hilfreiche Anregungen zu generieren. Kollegiale Beratungssitzungen sollten in gewisser Regelmäßigkeit und in relativ stabilen Gruppenzusammensetzungen erfolgen.

Kollegiale Kleingruppen: Die Umsetzung der Methode findet in Gruppen von ca. 5–12 Personen statt, die aus denselben oder verschiedenen Arbeitsfeldern oder Organisationen kommen können. Mitglieder können derselben oder auch unterschiedlichen Professionen entstammen. Kollegial sind Gruppen zum einen dadurch, dass sie gegenseitig hilfreich sind und untereinander typischerweise keine hierarchischen Unterschiede bestehen. Zum anderen meint Kollegialität die grundsätzliche Verwandtschaft von Aufgaben, die aber enger oder weiter gefasst sein kann. Die gegenseitige Beratung durch eng verwandt Tätige hat den Vorteil, dass viele Details und Zusammenhänge nicht mehr erläutert werden müssen. Die Beratung durch KollegInnen unterschiedlicher Arbeitsbereiche hat den Vorteil größerer Perspektivenvielfalt und gerade das Erläutern-Müssen von vermeintlich „selbstverständlichen" Handlungslogiken kann wichtige Anregungen zur Reflexion bieten.

Gemeinsames Wissen um die Methode: Gruppenmitglieder der Kollegialen Beratung sollten alle ein gemeinsames Grundwissen um die Methode, ihre Strukturen, Ziele, Abläufe und Grundtechniken besitzen.

Rotierende Rollen: Zur Methode gehören die drei zentralen Rollen von

- FalleinbringerIn, die/der den Fall und die Schlüsselfrage für die Sitzung einbringt,
- BeraterInnen, die in der Beratungsphase Anregungen generieren, sowie
- ModeratorIn, die/der für den Prozessablauf, aber nicht für Inhalte oder „Erfolg" verantwortlich ist. Die Moderation unterstützt alle Beteiligten, achtet auf den Ablauf der Phasen und die dafür vorgesehenen Zeiten, und auf das stichpunktartige Festhalten aller Beiträge auf Flipcharts.

Diese Rollen können und sollen bei jeder Beratungssitzung wechseln, sodass TeilnehmerInnen in unterschiedlichen Rollen fungieren. Zusätzlich können nach Bedarf noch andere Rollen und Aufgaben vergeben werden (SchreiberIn, ZeitwächterIn etc.), um z. B. die Moderation zu entlasten.

Phasenablauf: Eine Beratungssitzung dauert in der Regel ungefähr 90 Minuten (in etablierten Fallteams mitunter auch nur 45 Minuten) und strukturiert sich inhaltlich und zeitlich in folgende Grundphasen (Tab. 2):

- Casting: die Verteilung der Rollen für die anstehende Sitzung
- Spontanerzählung: eine erste Fallschilderung, die das Wesentliche kurz zusammenfasst. Anschließend hat das BeraterInnenteam Gelegenheit, kurz Verständnisfragen zu stellen.
- Schlüsselfrage: die von Moderation und BeraterInnen unterstützte Formulierung einer konkreten Fragestellung für die Beratungsrunde
- Wahl des Verfahrens: die Einigung darüber, welches spezielle Verfahren die Beratungsrunde nutzen soll. Neben dem „Brainstorming" gibt es eine Vielfalt kommunikativer, visueller und auch performativer Verfahren (siehe z. B. Tietze 2017 und Lippmann 2013)
- Beratung: In dieser Frage nutzen die BeraterInnen das vorgeschlagene Verfahren, um orientiert an der Schlüsselfrage Anregungen und Beiträge für Antworten bzw. Lösungen einzubringen. Grundsätzlich gilt es dabei, die Beiträge anderer

zu ergänzen oder eigene Ideen daneben zu stellen und nicht in längere Diskussionen um „richtige" oder „falsche" Ideen zu fallen. Es soll so ein Ideenbüffet entstehen, von dem sich der/die FalleinbringerIn in der Abschlussphase etwas aussuchen kann. Je diverser und reichhaltiger das Büffet, umso besser. Hervorzuheben ist auch, dass in der Beratungsphase der/die FalleinbringerIn nicht direkt von BeraterInnen angesprochen wird. Stattdessen sitzt der/die FalleinbringerIn etwas außerhalb der Runde, hört den Dialogen der BeraterInnen zu und lässt die Beiträge auf sich wirken. Diese Abseitsposition indirekter Kommunikation entlastet den/die FalleinbringerIn davon, sofort Stellung nehmen zu müssen oder zu wollen, und erlaubt BeraterInnen laut in verschiedene Richtungen zu denken.
- Abschluss: Nach Ende der Beratungsrunde kehrt die/der FalleinbringerIn in die Runde zurück und benennt die Vorschläge und Ideen des „Büffets", die besonders hilfreich oder anregend sind. Mit Hilfe der Moderation erläutert sie/er, welche möglichen nächsten, konkreten Schritte sich daraus ableiten. Ganz am Ende der Kollegialen Beratung können alle Beteiligten den Gesamtprozess reflektieren und Feedback zu Moderation o.ä. geben.

Theoretische und ethische Dimensionen: Über ihre geschichtliche Entwicklung und Einbettung ist Kollegiale Beratung in „Rational Choice Theorien" und der Logik von Qualitätsmanagement verortet, was sich u.a. in der starken Zielorientierung und Pragmatik abbildet. Durch ihre Erweiterung für pädagogische und soziale Dienste sind aber auch humanistische und systemtheoretische Ideen aus Psychologie und Kommunikationswissenschaften eingeflossen, ebenso wie theoretische Konzepte aus Gruppenarbeit und Sozialpsychologie. Das Modell vertritt insgesamt ein humanistisches Menschenbild und kann als Reflexionsmethode ethische Handlungspraxis fördern. Reflexion wird vor allem durch Perspektivenvielfalt angeregt und orientiert sich dabei u.a. an der systemischen Methode des „Reflecting Teams" von Tom Andersen (1990). In der konkreten weiteren Ausgestaltung können noch weitere theoretische Ansätze in Anwendung kommen, was meist von den teilnehmenden Fachkräften und ihren jeweiligen theoretischen Orientierungen abhängt (Lippmann 2013).

Tab. 2: Kollegiale Beratung (Grundstruktur)

PHASEN	ABLAUF	Zeit (ca.90 Min)
1. Casting	Rollen werden besetzt: ModeratorIn, FallerzählerIn (d.h. Auswahl des Falles), Kollegiale BeraterInnen, ggf. SchreiberIn/ZeitwächterIn...	10
2. Spontanerzählung	FallerzählerIn berichtet vom Fall (max.10 Minuten): Er/Sie schildert Informationen, die aus subjektiver Perspektive notwendig sind, um den Fall einigermaßen zu verstehen. ModeratorIn unterstützt FallerzählerIn durch klärendes und fokussierendes Fragen. BeraterInnen halten sich in dieser Phase zunächst zurück, am Ende der Zeit gibt es nur Verständnisfragen der BeraterInnen.	15–20
3. Schlüsselfrage	ModeratorIn bittet (ggf. unterstützt) FallerzählerIn, eine Schlüsselfrage zu formulieren. Die Schlüsselfrage soll umreißen, was sich der/die FallerzählerIn als Ziel in dieser Kollegialen Beratung wünscht.	5–10
4. Methodenwahl	Hier könnte aus verschiedenen methodischen Varianten ausgewählt werden. Klassisch z.B. Brainstorming.	5
5. Beratung	FallerzählerIn hört nur zu und lässt die Ideen auf sich wirken und sitzt außerhalb der BeraterInnenrunde. BeraterInnen formulieren ihre Beiträge. ModeratorIn wacht über Einhaltung von Kommunikationsregeln. Schreiber o. ModeratorIn: Ideen festhalten/visualisieren.	15–30
6. Abschluss	ModeratorIn wendet sich FallerzählerIn zu und fragt, welche Ideen bedenkenswert und hilfreich in Bezug auf Schlüsselfrage sind. Auswahl und Exploration nützlicher Ideen, Einsichten, Anregungen seitens FallerzählerIn. Handlungsplanung durch FallerzählerIn, unterstützt durch Fragen des Moderators/der ModeratorIn: Welche Ideen könnten wie von wem bis wann umgesetzt werden? – Ende der Kollegialen Beratungsrunde – ModeratorIn kann sich am Ende noch Feedback für Art der Moderation einholen.	15–20

Fokusebene und Konkretisierungsgrad für Handlungsebene: Kollegiale Beratung ist als Methode klar konkretisiert und in Anleitungen in Fachliteratur und Online-Quellen leicht verstehbar dargestellt. Als indirekte Handlungsmethode ist sie auf der Ebene der Professionellen selber angesiedelt und nimmt dort über die Beschäftigung mit Fällen meist Mikro- oder Meso-Ebenen in den Fokus. Abhängig davon, auf welcher Ebene Fälle und Schlüsselfrage angesiedelt sind und welche Ebenen das Beratungsteam für Analyse und Reflexion in den Blick nimmt, hat Kollegiale Beratung auch das Potenzial, Veränderungen auf der Organisationsebene anzustoßen.

Sozialform: Kollegiale Beratung ist eine Methode, die ausschließlich in der Sozialform von Kleingruppen stattfindet. Daher ist ein Grundverständnis von Gruppendynamiken, Rollenverhalten u.ä. für Beteiligte nützlich (Lippmann 2013).

Empirische Studienlage und Erkenntnisse: Der empirische Forschungsstand zu Kollegialer Beratung, sowohl was die Anzahl der Studien als auch deren methodologische Gestaltung und die Ergebnisse angeht, ist trotz zunehmender Verbreitung der Methode eher dünn. Studien, die sich mit Effekten auf Professionelle beschäftigen, deuten auf verbesserte kommunikative, soziale und beraterische Kompetenzen hin und unterstützen die psychologisch entlastende Funktion der Methode. Ob und inwieweit sich Kollegiale Beratung auch auf der Ebene der AdressatInnen auswirkt, ist bislang empirisch nicht geklärt. Eine ausführliche Übersicht zum Stand der Forschung ist bei Tietze (2010) zu finden.

Passung zu Charakteristika und Prinzipien methodischen Handelns: Kollegiale Beratung entspricht als dialogfördernde und reflexive Methode der ambivalenten, paradoxen und kontextgebundenen Natur Sozialer Arbeit, bietet aber gleichzeitig eine relativ hohe Strukturierung des Vorgehens, um den kommunikativen Austausch und Perspektivwechsel zeitlich und inhaltlich zu bändigen. Die Arbeitsweise ist stark kooperativ, und das Ergebnis Kollegialer Beratungen entsteht als gemeinsames Produkt aller Beteiligten. Die Methode setzt auf die vorhandenen kollektiven Kräfte von Fachkräften und ist insofern ressourcenorientiert ausgerichtet. Dies garantiert allerdings noch nicht automatisch, dass auch innerhalb der Beratungsrunden eine ganzheitliche, ressourcen- und stärkenorientierte Orientierung der Beteiligten untereinander oder im Hinblick auf AdressatInnen zustande kommt.

Kritische Wertschätzung und Reflexion insgesamt: Kollegiale Beratung ist eine verhältnismäßig einfach zu erlernende und relativ ressourcenschonende Methode. Diese für Organisationen erfreulichen Merkmale verführen allerdings auch dazu, sie als Ersatz für die Supervision zu sehen oder die für die richtige Durchführung notwendigen Ressourcen zu unterschätzen (Kühl 2007, Kühl/Krczizek 2009). So bedarf Kollegiale Beratung, wenn sie in Organisationen eingeführt werden soll, einer angeleiteten Grundausbildung von TeilnehmerInnen, um die Strukturen und Rollen gezielt einzuüben. Im Praxisalltag braucht sie geschützte und regelmäßige Zeiträume und passende Örtlichkeiten für ihre Durchführung. Kollegiale Beratung kann und soll die Supervision nicht ersetzen, sondern ist eine ergänzende, andere Methode. Eine der Grenzen Kollegialer Beratung liegt in ihrer selbstgesteuerten Peer- und Gruppenstruktur. Kollegiale Beratung braucht vergleichsweise stabile und gut funktionierende Gruppen, die genügend fachliches Wissen und persönliches Vertrauen untereinander haben, damit sowohl unterstützende wie kritische Anregungen möglich sind. Ohne eine solche Grundstabilität ist der Reflexionsprozess besser in den anleitenden Händen externer SupervisorInnen aufgehoben. Dies gilt umso mehr für Konflikte innerhalb der TeilnehmerInnengruppe. Kollegiale Beratung ist nicht geeignet, Konfliktfälle innerhalb der Gruppe oder des Teams zum Gegenstand der Beratung zu machen. Die dafür passende methodische Form ist die Teamsupervision.

Kollegiale Beratung ist eine pragmatische Methode, die für konkretes Praxishandeln Klärungshilfen, Anteilnahme und Unterstützung in belastenden Situationen bereitstellt, das Einüben von beratenden sowie moderierenden Fähigkeiten erlaubt, Austausch zwischen KollegInnen unterschiedlicher Arbeitsbereiche fördert und zur Verbesserung von Kommunikation und Zusammenhalt in Gruppen und Teams beitragen kann. Ihre stark pragmatische Ausrichtung macht die Methode bei PraktikerInnen beliebt, gleichzeitig lädt dies aber auch dazu ein, bei der Suche nach Ideen auf der rein praktischen Ebene zu verharren und die Gelegenheiten für kritisches Reflektieren von Arbeits- und Denkweisen zu versäumen. Diese Gefahr verstärkt sich, wenn die Auswahl und Kombination von Ideen ohne theoretische Vertiefungen oder Begründungen erfolgen (Lippmann 2013). Neben einer Stärkung der empirischen Grundlagen gehört daher die Stärkung theoretischer Verortungen inklusive kritischer Ansätze zu den wünschenswerten Weiterentwicklungen in der Kollegialen Beratung.

Lippmann, E. (2013): Intervision. Kollegiales Coaching professionell gestalten. Springer, Heidelberg

Tietze, K.-O. (2008): Kollegiale Beratung. Problemlösungen gemeinsam entwickeln. Rowohlt, Reinbek b. Hamburg. Online Ressource: www.kollegiale-beratung.de, 10.06.2017

8 Aufgaben und Übungsvorschläge

> Aufgaben und Übungsvorschläge regen dazu an, eigenes methodisches Handeln einzuüben und zu reflektieren sowie methodisches Handeln, das in Literatur oder Praxis beschrieben wird, zum Gegenstand einer genaueren Analyse und Reflexion zu machen.

8.1 Eigenes methodisches Handeln üben

Im Folgenden werden Vorschläge für längere Übungen zu bestimmten Formen oder Elementen methodischen Handelns ausgeführt. Darunter sind auch Übungen aus dem Improvisationstheater. Alle Übungen lassen sich am besten in Paar- bzw. Kleingruppenarbeit ausprobieren.

8.1.1 Ressourcengespräch und -analyse

Ressourcenorientiertes Arbeiten gehört zu den Grundprinzipien Sozialer Arbeit und kann auf vielerlei Weise methodisch umgesetzt werden. Die folgende Übung besteht aus zwei Teilen. Sie führen zunächst eine Gesprächsübung durch und analysieren und reflektieren anschließend Ihr Gespräch anhand des Konzepts von Herriger (2010), der Ressourcen als die vielfältigen „Kraftquellen", aus denen Menschen schöpfen, versteht.

Teil 1: Ressourcengespräch (ca. 35–45 Min)

- Finden Sie eine/n ÜbungspartnerIn, den/die Sie nicht gut kennen. Entscheiden Sie, wer „A" und wer „B" ist.
- **Person A:** Verwickeln Sie B in ein Gespräch über seine/ihre Stärken und Ressourcen (ca. 10–15 Minuten). Machen Sie sich ggf. Notizen. Versuchen Sie durch Ihre Fragen und Ihr gezieltes Zuhören B dabei zu unterstützen, vielfältige Ressourcen zu entdecken, konkreter zu benennen und das Verstehen zu vertiefen. Fragen Sie z. b. wie bestimmte Ressourcen/Stärken erworben wurden und in welchen konkreten Situationen oder Zeiten im Leben sie zum Einsatz kamen oder kommen. Nach 10–15 Minuten: Beenden Sie das Gespräch und fassen Sie die von Ihnen gehörten zentralen Ideen noch einmal kurz mündlich für B zusammen.
- **Person B:** Nach der Zusammenfassung von A geben Sie A kurz Feedback über die „gefühlte Richtigkeit" dieser Zusammenfassung. War alles Wesentliche dabei? Fehlte etwas, das Ihnen wichtig ist?
- **Tauschen Sie die Rollen** und wiederholen Sie den Vorgang (B fragt, A antwortet)
- Gemeinsame **Reflexionsrunde** nach Ende der wechselseitigen Gesprächsübung:
  - *Wie war es als InterviewerIn, sich vor allem auf Ressourcen/Stärken zu fokussieren?*
  - *Wie war es als Interviewte/r, über Ressourcen/Stärken nachzudenken und zu sprechen?*
  - *Inwiefern sind Ihre persönlichen Erfahrungen auch verbunden mit familiären, gesellschaftlichen und/oder kulturellen Annahmen und Gewohnheiten (z. B. „Es gehört sich nicht, über eigene Stärken zu reden, das ist Angeberei")?*

Teil 2: Ressourcenanalyse und -reflexion

Nutzen Sie die unten in Abb. 11 aufgeführten, unterschiedlichen Ressourcentypen als Orientierung, um zu analysieren und zu reflektieren:

- Welche Art Ressourcen/Stärken haben Sie gemeinsam thematisiert?
- Welche haben Sie nicht oder wenig thematisiert? Warum?
- Welchen Einfluss haben Rahmenbedingungen der Übungssituation darauf, was als Stärke/Ressource thematisiert wurde und wie (oder was vergessen oder bewusst ausgelassen wurde)?
- Welche Rolle spielen gesellschaftliche Norm(al)vorstellungen bei der Frage, ob und wie etwas als Stärke/Ressource thematisiert wird?

Eigenes methodisches Handeln üben 211

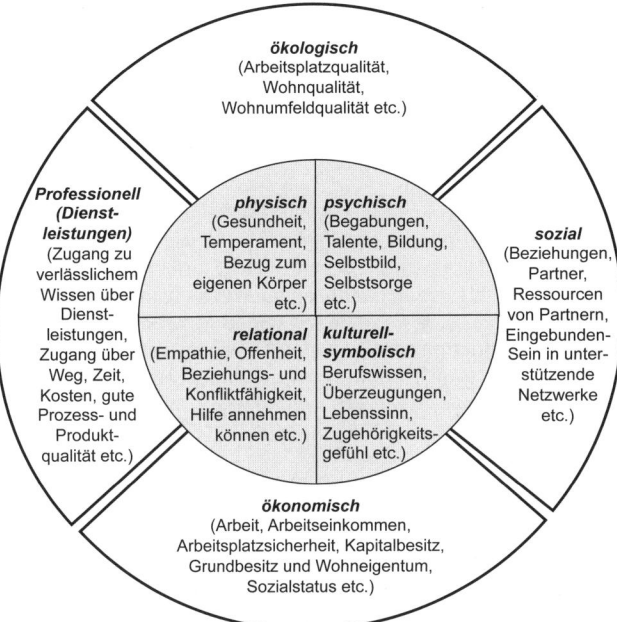

Abb. 11: Ressourcen (Kraftquellen) in Person und Umwelt (nach Herriger 2010)

8.1.2 Fallanalyse und -reflexion

Das folgende Fallbeispiel dient zur Übung verschiedener methodischer Ansätze für die analytische Aufbereitung. Der Fall ist auch Grundlage des in Abb. 7 illustrierten Beispiels für eine Eco-Map (Kap. 5.1.4):

> **Deniz** ist 27 Jahre alt, gelernter Krankenpfleger und hat eine 4-jährige Tochter. Seit seiner Scheidung vor drei Jahren lebt er allein in einer Einzimmerwohnung am Stadtrand in einer Sozialbausiedlung. Seit vielen Jahren beschweren sich BewohnerInnen der Siedlung immer wieder über die schlechte Anbindung an öffentliche

Verkehrsmittel. Auch Deniz ist davon betroffen, denn er ist in einem Krankenhaus angestellt, das auf der anderen Seite der Stadt liegt. Da Deniz nicht Auto fährt und im Schichtdienst arbeitet, braucht er je nach Tageszeit bis zu 1,5 Stunden Fahrzeit, um zur Arbeit bzw. wieder nach Hause zu kommen. In den letzten vier Monaten gab es von Seiten seiner neuen Vorgesetzten vermehrt negative Anmerkungen zu Deniz Arbeitsleistung und Pünktlichkeit. Letzte Woche wurde ihm von der Chefin eine Abmahnung angedroht, weil er betrunken zur Arbeit gekommen sei, was Deniz aber bestreitet. Deniz selber mochte seine Arbeitsstelle und ist früher auch mit den KollegInnen gut ausgekommen. Er sagt, er verstehe nicht wirklich, warum seine Chefin „Stunk macht" und hat den Eindruck, dass sich auch einige KollegInnen inzwischen gegen ihn wenden. Da werde getuschelt, die Zeiten seiner Schichtdienste hätten sich verschlechtert, und in seinem Spind fand er ein ihn beleidigendes Bild.

Vor fünf Monaten wurde Deniz in der Stadtbahn von einer Gruppe von Jugendlichen, die seinen Akzent bemerkten, rassistisch beleidigt und angegriffen. Die Auseinandersetzung spitzte sich zu und resultierte in Verletzungen auf beiden Seiten. Die Polizei beendete den Streit, der nun vor Gericht anhängig ist. Deniz sagt, er habe sich nichts vorzuwerfen und sich nur verteidigt, ist aber von den bevorstehenden Gerichtsterminen dennoch genervt und sucht einen Anwalt.

Deniz ist als 15-Jähriger mit seinen Eltern aus der Ukraine eingewandert und hat die deutsche Staatsbürgerschaft. Seine Mutter starb, als er 18 Jahre alt war. Daraufhin verschlechterte sich seine Beziehung zum Vater deutlich. Vater und Sohn haben nur noch wenig Kontakt und wenn, dann meistens konflikthaft. Mit 19 Jahren zog Deniz aus der elterlichen Wohnung aus und zu seinem zwei Jahre älteren Bruder, zu dem er eine gute und enge Beziehung hat. Als der Bruder in eine Nachbarstadt umzog, zog Deniz zurück zum Vater, landete aber nach einem Streit auf der Straße. Im Zuge der Wohnungslosigkeit begann Deniz verstärkt Alkohol zu konsumieren. Zusammen mit einigen Freunden und in betrunkenem Zustand stahl er eines Abends ein Auto und verursachte einen schweren Unfall. Autofahren will Deniz darum nie mehr.

Vor drei Jahren ließ sich die Ehefrau scheiden, weil sie sich in einen anderen Mann verliebt hatte. Deniz überließ die Wohnung Ex-Frau und Kind. Nachdem er seinen Unterhaltszahlungen nicht mehr nachkam, hat die Ex-Ehefrau eine Gehaltspfändung erwirkt, über die Deniz sich ärgert, zumal er seine Tochter seltener sieht, als er möchte. Nach seinen Worten liegt das daran, dass die Kindesmutter Termine vermeidet oder verschiebt, an seinen nicht immer günstigen Schichtdiensten sowie daran, dass auch Ex-Frau und Tochter in einem weiter entfernten Stadtteil wohnen.

Deniz besucht regelmäßig einen Sportclub sowie Selbsthilfetreffen der Anonymen Alkoholiker (AA) und hat engen Kontakt zu seinem AA-

Sponsor. (Sponsoren bei AA sind erfahrenere Mitglieder, also Peers, die neueren Mitgliedern als MentorInnen, AnsprechpartnerInnen und Bezugspersonen dienen.) Deniz bester Freund ist Silvio, den er vor 5 Jahren im Sportclub kennengelernt hat und mit dem er gemeinsam viel Freizeit verbringt.

Dem Modell der Multiperspektivischen Fallarbeit folgend (Kap. 4.3.2) analysieren Sie die Fallvignette als

„Fall von …":

- Welche verschiedenen „Fälle von …" lassen sich aus der Vignette konstruieren?
- Worum handelt es sich jeweils?
- Was wird von wem vielleicht als Problem eingeschätzt?
- In welche bekannten Kategorien lässt sich das Problem (vielleicht) fassen?
- Inwiefern passen diese Kategorien tatsächlich auf die Sachlage?

„Fall für …":

- Welche verschiedenen „Fälle für …" lassen sich ableiten?
- Welche Personen oder Institutionen halten für diesen Fall besonderes Wissen oder andere Ressourcen bereit?
- Welche Personen oder Institutionen haben für diesen Fall besondere Zuständigkeiten oder Aufträge, inklusive staatlicher Aufträge?
- Welcher Zugang besteht zu diesen Personen und Institutionen?

„Fall mit …":

- Welche verschiedenen „Fälle mit …" sind hier erkennbar? Welche Personen stehen im Mittelpunkt des Falls?
- Welche anderen Personen sind sonst noch involviert?
- Welche dieser Personen spielen im Fall eine professionelle/formale Rolle, welche Personen gehören zum privaten/informellen Umfeld?
- Welche Beziehungen haben die Personen untereinander?

Überprüfen Sie:

Auf welchen Ebenen (Mikro-, Meso-, Makro-) sind Ihre Fallkonstruktionen angesiedelt?
Wenn Ebenen fehlen, ergänzen Sie Ihr Fallverstehen um Falldefinitionen auf diesen Ebenen, z. B.

- Wie lässt sich der Fall auf Meso-Ebene erfassen?
- Wie lässt sich der Fall auf der Makro-Ebene erfassen?
- Welche anderen Handlungsideen ergeben sich daraus jeweils?

8.1.3 Übungen aus dem Improvisationstheater

Die folgenden exemplarischen Übungen aus dem Improtheater beruhen größtenteils auf den Arbeiten von Johnstone, Spolin und Boal und dienen dem Training der in Kap. 6.2 beschriebenen Grundprinzipien und -techniken gemeinsamen Improvisierens. Sie bieten hier auch Anlass für Reflexionsfragen, die die Erfahrungen aus Übungen sowohl persönlich als auch im Hinblick auf die Praxis Sozialer Arbeit auswerten. Weitere Übungen aus dem Improvisationstheater lassen sich in der Literatur und auch online finden, z. B.:

Boal, A. (2013): Übungen und Spiele für Schauspieler und Nicht-Schauspieler. 2. Aufl. Suhrkamp, Berlin
Johnstone, K. (2011): Theaterspiele: Spontaneität, Improvisation und Theatersport. 8. Aufl. Alexander Verlag, Berlin
Spolin, V. (1997): Improvisationstechniken für Pädagogik, Therapie und Theater. 8. Aufl. Junfermann Verlag, Paderborn
Online Ressource deutsch improwiki.com, 10.06.2017
Online Ressource englisch www.improvencyclopedia.org, 10.06.2017

Spiegelbilder

Spiegelbilder ist eine non-verbale Paarübung, die das kooperative Zusammenspiel fokussiert.

In Paaren: Entscheiden Sie wer „A" und wer „B" ist. Stehen Sie einander gegenüber mit genügend Platz, um sich etwas zu bewegen. Zunächst ist „A" die „Person vor dem Spiegel" und „B" ist das Spiegelbild von „A". Versuchen Sie, Ihre Bewegungen so auf einander abzustimmen, dass für Außenstehende unklar ist, wer in der Übung „führt" und wer „folgt". Das Gelingen der Spiegelbildillusion ist Aufgabe beider SpielerInnen. Nach einiger Zeit ruft ein/e AnleiterIn

"Wechsel" und „A" und „B" tauschen unmittelbar die Aufgaben von „Person vor dem Spiegel" und „Spiegelbild". Jetzt ist „A" das Spiegelbild. Gestalten Sie als SpielerInnen die Übergänge beim Wechsel so flüssig wie möglich. Nach einiger Zeit kommt die Aufforderung „Wechsel" in immer schneller werdenden Abständen, ggf. bis zu einem Punkt, an dem nicht mehr klar ist, wer denn nun führt. In der letzten Phase („Es läuft von selbst") ist es Ziel, dass das Paar selber, ohne Absprache oder Anweisung von außen, den kooperativen Wechsel von Führen/Folgen fortsetzt.

Anregungen zur Reflexion und Diskussion der Übung:

- Welche Erfahrungen haben Sie bei der Übung gemacht?
- Was hat alles dabei geholfen, dass das Zusammenspiel gelingt?
- Welche der Rollen (Führen oder Folgen) fanden Sie zunächst einfacher und warum? Hat sich das Empfinden im Verlauf der Übung geändert?
- Was hat diese Übung und das, was Sie bis hierher diskutiert haben, mit Praxis der Sozialen Arbeit zu tun?
- Inwiefern passen Ihre Ideen und Einsichten aus der Übung zu den Merkmalen, Prinzipien und Charakteristika methodischen Handelns?

„Es ist Dienstag"

Diese Übung trainiert das Akzeptieren, oder genauer das „Überakzeptieren", von Angeboten, um ihnen besondere Bedeutung zu verleihen. Der erste Satz ist immer ein sehr neutral gesprochenes „Es ist Dienstag", das als denkbar langweiliges, nichtssagendes Angebot erscheint. Der/die andere SpielerIn reagiert darauf aber mit einer starken Emotion und macht „Es ist Dienstag" so zu einem spannenden und interessanten Angebot, das sich durch das Hinzufügen weiterer Informationen weiter ausbauen lässt. Die Übung unterstreicht, dass die Reaktion wesentlich bestimmt, welche Bedeutung ein Angebot erlangt.

Zum Beispiel:
SpielerIn A: Es ist Dienstag.
SpielerIn B (freudig aufgeregt:) Jaaaa, ha, ha, heut hab ich Geburtstag!!

Zu zweit im Wechsel oder in kleinen Gruppen. Die erste Person macht immer ein neutrales (langweiliges) Angebot, im Zweifelsfall einfach „Es ist Dienstag." Die nächste Person reagiert unverzüglich mit einer starken Emotion und fügt dann weitere Informationen hinzu, die die Emotion erläutern. Experimentieren Sie mit unterschiedlichen Emotionen (Begeisterung, Wut, Angst, Eifersucht …) und mit unterschiedlich starken Varianten der Emotionen (leicht bis schwer). Setzen Sie ggf. die Szene noch etwas weiter fort, um zu sehen, wohin sie sich jeweils entwickelt.

Anregungen zur Reflexion und Diskussion der Übung:

- Welche Erfahrungen haben Sie bei der Übung gemacht?
- Welche Unterschiede nehmen Sie wahr, wenn eher positive oder eher negative Emotionen bzw. wenn eine eher starke oder eher schwache Intensität von Emotionen gewählt wurden?
- Was haben emotionale und andere Reaktionen auf Angebote mit der Gestaltung von Beziehungen in der Sozialen Arbeit zu tun?
- Welche „Angebote" von AdressatInnen könnten oder sollten Fachkräfte besonders beachten und durch ihre Reaktion gezielt unterstreichen?

Gruppenreise

Diese Gruppenübung trainiert das Akzeptieren von Angeboten und nutzt dabei sehr wörtlich das „Ja, und …"-Prinzip. Die erste Übungsrunde illustriert aber zunächst das Gegenteil von Akzeptieren (das Blockieren), das hier durch das freundlich klingende, de facto aber ablehnende „Ja, aber …!" repräsentiert wird.

In einer Gruppe von fünf oder mehr Personen. Sie haben die imaginierte Aufgabe, gemeinsam eine Gruppenreise zu planen.

Erste Runde (Blockieren):
Eine erste Person beginnt mit einem beliebigen Angebot (z. B. „Wir könnten nach Prag fahren."). Die nächste Person blockiert das Angebot, in dem sie mit den Worten „Ja, aber …" beginnt und Einwände hinzufügt (z. B. „Ja, aber da war ich schon"). Die folgende Person erwidert ihrerseits mit einem „Ja, aber …"-Block und bezieht sich dabei idealerweise auf den letzten Satz (z. B. „Ja, aber es geht ja nicht nur um Dich") usw., bis alle mindestens einmal an der Reihe waren.

Zweite Runde (Akzeptieren):
Eine erste Person beginnt wieder mit einem beliebigen Angebot (z. B. „Wir könnten nach Hamburg fahren."). Die nächste Person akzeptiert das Angebot, in dem sie mit den Worten „Ja, und ..." beginnt und weitere Details hinzufügt (z. B. „Ja, und wir machen eine Hafenrundfahrt"). Die folgende Person erwidert ihrerseits mit einem „Ja, und ..." und bezieht sich dabei idealerweise wieder auf den letzten Satz (z. B. „Ja, und wir halten danach in St. Pauli") usw. bis alle mindestens einmal an der Reihe waren.

Anregungen zur Reflexion und Diskussion der Übung:

- Welche Erfahrungen haben Sie bei der Übung gemacht?
- Welche Unterschiede nehmen Sie wahr beim Vergleich der „Ja, aber ... "- und der „Ja, und ..."-Runden?
- Was haben emotionale und andere Reaktionen auf Angebote mit der Gestaltung von Beziehungen in der Sozialen Arbeit oder auch sonst zu tun?
- Welche „Angebote" könnten oder sollten Fachkräfte besonders beachten und sie durch ihre Reaktion gezielt positiv unterstreichen?

Gesagt, getan

Diese Paarübung unterstreicht das gleichzeitige Entwerfen und Handeln interaktiver Improvisationsprozesse und nutzt neben den verbal-kognitiven auch das mimetisch-körperliche Wahrnehmen als zusätzliche Quelle der Inspiration.

Zu zweit. Erzählen Sie gemeinsam, Wort-für-Wort immer im Wechsel, eine kleine Abenteuergeschichte (bzw. den Anfang einer solchen Geschichte). Jede Person fügt immer nur ein Wort hinzu, dann ist die andere Person dran. Gleichzeitig agieren beide SpielerInnen das, was sie beschreiben gemeinsam aus. Damit Erzählung und Aktion aktiv und zeitgleich bleiben, sollte die Geschichte möglichst in der Gegenwartsform erzählt werden und sofort mit einer Aktionsbeschreibung („öffnen", „betreten", „rennen", „abheben" etc.) beginnen. Überlegen Sie nicht lange nach den „besten" Worten oder Ideen, sondern fügen Sie so zügig wie möglich das Erste hinzu, was Ihnen einfällt.

Beispiel:
SpielerIn A: „Wir"
SpielerIn B: „öffnen"
SpielerIn A: „die"
SpielerIn B: „Tür" (beide SpielerInnen öffnen eine imaginierte Tür.)
SpielerIn A: „und"
SpielerIn B: „sehen"
SpielerIn A: „das"
SpielerIn B: „Monster" (beide SpielerInnen schauen erschreckt und schreien auf)
usw.

Die Übung kann bis zum Ende der Geschichte gespielt, aber auch nach einigen Minuten beendet werden.

Anregungen zur Reflexion und Diskussion der Übung:

- Welche Erfahrungen haben Sie bei der Übung gemacht?
- Welche Emotionen hatten Sie als SpielerIn im Verlauf der Übung?
- Welche Emotionen hatten Ihre Figuren im Verlauf der Geschichte?
- Welche Rolle haben Ihre physischen, körperlichen Bewegungen oder Empfindungen bei der Weiterentwicklung der Geschichte gespielt?
- Was haben die Einsichten und Erfahrungen, die Sie bis hierher herausgearbeitet haben, mit Prozessen in der Sozialen Arbeit zu tun?

Ein-Wort-Geschichte

Die Ein-Wort-Geschichte trainiert über verbale Mittel alle Prinzipien und Grundtechniken der Improvisation. Ziel ist als Gruppe gemeinsam eine Geschichte zu erschaffen, indem jede Person immer nur ein Wort hinzufügt.

In Gruppen (3–20 Personen). Bilden Sie einen Kreis. Einigen Sie sich auf einen einfachen (!) Titel für die zu erzählende Geschichte. Eine Person beginnt und danach geht es reihum weiter, wobei jede Person pro Runde der Geschichte nur ein Wort hinzufügt. Wenn ein Satz beendet erscheint, beginnen Sie einen neuen mit einem ersten Wort. Wenn es misslingt eine Geschichte zu Ende zu erzählen, oder auch nur sinnvolle Sätze zu bilden (was nicht ungewöhnlich ist), denken Sie an „Scheiter heiter!" und versuchen es nochmal. Am besten machen Sie diese Übung mehrfach.

Anregungen zur Reflexion und Diskussion der Übung:
- Welche Erfahrungen haben Sie bei der Übung gemacht?
- An welchen Stellen waren Sie überrascht, waren irritiert oder haben gelacht? Warum?
- Was hilft dabei, dass der gemeinsame Prozess besser gelingt?
- Was hat eine Geschichte nach ihrem Empfinden „besser" gemacht?
- Was haben die Einsichten und Erfahrungen, die Sie herausgearbeitet haben, mit Prozessen in der Sozialen Arbeit zu tun?

8.1.4 Zeitungstheater – Mediengeschichten analysieren und reflektieren

Im Folgenden wird eine theater- und medienpädagogische Methode beleuchtet werden, die sich vor allem für die Arbeit in und mit Gruppen anbietet. Im Mittelpunkt stehen Zeitungsgeschichten, die in vielfältiger Hinsicht der sozialen Konstruktion von Wirklichkeiten Ausdruck geben und an ihnen beteiligt sind. In der Art wie Massenmedien soziale Phänomene („Wohnungslosigkeit", „Armut", „Jugendkriminalität" etc.) darstellen und menschliche Identitäten („Hartz-IV-Empfänger", „Flüchtlinge", „Teenager" etc.) repräsentieren, haben sie Anteil an der Produktion und Re-Produktion von Diskursen, die sich oft auch auf der Mikro-Ebene in Lebens-, Fall- und Problemgeschichten wiederfinden. Für die Analyse von Mediengeschichten ist darum ihre sprachliche und visuelle Gestaltung ebenso von Interesse wie die Frage, wer zu Wort kommt und wer nicht, was in den Blick genommen wird und welche Auslassungen auffallen. Während Forschungsprojekte diese Fragen über umfassendere Medienanalysen (z.B. Diskursanalysen) bearbeiten, erlaubt das „Zeitungstheater" eine methodische Nutzung medienkritischer Analyse für pädagogische Praxis.

Zeitungstheater

„Zeitungstheater" ist Teil von Augusto Boals größerem theaterpädagogischem Gesamtwerk „Theater der Unterdrückten" (Boal 1989). Boal war ein politischer Theatermacher aus Brasilien, dessen Konzepte und Methoden inspiriert sind von kritischer Theatertheorie, wie etwa Bertolt Brechts Epischem Theater (1961), und der kritischen Pädagogik von Paolo Freire und dessen „Pädagogik der Unterdrückten" (1998). Zeitungstheater gehört zu den früh entworfenen Methoden und entstand in den 1960er Jahren vor dem Hintergrund der damaligen brasilianischen Diktatur, in der die Pressefreiheit durch Zensur eingeschränkt war. In der hier vorgeschlagenen Umsetzung lässt sich Zeitungstheater als eine medienpädagogische Methode in und mit Gruppen umsetzen. Ziel der Aufgabe ist die kritische, kreative Auseinandersetzung mit Inhalten und Formen, Worten und Bildern, Gesagtem und Ungesagtem in einem ausgewählten Zeitungsartikel (oder einem anderen Medienprodukt) in der Gruppe.

> Analysieren und diskutieren Sie in Kleingruppen (ca. 4–5 Personen) einen ausgewählten Zeitungsartikel, in dem es um eine soziale Problemsituation geht. Ihr Ziel ist es, am Ende gemeinsam eine kurze Performance von ca. 5 Minuten zu erstellen und vorzuführen, die auf Ihrer Analyse des Texts bzw. Teilen des Texts basiert.
> Zur Inspiration finden Sie unten a) eine Liste von Fragen, die bei der Analyse des Artikels helfen können und b) eine Liste von Ideen, wie der Artikel und die Analyse in eine Performance umsetzbar sind. Beide Listen sind keine Manuale, die es abzuarbeiten gilt, sondern dienen als Anregungen. Spielen Sie mit unterschiedlichen Ideen und vergessen Sie nicht, Spaß dabei zu haben!
> Vorbereitungszeit: 60–90 Minuten, ggf. können auch zusätzliche Materialien (Poster, Stifte, Pappkartons, Kostüme, Requisiten, etc.) bereitgestellt werden.
>
> **A. Beispielfragen für die Analyse des Artikels:**
> - In welchem Zusammenhang ist der Artikel erschienen (wann, wo, was war zeitgleich noch alles los etc.)?
> - In welcher Art Zeitung ist er erschienen?
> - Wer ist die vermutliche Leserschaft?
> - Was ist die Hauptperspektive des Artikels?
> - Was ist vermutlich die intendierte Botschaft (die dominante Lesart)?
> - Welche anderen Lesarten (Interpretationen) sind denkbar?
> - Wer kommt zu Wort?
> - Wer oder was fehlt in der Berichterstattung?
>
> *Beachten Sie die sprachlichen Mittel:*
> - Wie werden Überschriften genutzt, welche Eindrücke vermitteln sie?

Eigenes methodisches Handeln üben   221

- Wie wird über wen gesprochen/geschrieben?
- Welches sind zentrale Ausdrucksweisen oder Begriffe?
- Welche charakterisierenden Adjektive werden genutzt?
- Welche Metaphern oder Vergleiche werden genutzt?

Beachten Sie ggf. visuelle Mittel:
- Welche Bilder werden genutzt?
- Welche Eindrücke vermitteln diese Bilder?
- Wie werden Bilder mit dem Text verknüpft (z. B. durch Bildunterschriften)

B. Ideen für die Aufbereitung für Zeitungstheater:
1. Einfaches Lesen: Der Text wird ohne weitere Kommentierung vorgelesen.
2. Vervollständigendes Lesen: Der Text wird gelesen und durch eine weitere Information ergänzt.
3. Verbindendes Lesen: verschiedene Nachrichtentexte zum selben Thema, die sich widersprechen oder unterschiedliche Aspekte beleuchten, werden miteinander verbunden.
4. Rhythmisches Lesen: Bestimmte musikalische Rhythmen (Walzer, Tango, Marsch, Hip Hop etc.) werden genutzt, um Assoziationen zu Texten und Themen zu wecken.
5. Hinzufügendes Lesen: Ähnlich dem vervollständigenden Lesen werden in diesem Fall dem Nachrichtentext Werbeslogans u. ä. hinzugefügt.
6. Pantomimisch-karikierendes Lesen: Der Inhalt der Nachricht wird durch die Präsentation karikiert, z. B. sitzt der/die DarstellerIn während ihrer/seiner Ansprache als WirtschaftsministerIn zu nötigen Sparmaßnahmen an einem reich gefüllten Gabentisch.
7. Szenisches Lesen: Ähnlich dem pantomimischen Lesen wird die Szene hier auch sprachlich ausagiert.
8. Historisches Lesen: Die Nachrichten werden mit geschichtlich ähnlichen Ereignissen verbunden.
9. Definierendes Lesen: Stark genutzte Begriffe, die in Nachrichten häufig vorkommen und darum kaum wirklich hinterfragt werden, werden herausgestellt und durch die Art der Darstellung wieder mit Bedeutung gefüllt.
10. Kontextualisiertes Lesen: Die Nachricht wird zunächst im Original gelesen und dann durch eine szenische Darstellung um kontextuelle Informationen ergänzt, die in der Nachricht nicht vorkamen.

 Boal, A. (2013): Übungen und Spiele für Schauspieler und Nicht-Schauspieler. 2. Aufl. Suhrkamp, Berlin

8.1.5 Stadtteil-/Sozialraumanalyse

Die im Folgenden vorgeschlagene Form einer Stadtteil- bzw. Sozialraumanalyse dient als Übung für die gezielte Exploration einer Fragestellung mit Bezug auf einen Sozialraum bzw. Stadtteil. Analysen von Stadtteilen oder Sozialräumen fokussieren z. b. auf

- Nutzung (wie bestimmte Räume von Menschen genutzt werden),
- Angebotsstrukturen (welche Dienste und andere Angebote es in einem Sozialraum oder Stadtteil gibt),
- den physisch-materiellen Zustand des Raums (Bauten, Infrastruktur etc.) oder auch
- kulturelle Zuschreibungen (Image, Ruf, etc.).

1. Wählen Sie einen Stadtteil aus.
2. Wählen Sie einen Interessenfokus. Dieser kann z. B. liegen auf bestimmten Zielgruppen (Menschen mit Behinderung, alte Menschen, geflüchtete Menschen, Kinder, Jugendliche etc.), Themen (Diskriminierung, Wohnungslosigkeit, Erholung, Spiel/Sport etc.) oder Orten (Marktplatz, Einkaufshalle, Wohnstraße, Bahnhof etc.)
3. Wählen Sie einen Fokus für die Analyse, d. h. formulieren Sie eine konkrete Frage, der Sie nachgehen wollen (z. B. Welche Angebote und Dienste im Stadtteil widmen sich ausdrücklich Menschen der lesbisch, schwul, bi-sexuell, transgender und queer(LGBTQ)-Community oder werden speziell von ihnen genutzt? Oder inwieweit sind öffentliche Räume wie Schulen, Parks, Büchereien etc. für Menschen mit Behinderungen barrierefrei zugänglich? Oder wer ist wann an diesem Ort und wie wird er von unterschiedlichen Menschen genutzt? Was ist dort möglich, was nicht?)
4. Überlegen Sie, wie Sie Ihrer Fragestellung konkret nachgehen wollen und erkunden Sie den Stadtbereich systematisch und orientiert an Ihrer Fragestellung. Wählen oder kombinieren Sie in Ihrer Erkundung und Recherche gezielt Formen wie eigene Begehungen und Beobachtungen im Stadtteil, Besuche und Gespräche bei Organisationen, Geschäften, Vereinen, etc., Recherchen im Internet und in anderen Quellen zu den Dienstleistungen, Angeboten, etc. sowie zu soziostrukturellen Daten über Stadtteil, Zielgruppen oder die von Ihnen gewählten Themen.
5. Führen Sie eine Art Tagebuch, in dem Sie Ihre persönlichen Gedanken, Erfahrungen und Fragen im Verlauf des Erkundungsprozesses festhalten.

6. Analysieren und reflektieren Sie die Informationen und Erfahrungen, die Sie gesammelt haben.
7. Präsentieren Sie die Ergebnisse Ihrer Analyse und Reflexion (als Vortrag, als Portfolio, in einer Stadtteilführung, in einem Video, als illustrierte Stadtkarte etc.)

8.2 Methodisches Handeln analysieren und reflektieren

Während im ersten Teil dieses Kapitels das reflektierte Üben ausgewählter methodischer Vorgehensweisen im Vordergrund stand, regen die folgenden Aufgabenvorschläge an, bestehende Methoden und methodisches Handeln wie es in der Literatur, in der Praxis oder von konkreten PraktikerInnen beschrieben wird, genauer in den Blick zu nehmen.

8.2.1 Methoden literaturbasiert analysieren und reflektieren

Methoden und methodische Konzepte lassen sich aus Beschreibungen der Fachliteratur genauer analysieren und einordnen. Exemplarisch geschieht dies in diesem Buch zu Empowerment (Kap. 3.8), Case Management (Kap. 5.5) und Kollegialer Beratung (Kap. 7.4). Im Folgenden wird das Grundschema der Darstellung beschrieben.

Wählen Sie aus der Fachliteratur eine Methode bzw. ein methodisches Konzept aus, das in der Sozialen Arbeit genutzt wird. Vertiefen Sie Ihr Wissen über die gezielte Lektüre mehrerer Quellen. Analysieren Sie die gelesene Literatur und formulieren Sie auf dieser Grundlage zusammenfassende Beschreibungen und Einordnungen zu den folgenden Überschriften:

- **Kurze Begriffsbestimmung/Definitionen:** Erstellen Sie eine kurze Definition oder Begriffsbestimmung der Methode, oder stellen Sie unterschiedliche Definitionen in den Vergleich.
- **Historische Wurzeln und Entwicklung:** Fassen Sie zusammen, wann und wie die Methode ursprünglich entworfen wurde und welche Entwicklungen sie seitdem genommen hat.

- **Zentrale Begriffe/Ideen:** Benennen und definieren Sie die theoretischen Begriffe und Kernideen, die der Methode zugrunde liegen.
- **Theoretische Dimensionen:** Ordnen Sie die Methode den passenden theoretischen Hintergründen zu. Welche Bezüge zu Theorien werden explizit benannt? Welche anderen theoretischen Annahmen stecken in der Methode?
- **Ethische Dimensionen:** Gleichen Sie die Methode mit ethischen Prinzipien ab.
- **Konkretisierungsgrad für Handlungsebene:** Klären Sie, inwieweit die Methode konkrete Ideen für das Handeln ausformuliert oder nicht.
- **Sozialformen**: Fassen Sie zusammen, in und mit welchen Sozialformen (Einzel-, Gruppen- und/oder Gemeinwesenarbeit) in dieser Methode gearbeitet wird.
- **Fokusebene**: Erläutern Sie, auf welche Fokusebene (Mikro-, Meso- und/oder Makro-Ebene) mit der Methode primär gezielt wird.
- **Empirische Studienlage und Erkenntnisse**: Fassen Sie zusammen, in welchem Maß die Methode durch empirische Forschungen eingeschätzt wurde und welche Erkenntnisse sich daraus ergeben.
- **Passung zu Charakteristika und Prinzipien methodischen Handelns:** Gleichen Sie die Methode mit den Charakteristika und Prinzipien Sozialer Arbeit ab.
- **Kritische Wertschätzung und Reflexion insgesamt:** Kommen Sie zu einer kritischen Gesamteinschätzung der Methode. Wofür ist sie „gut" oder passend, was sind mögliche Nachteile, offene Fragen etc.?

8.2.2 Methodisches Handeln im Kontext einer Praxisstelle analysieren und reflektieren

Besuche in Praxisstellen gehören zu üblichen Formen des Lernens innerhalb des Studiums. Neben einem einfachen Hineinschnuppern lassen sie sich gezielt nutzen, um systematisch der Frage nachzugehen, welche Logik dem methodischen Handeln in dieser Praxisstelle immanent ist und inwieweit eine Organisation Prinzipien Sozialer Arbeit in Anwendung bringt.

Besuch und Analyse einer Praxisstelle

Besuchen Sie eine Praxisstelle und finden Sie z. B. über Gespräche mit MitarbeiterInnen und/oder anhand von Dokumenten (Konzepte, Organisationsbeschreibungen, Organigramme, etc.) heraus:

- Welche Angebote macht die Praxisstelle?
- Wie wird die Arbeit finanziert?
- Welche Sozialen Probleme sollen hier grundsätzlich gelöst werden?
- Wer (welche Berufsgruppen) arbeitet hier mit wem (welche Zielgruppen)?
- Welche Personen aus der Zielgruppe werden in der tatsächlichen Praxis erreicht, welche weniger oder gar nicht?
- Mit welchen methodischen Konzepten bzw. Methoden wird speziell gearbeitet?
- Welche Geschichten werden über die AdressatInnen erzählt (mit welchen Worten werden sie charakterisiert, etc.)?
- Welche Geschichte wird über die Praxisstelle erzählt, also das (Selbst-) Bild der Organisation?

Beachten Sie die **psychisch-materiellen Faktoren** in und um die Praxisstelle:

- Wo liegt die Praxisstelle?
- In welche Nachbarschaft ist sie eingebettet und inwieweit ist sie eher „unsichtbar" oder sticht hervor?
- Wie gut ist sie erreichbar (öffentliche Verkehrsmittel, Barrierefreiheit etc.)?
- Welchen Eindruck machen der bauliche Zustand und die räumliche Gestaltung auf Sie?
- Inwieweit finden Sie die physisch-räumlichen Faktoren für die Art der Arbeit (Inhalte, Zielgruppe, Methoden), die hier geleistet wird, eher förderlich oder hinderlich?

Verschriftlichen Sie Ihre Erkenntnisse in einem strukturierten Text oder präsentieren Sie sie in einer strukturierten Form.

Anregung zur kritischen Analyse und (Selbst-)Reflexion:

- Welche Beobachtungen oder Erkenntnisse fanden Sie beim Praxisbesuch überraschend oder anders als erwartet?
- Welche emotionalen Reaktionen hatten Sie?
- Welche Annahmen oder Erwartungen sind in Ihren Reaktionen verborgen?
- Mit welchen Begriffen haben Sie die Stelle und das Umfeld beschrieben?
- Inwieweit sind in Ihrer Darstellung Beschreibung und Bewertung getrennt?
- Welche Geschichte haben Sie über die Praxisstelle konstruiert?
- Welche anderen Perspektiven auf die Praxisstelle wurden durch den Besuch nicht eingefangen?

Empowermentanalyse

Um Empowerment als Leitprinzip Sozialer Arbeit zu ermöglichen, bedarf es unterstützender Strukturen auf organisatorischer Ebene. Die im Folgenden aufgelisteten Kriterien für Empowerment in Organisationen basieren auf Hardina (2005).

1. AdressatInnen der Arbeit werden auf Organisationsebene systematisch in Entscheidungsprozesse eingebunden.
2. Programmangebote werden partnerschaftlich mit AdressatInnen entworfen und evaluiert.
3. Leistungen und Angebote sind für die AdressatInnen kulturell angemessen gestaltet.
4. Machtunterschiede zwischen AdressatInnen und Fachkräften werden minimiert.
5. Die Zusammenarbeit der Fachkräfte als Team wird gefördert.
6. Psychologisches Empowerment der Fachkräfte wird gefördert, indem sie mehr Autonomie in Entscheidungen, die ihre unmittelbare Arbeit betreffen, erhalten.
7. Leitungskräfte und -strukturen sind ideologisch dem Empowerment von AdressatInnen und Fachkräften der direkten Praxisebene verschrieben.

8. Die Arbeitszufriedenheit von Angestellten wird über betriebliche Bedingungen und Leistungen erhöht.
9. Fachkräfte werden ermutigt, sich für Verbesserungen der Dienstleistungen und der Ressourcenlage von AdressatInnen einzusetzen.
10. Die Organisation insgesamt setzt sich als Fürsprecher ihrer AdressatInnen für mehr Mitbestimmung und die Vertretung politischer Interessen ein.

> Angeregt von den o. g. Kriterien analysieren und reflektieren Sie, inwieweit eine bestimmte Organisation Empowermentstrategien auf Organisationsebene (Meso-Ebene) anstrebt bzw. umsetzt. Dazu können Sie z. B. MitarbeiterInnen anhand eines Leitfadens interviewen, und/oder Dokumente (Konzepte, Organisationsbeschreibungen, Organigramme, etc.) der Organisation untersuchen. Beschreiben und reflektieren Sie den Prozess Ihres Vorgehens und die Ergebnisse Ihrer Analyse.

Anregung zur kritischen Analyse und Reflexion:

- Wie haben Sie versucht, den Kriterien von Hardina (2005) (oder anderen) nachzugehen?
- Welche Kriterien waren einfacher, welche schwerer anzuwenden? Warum?
- Welches sind die zentralen Ergebnisse Ihrer Analyse?
- Welche Beobachtungen oder Erkenntnisse waren überraschend oder anders als erwartet? Warum?
- Welche Beobachtungen oder Erkenntnisse waren so wie erwartet? Woher kommt Ihre Erwartung?
- Welche neuen oder anderen Fragen ergeben sich für Sie?
- Inwieweit ähnelte Ihr Vorgehen in dieser Aufgabe einer Evaluation (Kap. 7.2) bzw. was müsste hinzukommen, um von einer Evaluation sprechen zu können?

8.2.3 Das Wissen von PraktikerInnen analysieren und reflektieren

PraktikerInnen haben eine Vielfalt von Wissen, das sich mitunter schwer artikulieren lässt und nur schwer Eingang in Fachdiskurse findet. Dennoch, oder gerade deshalb, ist es von besonderem Interesse.

 Arbeitsvorschlag: Führen Sie ein Interview mit einer/m praxiserfahrenen SozialarbeiterIn/-pädagogIn. Wenn möglich, zeichnen Sie das Gespräch mit Erlaubnis des Interviewpartners/der Interviewpartnerin als Audiodatei auf, um es später genauer auswerten zu können. Ziel des Interviews ist die Exploration des Praxiswissens von Fachkräften zu einem charakteristischen Thema methodischen Handelns, das in allen Arbeitsfeldern in irgendeiner Form präsent ist wie z. B.

- Hilfe/Kontrolle
- Nähe/Distanz
- die eigene Person als Instrument
- geplantes und ungeplantes (improvisiertes) Handeln
- ethische Dilemmata

Wählen Sie ein Thema als Hauptfokus, und entwickeln Sie einen kurzen Leitfaden für das Interview mit ca. 4–6 Fragen, z. B.

- Welche Rolle spielt in Ihrer Arbeit das Spannungsfeld von Nähe und Distanz?
- Wie gehen Sie mit Thema um?
- Könnten Sie ein konkretes Beispiel erzählen?
- Wie geht Ihre Organisation/Arbeitsstelle insgesamt mit Fragen von Nähe/Distanz um?
- Gibt es bestimmte Methoden oder Grundsätze, die Ihnen Orientierung bieten? Wenn ja, welche und wie?

Führen Sie das Interview als Gespräch. Es ist nicht wichtig, dass Sie alle vorüberlegten Fragen auch tatsächlich stellen, sondern dass Ihr Gegenüber von seinen/ihren Erfahrungen erzählt. Nehmen Sie Bezug auf das von dem/der Interviewten Gesagte, fragen Sie nach, und achten Sie darauf, offene Fragen zu formulieren, d. h. Fragen, die nicht einfach mit Ja oder Nein beantwortbar sind, sondern erzählanregend wirken (siehe auch Kap. 4.3.1)
Analysieren Sie die Antworten aus dem Interview, indem Sie z. B.

- zentrale Passagen herausfiltern,
- wesentliche Inhalte zusammenfassen,
- Schlüsselbegriffe und Ausdrucksweisen beachten,
- zentrale Themen, Handlungsstrategien, Denkweisen etc. herausarbeiten.

Präsentieren Sie den Prozess und die Ergebnisse in strukturierter Form. Wenn möglich: Vergleichen Sie Ihre Erkenntnisse mit denen anderer Studierender, die andere Personen zum gleichen Thema befragt haben.

Hinweis: Die Analyse des Interviews wird umso wissenschaftlicher (d. h. transparenter und fachlich überprüfbarer), je mehr Sie Ihr Vorgehen an ausgewählten Modellen qualitativer Forschung ausrichten und durchführen. In dieser Übung können also auch Forschungsmethoden eingeübt werden.

Anregung zur kritischen Analyse und (Selbst-)Reflexion:

- Welche Einsichten oder Erkenntnisse ergeben sich für Sie aus dem Interview?
- Welche Annahmen (z. B. über die Rolle von Sozialer Arbeit, über AdressatInnen etc.) finden Sie in den Aussagen der Fachkraft?
- Welche Aspekte oder Reaktionen fanden Sie überraschend, welche nicht?
- Was sind die Annahmen, auf die das Überraschtsein hinweist?
- Welche neuen Fragen ergeben sich für Sie?

8.3 Weblinks

Zum Weiterstöbern und vertiefenden Lesen wird hier eine Sammlung von Internetlinks zu online verfügbaren Materialien thematisch gruppiert aufgeführt.

Materialien zu Geschichte und Methodenentwicklung Sozialer Arbeit

www.bildungsserver.de/Geschichte-der-Sozialen-Arbeit-Sozialpaedagogik-1792.html, 09.06.2017
www.bpb.de/apuz/31332/wandel-der-sozialen-arbeit, 09.06.2017
www.pantucek.com/index.php/soziale-arbeit/texte/351-methoden-entwicklung-und-soziale-diagnostik, 09.06.2017
www.buergergesellschaft.de/praxishilfen/community-organizing/wer-macht-es-hier/zur-geschichte-des-community-organizing-in-deutschland, 09.06.2017

Materialien zu Methoden und methodischen Konzepten

- Portale mit Sammlungen:
  www.bildungsserver.de/Methoden-der-Sozialen-Arbeit-Sozialpaedagogik-1793.html, 09.06.2017
  www.socialnet.de/materialien/thema.php?thema=MG, 09.06.2017
  www.soziales-netz.de, 09.06.2017

- Sozialraum-/Stadtteil-/Gemeinwesenarbeit:
  www.sozialraum.de, 09.06.2017
  www.stadtteilarbeit.de, 09.06.2017
  www.forum-community-organizing.de, 09.06.2017
  www.dico-berlin.org/, 09.06.2017

- Empowerment:
  www.empowerment.de, 09.06.2017

- Systemische Soziale Arbeit:
  www.systemische-sozialarbeit.de/soziale-arbeit/was-ist-das, 09.06.2017

- Lebensweltorientierung:
  www.rauheshaus.de/fileadmin/user_upload/downloads/Veroeffentlichungen/Kinder-und-Jugendhilfe/Konzeptentwicklung/Konzept_Lebensweltorientierung_01.pdf, 09.06.2017

- Biografische Methoden:
  www.pantucek.com/index.php/soziale-diagnostik/verfahren/231-biographischer-zeitbalken, 09.06.2017
  methodenpool.uni-koeln.de/download/biografiearbeit.pdf, 09.06.2017

- Krisenintervention:
  www.igfh.de/aki/sr-krisen.html, 09.06.2017

- Kollegiale Beratung und Supervision:
  www.kollegiale-beratung.de, 09.06.2017

- Arbeit mit Gruppen:
  www.super-sozi.de/index.php/spielekartei/actionspiele-10, 09.06.2017

- Theater der Unterdrückten: www.beteiligungskompass.org/article/show/167, 09.06.2017

Literatur

Adler, H. (2004): Das Person-in-Environment-System (PIE). Vorteile einer eigenständigen standardisierten Diagnostik in der Sozialen Arbeit. In: Heiner, M. (Hrsg.): Diagnostik und Diagnosen in der Sozialen Arbeit. Verlag Soziale Theorie und Praxis, Gelsenkirchen, 165–182

Alinsky, S.D. (1974): Die Stunde der Radikalen. Ein praktischer Leitfaden für realistische Radikale. Strategien und Methoden der Gemeinwesenarbeit Bd. II. Burckhardthaus, Gelnhausen

Andersen, T. (1990): The Reflecting Team. Dialogues and Dialogues about Dialogues. Borgman, Broadstairs/UK

Argyris, C., Schön, D.A. (1999): Die lernende Organisation. Klett-Cotta, Stuttgart

Austin, J. (1972): Zur Theorie der Sprechakte. Reclam, Stuttgart

Bach, G.R., Molter, H. (1979): Psychoboom. Rowohlt, Reinbek b. Hamburg

Bartunek, J.M., Spreitzer, G.M. (2006): The Interdisciplinary Career of a Popular Construct Used in Management. Empowerment in the Late 20th Century. Journal of Management Inquiry 15 (3), 255–273

Berg, I.K. (2002): Familien-Zusammenhalt(en) – ein kurztherapeutisches und lösungsorientiertes Arbeitsbuch. Modernes Lernen, Dortmund

Bion, W.R. (2015): Erfahrungen in Gruppen und andere Schriften. 4. Aufl. Klett-Cotta, Stuttgart

Blumer, H. (1971): Social Problems as Collective Behavior. Social Problems 18 (3), 298–306

Boal, A. (1989): Theater der Unterdrückten: Übungen und Spiele für Schauspieler und Nicht-Schauspieler. Suhrkamp, Frankfurt a.M.

Boehm, A., Staples, L.H. (2002): The Functions of the Social Worker in Empowering. The Voices of Consumers and Professionals. Social Work 47 (4), 449–460

Bourdieu, P. (1987): Sozialer Sinn. Kritik der theoretischen Vernunft. Suhrkamp, Frankfurt a.M.

Brecht, B. (1961): Kleines Organon für das Theater. Suhrkamp, Frankfurt a.M.

Brockmeier, J., Harré, R. (2005): Die narrative Wende: Reichweite und Grenzen eines alternativen Paradigmas. Psychologie und Gesellschaftskritik (29) 3/4, 31–57

Brookfield, S.D. (2011): Teaching for Critical Thinking. Tools and Techniques to Help Students Question their Assumptions. Jossey-Bass, San Francisco

Bruner, J. (2004): Life as Narrative. Social Research 71 (3), 691–710

Bruner, J. (1991): The Narrative Construction of Reality. Critical Inquiry 18 (1), 1–21

Budde, W., Früchtel, F. (2009): Eco-Maps und Genogramme als Netzwerkperspektive. sozialraum.de 2/2009. In: www.sozialraum.de/eco-maps-und-genogramme-als-netzwerkperspektive.php, 03.07.2017

Czarniawska, B. (2004): Narrative in Social Science Research. Introducing Qualitative Methods. Sage Publications, London

DBSH (Deutscher Berufsverband für Soziale Arbeit e.V.) (2016): Internationale Definition der Sozialen Arbeit. In: www.dbsh.de/fileadmin/downloads/20161114_Dt_Def_Sozialer_Arbeit_FBTS_DBSH_02.pdf, 23.06.2017

DBSH (Deutscher Berufsverband für Soziale Arbeit e.V.) (2014): Berufsethik des DBSH. Ethik und Werte. Forum Sozial. Die berufliche Soziale Arbeit, (4). In: www.dbsh.de/fileadmin/downloads/DBSH-Berufsethik-2015-02-08.pdf, 03.07.2017

De Shazer, S. (1995): Der Dreh. Carl-Auer, Heidelberg

Dewe, B., Otto, H.-U. (2012): Reflexive Sozialpädagogik. In: Thole (Hrsg.): Grundriss Soziale Arbeit. 4. Aufl. VS Verlag für Sozialwissenschaften, Wiesbaden, 197–218

Ehlers, C., Schuster, F. (2016): Stärkenorientiertes Case Management. Budrich, Leverkusen

Epston, D. (2017): The Archive of Resistance. Anti-Anorexia/Anti-Bulimia. In: www.narrativeapproaches.com/?page_id=42, 30.05.2017

Figueroa-Dreher, S.K. (2016): Improvisieren. VS Verlag für Sozialwissenschaften, Wiesbaden

Fook, J., Gardner, F. (2007): Practising Critical Reflection: A Resource Handbook. Open University Press, Buckingham/UK

Foucault, M. (1991): Die Ordnung des Diskurses. Fischer, Frankfurt a.M.

Freigang, W. (2009): Hilfeplanung. In: Michel-Schwartze, B. (Hrsg.): Methodenbuch Soziale Arbeit. Basiswissen für die Praxis. 2. überarb. Aufl. VS Verlag für Sozialwissenschaften, Wiesbaden, 103–120

Freire, P. (1998): Pädagogik der Unterdrückten. Rowohlt, Reinbek b. Hamburg

Füssenhäuser, C. (2006): Lebensweltorientierung in der Sozialen Arbeit. In: Dollinger, B., Raithel, J. (Hrsg.): Aktivierende Sozialpädagogik. ein kritisches Glossar. VS Verlag für Sozialwissenschaften, Wiesbaden, 127–144

Galuske, M. (2013): Methoden der Sozialen Arbeit. Eine Einführung. 10. Aufl. Beltz Juventa, Weinheim/Basel

Geiger, L. (2014): Qualitätssicherung mit stigmatisierender Wirkung? Zur Aktenführung in der Sozialen Arbeit. Sozialaktuell (4), 28–31. In: www.avenirsocial.ch/sozialaktuell/140606_sa_03_028_031.pdf, 03.07.2017

Germain, C.B., Gitterman, A. (1999): Praktische Sozialarbeit. Das ‚Life Model' der sozialen Arbeit. 3. überarb. Aufl. Lucius & Lucius, Stuttgart

Goffman, E. (2011): Wir alle spielen Theater. Die Selbstdarstellung im Alltag. 10. Aufl. Piper, München

Griesehop, H., Rätz, R., Völter, B. (2012): Biografische Einzelfallhilfe. Methoden und Arbeitstechniken. Beltz, Weinheim/Basel

Groenemeyer, A. (2001): Soziologische Konstruktionen sozialer Probleme und gesellschaftliche Herausforderungen. Eine Einführung. Soziale Probleme 12 (1/2), 5–27

Groenemeyer, A. (2010): Doing Social Problems – Doing Social Control. In: Groenemeyer, A. (Hrsg.): Mikroanalysen der Konstruktion sozialer Probleme und sozialer Kontrolle in institutionellen Kontexten. VS Verlag für Sozialwissenschaften, Wiesbaden, 13–56

Gutierrez, L., DeLois, K.A., GlenMaye, L. (1995a): Understanding Empowerment Practice. Building on Practitioner-based Knowledge. Families in Society 76 (9), 534–542

Gutierrez, L., GlenMaye, L., DeLois, K. (1995b): The Organizational Context of Empowerment Practice. Implications for Social Work Administration. Social Work 40 (2), 249–258

Hansbauer, P., Hensen, G., Spiegel, H.v. (2009): Familiengruppenkonferenz. Eine Einführung. Beltz Juventa, Weinheim/Basel

Hardina, D. (2005): Ten Characteristics of Empowerment-Oriented Social Service Organizations. Administration in Social Work 29 (3), 23–42

Haye, B., Kleve, H. (2003): Sechs Schritte helfender Kommunikation. In: Kleve, H.: Sozialarbeitswissenschaft, Systemtheorie und Postmoderne. Lambertus, Freiburg, 146–169

Heiner, M. Kunstreich, T., Meinhold, M., Müller, B. (2003): Diagnose und/oder Dialog? Ein Briefwechsel. Widersprüche (88). In: www.widersprueche-zeitschrift.de/article1044.html, 03.07.2017

Hendriksen, J. (2011): Intervision. Kollegiale Beratung in Sozialer Arbeit und Schule. Beltz Juventa, Weinheim/Basel

Herriger, N. (2010): Empowerment in der Sozialen Arbeit. Eine Einführung. 4. Aufl. Kohlhammer, Stuttgart

Hinte, W. (2012): Von der Gemeinwesenarbeit über die Sozialraumorientierung zur Initiierung von bürgerschaftlichem Engagement. In: Thole, W. (Hrsg.): Grundriss Soziale Arbeit. VS Verlag für Sozialwissenschaften, Wiesbaden, 663–676

Jäger, M., Jäger S. (2007): Deutungskämpfe. VS Verlag für Sozialwissenschaften, Wiesbaden

Karls, J.M., Wandrei, K.E. (Hrsg.) (1994): PIE-Manual. Person-In-Environment System. NASW Press, Washington D.C.

Kindler, H. (2003): Ob das wohl gut geht? Verfahren zur Einschätzung der Gefahr von Kindesmisshandlung und Vernachlässigung im ASD. Diskurs 13 (2), 8–18

Kleve, H., Haye, B., Hampe-Grosser, A., Müller, M. (2011): Systemisches Case Management. Falleinschätzung und Hilfeplanung in der Sozialen Arbeit. 3. Aufl. Carl-Auer Verlag, Heidelberg

Konopka, G. (1994): Soziale Gruppenarbeit. Ein helfender Prozess. Beltz, Weinheim/Basel

Krauß, E.J. (2012): Supervision für soziale Berufe. In: Thole, W. (Hrsg.): Grundriss Soziale Arbeit. VS Verlag für Sozialwissenschaften, Wiesbaden, 719–733

Kühl, W. (2007): Intervision. Billig, aber auch gut? Sozialmagazin 32 (1), 38–47

Kühl, W. & Krczizek, R. (2009): Intervision einführen. Eine Pilotstudie zur Implementierung kollegialer Beratung in der sozialen Arbeit. Sozialmagazin 34 (3), 35–47

Kurt, R. (2012): Improvisation als Grundbegriff, Gegenstand und Methode der Soziologie. In: Göttlich, U., Kurt, R. (Hrsg.): Kreativität und Improvisation. VS Verlag für Sozialwissenschaften, Wiesbaden, 165–186

Lambert, M.J., Bergin, A.E. (1994): The Effectiveness of Psychotherapy. In: Bergin, A.E., Garfield, S.L. (Hrsg.). Handbook of Psychotherapy and Behavior Change. 4. Aufl Wiley, New York, 143–189

Lewin, K. (1968): Die Lösung sozialer Konflikte. Ausgewählte Abhandlungen über Gruppendynamik. Christian, Bad Nauheim

Lippmann, E. (2013): Intervision. Kollegiales Coaching professionell gestalten. 3. Aufl. Springer, Heidelberg

Luhmann, N. (1987): Soziale Systeme. Grundriss einer allgemeinen Theorie. 1. Aufl. Suhrkamp, Frankfurt am Main

Luhmann, N., Schorr, K.E. (1979): Reflexionsprobleme im Erziehungssystem. Zeitschrift für Pädagogik 25, 345–365

Maslow, A. (1966): The Psychology of Science: A Reconnaissance. Cotler Books, New York.

Meinhold, M. (1997): Qualitätssicherung und Qualitätsmanagement in der Sozialen Arbeit. Einführung und Arbeitshilfen. 2. Aufl. Lambertus, Freiburg i.B.

Merchel, J. (2015): Evaluation in der Sozialen Arbeit. 2. Aufl. Ernst Reinhardt, München/Basel

Miller, S.D., Duncan, B.L., Hubble, M.A. (2005): Outcome-informed Clinical Work. In: Norcross, J., Goldfried, M.R. (Hrsg.): Handbook of Psychotherapy Integration. Oxford University Press, New York, 84–101

Miller, W.R., Rollnick, S. (2015): Motivierende Gesprächsführung. 3. Aufl. Lambertus, Freiburg

Moxley, D. (1996): Teaching Case Management. Essential Content for the Preservice Preparation of Effective Personnel. Journal of Teaching in Social Work 13(1/2), 111–140

Müller, B. (2012): Sozialpädagogisches Können. Ein Lehrbuch zur multiperspektivischen Fallarbeit. 7. Aufl. Lambertus Verlag, Freiburg

Netzwerk Case Management (2014): Definition und Standards Case Management. In: www.netzwerk-cm.ch/sites/default/files/uploads/fachliche_standards_netzwerk_cm_-_version_1_0_-_definitiv_0.pdf, 03.07.2017

Penta, L. (2007): Community Organizing. Menschen verändern ihre Stadt. Edition Körber-Stiftung, Hamburg

Rapp, C.A. (1998): The Strengths Model. Case Management with People Suffering from Severe and Persistent Mental Illness. Oxford University Press, Oxford

Rapp, C.A., Goscha, R.J. (2004): The Principles of Effective Case Management of Mental Health Services. Psychiatric Rehabilitation Journal 27(4), 319–333

Richmond, M.E. (1917): Social Diagnosis. Russell Sage Foundation, New York

Rogers, C. (1976): Entwicklung der Persönlichkeit. Klett, Stuttgart

Rosenthal, G. (2005): Interpretative Sozialforschung. Eine Einführung. Beltz Juventa, Weinheim/München

Rossiter, A. (2001): Innocence Lost and Suspicion Found. Do We Educate for or against Social Work? Critical Social Work 2 (1). In: www1.uwindsor.ca/criticalsocialwork/innocence-lost-and-suspicion-found-do-we-educate-for-or-against-social-work, 03.07.2017

Rucht, D., Teune, S. (2015): The Pegida Brand. A Right-wing Populist Success Product. In: Friedrich-Ebert-Stiftung (Hrsg.): Social Europe Report. Understanding Pegida in Context, 12–14

Sadan, E. (2004): Empowerment and Community Planning. In: www.mpow.org, 03.07.2017

Saleebey, D. (1989): The Estrangement of Knowing and Doing. Social Casework (9), 556–563

Salomon, A. (1926): Soziale Diagnose. Heymann, Berlin

Sawyer, R.K. (2003): Improvised Dialogues. Emergence and Creativity in Conversation. Ablex Publishing, Westport/CT

Schön, D.A. (1987). Educating the Reflective Practitioner. Jossey-Bass, San Francisco

Schön, D.A. (1983): The Reflective Practitioner. How Professionals Think in Action. Basic Books, New York

Schönig, W. (2016): Die Situation und Deweys Reflexbogen in der Sozialen Arbeit. Soziale Arbeit 3, 101–109

Schütze, F. (1983): Biographieforschung und narratives Interview. neue praxis 3, 283–293

Schulz von Thun, F. (2010): Miteinander reden 1. Störungen und Klärungen. 48. Aufl. Rowohlt, Hamburg

Schwabe, M. (2005): Methoden der Hilfeplanung. Zielentwicklung, Moderation und Aushandlung. Internationale Gesellschaft für erzieherische Hilfen (IGfH), Frankfurt/M.

Searle, J. (1982): Sprechakte. Ein sprachphilosophischer Essay. Suhrkamp, Frankfurt

Seithe, M. (2012): Schwarzbuch Soziale Arbeit. 2. Aufl. VS Verlag für Sozialwissenschaften, Wiesbaden

Shepard, B. (2011): Play, Creativity, and Social Movements. If I Can't Dance, It's Not My Revolution. Routledge, New York

Solomon, B. (1976): Black Empowerment. Social Work in Oppressed Communities. Columbia University Press, New York

Spiegel, H.v. (2013): Methodisches Handeln in der Sozialen Arbeit. 5. Aufl. Ernst Reinhardt, München/Basel

Spolin, V. (1997): Improvisationstechniken für Pädagogik, Therapie und Theater. 8. Aufl. Junfermann, Paderborn

Stimmer, F. (2012): Grundlagen des Methodischen Handelns in der Sozialen Arbeit. 3. überarb. Aufl. Kohlhammer, Stuttgart

Staub-Bernasconi, S. (1995): Systemtheorie, Soziale Probleme und Soziale Arbeit. Huber, Bern

Thiersch, H. (1993): Strukturierte Offenheit. Zur Methodenfrage einer lebensweltorientierten Sozialen Arbeit. In: Rauschenbach, T., Ortmann, F., Karsten, M.-E. (Hrsg.): Der sozialpädagogische Blick. Beltz Juventa, Weinheim/München, 11–28

Thiersch, H., Grunwald, K., Köngeter, S. (2012): Lebensweltorientierte Soziale Arbeit. In: Thole, W. (Hrsg.): Grundriss Soziale Arbeit. 4. Aufl. VS Verlag für Sozialwissenschaften, Wiesbaden, 175–196

Thiersch, H., Ruprecht, H., Herrmann, U. (1978): Die Entwicklung der Erziehungswissenschaft. Juventa, München

Tietze, K.-O. (2017). Kollegiale Beratung. In: www.kollegiale-beratung.de, 10.06.2017

Tietze, K.-O. (2010): Wirkprozesse und personenbezogene Wirkungen von kollegialer Beratung. VS Verlag für Sozialwissenschaften, Wiesbaden

Tietze, K.-O. (2008): Kollegiale Beratung. Problemlösungen gemeinsam entwickeln. Rowohlt, Reinbek b. Hamburg

Tuckman, B.W. & Jensen, M.A. (1977): Stages of Small-group Development Revisited. Group and Organisation Studies 2, 419–427.

Völter, B. (2012): Von der klassischen zur biografieorientierten Einzelfallhilfe. Konzeptionelle und handlungsrelevante Überlegungen. In: Griesehop, H., Rätz, R., Völter, B. (2012): Biografische Einzelfallhilfe. Methoden und Arbeitstechniken. Beltz, Weinheim/Basel, 12–46

Watzlawick, P., Beavin, J., Jackson, D. (2011): Menschliche Kommunikation. 12. Aufl. Hogrefe, Bern

White, M., Epston, D. (2013): Die Zähmung der Monster. 7. Aufl. Carl-Auer Verlag, Heidelberg

White, M. (2010): Landkarten der narrativen Therapie. Carl-Auer Verlag, Heidelberg

Sachregister

Advocacy 84, 154
allgemeine Wirkfaktoren 76
Ambivalenz 14, 34, 74. Siehe Paradoxie
Amerikanischer Pragmatismus 21, 162
Analytische Philosophie 23

Biografie 98, 99, 139
bio-psycho-sozial 14, 77

Evidenzbasierte Praxis 24, 60

Freiwilligkeit 72, 142

Genogramm 42
Gruppendruck 129, 150
Gruppendynamik 129, 139

Klinische Sozialarbeit 56
Kontingenz 75, 158, 161, 163, 173
Kritischer Rationalismus 24
Kritische Theorie 25, 119, 150

Lebenswelt 49, 52, 65, 71, 79
Lebensweltorientierung 59, 154

Makro-Ebene 51, 123
Medien 29, 92, 93, 94, 219
Meso-Ebene 51, 85, 122, 154
Mikro-Ebene 51, 85, 117, 122, 154, 200

Mimesis 17, 70
Multiperspektivität 16, 78, 108

Netzwerk 72, 132, 133, 134, 151
Neue Steuerung 50, 149

Ökonomisierung 60, 152, 153, 200
Organisationskultur 126, 139
Organisationsstruktur 126

Paradoxie 15, 110, 156. Siehe Ambivalenz
Partizipation 79
Person-in-Umwelt 14, 76, 77, 132
Psychoanalyse 23, 150

Qualitätsmanagement 189, 201, 204
Qualitätssicherung 140, 149, 181, 200, 202

Ressourcenorientierung 78, 101, 134, 209

Soziale Diagnose 55
Stigmatisierung 44, 148, 186, 200
systemische Ansätze 43, 58, 99, 104, 112, 132, 153, 201

Technologiedefizit 158
transdisziplinär 13

Gutes Evaluieren will gelernt sein!

Joachim Merchel
Evaluation in der Sozialen Arbeit
2., aktual. Aufl. 2015. 174 Seiten. 5 Abb. 11 Tab.
utb-M (978-3-8252-4472-9) kt

In diesem Lehrbuch wird anschaulich vermittelt, wozu Evaluation in der Sozialen Arbeit dient, welche Formen der Evaluation es gibt, wie man sie plant und realisiert und was eine gute Evaluation ausmacht. Studierende der Sozialen Arbeit erhalten einen grundlegenden Überblick über die Evaluation als methodischen Ansatz, der zu hohem Praxisnutzen und mehr Professionalität führen kann. Didaktisch aufbereitet mit zahlreichen Zusammenfassungen, Beispielen und Stichwörtern am Rand.

www.reinhardt-verlag.de

Das Standardlehrbuch in 5.Auflage!

Hiltrud von Spiegel
Methodisches Handeln in der Sozialen Arbeit
Grundlagen und Arbeitshilfen für die Praxis
5., vollständig überarb. Auflage 2013.
269 Seiten. 4 Abb. 4 Tab. Mit 30 Arbeitshilfen
utb-L (978-3-8252-8557-9) kt

Berufliches Handeln erfolgt überwiegend intuitiv und mit Rückgriff auf Erfahrungen und Routinen. Ob und warum dieses aber in einer gegebenen Situation angemessen ist, bleibt unklar. Das Buch zeigt hier Auswege auf, indem es Anregungen für ein systematisch geplantes und am wissenschaftlichen Vorgehen orientiertes methodisches Handeln bietet. Es begründet und beschreibt Arbeitshilfen, die die berufliche Handlungsstruktur und die für Soziale Arbeit relevanten Wissensbestände in einen reflexiven Zusammenhang bringen.

www.reinhardt-verlag.de